Die Entstehung des frühen Christentums

Udo Schnelle

Die Entstehung des frühen Christentums

Neue Studien

EVANGELISCHE VERLAGSANSTALT
Leipzig

Udo Schnelle, Dr. theol., Jahrgang 1952, studierte Evangelische Theologie in Göttingen. Er war von 1984 bis 1986 Gemeindepastor in Gieboldehausen, von 1986–1992 Professor für Neues Testament in Erlangen und von 1992 bis 2017 in Halle. Er ist Autor zahlreicher Lehrbücher zur Exegese und Theologie des Neuen Testaments sowie zur Geschichte des frühen Christentums.

Bibliographische Information der Deutschen Nationalbibliothek
Die Deutsche Nationalbibliothek verzeichnet diese Publikation in der Deutschen Nationalbibliographie; detaillierte bibliographische Daten sind im Internet über http://dnb.dnb.de abrufbar.

© 2024 by Evangelische Verlagsanstalt GmbH, Leipzig
Printed in Germany

Das Werk einschließlich aller seiner Teile ist urheberrechtlich geschützt. Jede Verwertung außerhalb der Grenzen des Urheberrechtsgesetzes ist ohne Zustimmung des Verlags unzulässig und strafbar. Das gilt insbesondere für Vervielfältigungen, Übersetzungen, Mikroverfilmungen und die Einspeicherung und Verarbeitung in elektronischen Systemen.

Das Werk wurde auf alterungsbeständigem Papier gedruckt.

Cover: makena plangrafik
Satz: ARW-Satz, Leipzig
Druck und Binden: BELTZ Grafische Betriebe GmbH

ISBN 978-3-374-07512-6 // eISBN (PDF) 978-3-374-07513-3
www.eva-leipzig.de

Vorwort

Die hier vorgelegten sechs Aufsätze sind bisher unveröffentlicht und basieren entweder auf – nun erheblich erweiterten – mündlichen Vorträgen an verschiedenen Orten (Nr. 3, 5 und 6) oder sie wurden neu geschrieben (Nr. 1, 2 und 4). Dabei ist jeder Beitrag in sich abgeschlossen und kann für sich gelesen werden, zugleich ergänzen sich aber die Themen und Fragestellungen. Die Aktualität und zugleich Kontroversität des Verhältnisses ›Judentum – entstehendes Christentum‹ haben mich veranlasst, über meine bisherigen Veröffentlichungen hinaus neue und vertiefende Aspekte herauszuarbeiten und in die Diskussion einzuführen. Sie verstärken meine Grundthese, dass das frühe Christentum als eine charismatisch-intellektuelle Bewegung relativ früh (ab Paulus) eine eigenständige Identität, eine neue Theologie und selbständige Organisationsformen innerhalb der es umgebenden Religions- und Kulturwelten entwickelte und ausbaute.

Halle, im März 2024   Udo Schnelle

Inhalt

I Das Verhältnis ›Frühes Christentum – Judentum‹

1 Epochen der Forschungsgeschichte 9
2 Perspektiven 24

II Der religionsgeschichtliche Standort des frühen Christentums zwischen Judentum und Hellenismus

1 Einleitung 35
2 Die Geschichte der religionsgeschichtlichen Erforschung
  des Neuen Testaments 41
3 Die Methodik religionsgeschichtlicher Arbeit 51
4 Das frühe Christentum zwischen Judentum und Hellenismus:
  Zwei Fallbeispiele 60
5 Fazit 64

III Der Galaterbrief als Dokument einer beginnenden Trennung

1 Einführung ....
67
2 Die theologie-politische Situation 67
3 Die Selbstautorisierung des Paulus im Galaterbrief 75
4 Die Beschneidung im Galaterbrief 78
5 Gesetz und Gerechtigkeit im Galaterbrief 82
6 Der Geist im Galaterbrief 89
7 Identität im Galaterbrief 92
8 Folgerungen 96

IV Das Johannesevangelium als autonome Erzählung

1 Einleitung 100
2 Die Ebenen der Legitimation 103
3 Die Ebenen der Erzählung 105

4	Die Ebenen der christologischen Verdichtungen	114
5	Die Ebenen der theologischen Programme	119
6	Die Ebenen der Konfliktbearbeitung	132
7	Die Ebene der Identitätssicherung	137

V Das frühe Christentum als Bildungsreligion

1	Die Methodik eines Vergleichs	142
2	Bildung zur Zeit des Neuen Testaments	144
3	Die Bildung der frühen Christen	148
4	Die Literatur der frühen Christen	160
5	Die frühen Christen in den Diskursen ihrer Zeit	165
6	Bildung und Eigenständigkeit der neuen Bewegung	169
7	Kann man vom frühen Christentum als einer Bildungsreligion sprechen?	171

VI Das frühe Christentum als eigenständige Bewegung

1	Einleitung	174
2	Die Ebenen des Verhältnisses Judentum – frühes Christentum	176
3	Grundelemente des Judentums	195
4	Das christliche Alte Testament	197
5	Folgerungen	198

I
Das Verhältnis
›Frühes Christentum – Judentum‹

Das Verhältnis ›Christentum – Judentum‹ gehört zu den großen theologischen Themen der letzten ca. 100 Jahre.[1] Dabei verläuft die Forschungsgeschichte häufig in Wellen von ca. 50 Jahren, d. h. in diesem Zeitraum kommt es zu Neubewertungen historischer Phänomene. Was um 1920 galt, wird um 1970 anders gesehen und um 2020 wiederum unterschiedlich bewertet. Dies ist ein völlig normaler Prozess und zeigt bereits an, wie stark die jeweiligen zeitgeschichtlichen Umstände das Erkennen und Bewerten bestimmen, wobei jeweils die gerade lebende Generation in der Regel der Meinung ist, dass nur sie die zutreffenden historischen Urteile und moralischen Bewertungen habe. Erkenntnistheoretisch ist das ein fundamentaler Irrtum, denn die Geschichte ist in all ihren Dimensionen grundsätzlich offen und folgende Generationen werden mit Sicherheit und wiederum mit guten Gründen anders urteilen!

1 Epochen der Forschungsgeschichte

Um 1920 dominierte in der Darstellung des Judentums und der neutestamentlichen Zeitgeschichte das dreibändige Standardwerk von Emil Schürer ›Geschichte des jüdischen Volkes im Zeitalter Jesu Christi‹.[2]

---

1 Einen Forschungsüberblick bieten Bernd Wander, Trennungsprozesse zwischen Frühem Christentum und Judentum im 1. Jh. n. Chr., TANZ 16, Tübingen ²1997, 8–39, und Paul-Gerhard Klumbies, Neutestamentliche Debatten von 1900 bis zur Gegenwart, Tübingen 2022, 163–188.
2 Emil Schürer, Geschichte des jüdischen Volkes im Zeitalter Jesu Christi I–III, Leipzig ⁴1901–1911 (einbändige Erstausgabe 1874 unter dem Titel ›Lehrbuch der ntl. Zeitgeschichte‹; es folgten ab 1886 stark erweiterte Ausgaben; dann Nachdrucke). Engl. Neubearbeitung hrsg. v. Geza Vermes/Fergus Millar/Matthew Black, Edinburgh I–III 1973–1987 (vgl. dazu Martin Hengel, Der alte und der neue »Schürer«, in: ders., Judaica, Hellenistica et Christiana, WUNT 109, Tübingen 1999, 157–199).

Schürer (1844–1910) war ein bedeutender Vertreter einer liberal und streng historisch ausgerichteten Theologie, die das Christentum für die vollkommene Religion hielt und das Judentum von dieser sittlich überlegenen Perspektive betrachtete.[3] Dabei verband Schürer mit seinem immensen historischen Wissen auch Wertungen, indem er den zentralen Abschnitt über die Tora mit »Das Leben unter dem Gesetz« überschrieb und konstatierte: »Aller Eifer der Erziehung in Familie, Schule und Synagoge zielte darauf ab, das ganze Volk zu einem Volk des Gesetzes zu machen.«[4] Das Judentum erscheint als eher repressive Gesetzesreligion, der z. B. Adolf von Harnack das Christentum als reine Erlösungsreligion entgegenstellte: »Erstlich, Jesus löste mit scharfem Schnitte die Verbindung der Ethik mit dem äußeren Kultus und den technisch-religiösen Übungen. Er wollte von dem tendenziösen und eigensüchtigen Betriebe ›guter Werke‹ in Verflechtung mit dem gottesdienstlichen Ritual schlechterdings nichts mehr wissen.«[5] Dieses tendenziell negative Bild des Judentums als reine Gesetzesreligion prägt teilweise auch Beiträge im weltweit rezipierten ›Theologischen Wörterbuch zum Neuen Testament‹,[6] das ab 1933 von dem Tübinger Neutestamentler und begeisterten Nationalsozialisten Gerhard Kittel (1888–1948) herausgegeben wurde.[7] Auch abseits – oder bei völlig anderer – politischer Position dominierte die Etikettierung des Judentums als Gesetzesreligion: »Im Judentum läßt es die Gleichgültigkeit oder die Unverständlichkeit vieler Forderungen und die Gleichsetzung der sittlichen und rituellen Gebote

---

3   Vgl. Albrecht Ritschl, Unterricht in der christlichen Religion, Bonn ⁶1903, § 2: »Das Christentum ist von dem Anspruch erfüllt, die vollkommene Religion über den anderen Arten und Stufen derselben zu sein, welche dem Menschen dasjenige leistet, was in allen anderen Religionen zwar erstrebt wird, aber nur undeutlich oder unvollständig vorschwebt.«
4   Emil Schürer, Geschichte des jüdischen Volkes im Zeitalter Jesu Christi II (s. Anm. 2), 545.
5   Adolf von Harnack, Das Wesen des Christentums, Gütersloh 1977 (= 1900), 51.
6   Kittel gab zwischen 1933–1948 die ersten 4 Bände heraus; sein Schüler Gerhard Friedrich (1908–1996) die Bände 5–10 in den Jahren 1948–1979; vgl. Gerhard Kittel/Gerhard Friedrich (Hrsg.), Theologisches Wörterbuch zum Neuen Testament I–X, Stuttgart 1933–1979.
7   Zu Kittel vgl. Manfred Gailus/Clemens Vollnhals (Hrsg.), Christlicher Antisemitismus im 20. Jahrhundert. Der Tübinger Theologe und »Judenforscher« Gerhard Kittel, Göttingen 2020; Lukas Bormann/Arie W. Zwiep (Hrsg.), Auf dem Weg zu einer Biographie Gerhard Kittels (1888–1948), Tübingen 2022.

nicht zu einem radikalen, sondern nur zu einem formalen Gehorsam kommen, deshalb auch nicht zu einem Gehorsam, der den ganzen Menschen umfaßt.«[8]

1.1 Die Forschungswende

Deshalb ist es kein Zufall, dass die eher monolitischen Theorien (hier Christentum – dort Judentum) des 19. Jh.s und der ersten Hälfte des 20. Jh.s immer mehr von differenzierenden Modellen abgelöst wurden. Um 1970 veränderte sich langsam der Blick, denn vornehmlich in der nordamerikanischen Forschung entstand ein neues Jesus-Bild (›third quest‹),[9] das auf zwei methodischen Prämissen beruhte: Zum einen wurde die Quellen-Basis durch außerkanonische Schriften erweitert[10] (z. B. Thomasevangelium) und zum anderen nachdrücklich die Vielschichtigkeit des antiken Judentums betont, wofür besonders die Qumranfunde (ab 1947/48) zeugen. Diese Vielschichtigkeit ermöglichte es, auch Jesus von Nazareth konsequent im Rahmen des Judentums seiner Zeit zu interpretieren (z. B. Geza Vermes, Ed Parish Sanders). Das in der Debatte um den historischen Jesus von Ernst Käsemann (1906–1998) so hoch geschätzte Differenzkriterium[11] wurde einer scharfen Kritik unterzogen und Jesus gilt als besonderer Jude innerhalb des Judentums.[12] Diese Position setzte sich langsam durch und wurde dann als ›New Perspective on Paul‹[13] auch auf den Völkerapostel übertragen, der bis dahin

---

8   Rudolf Bultmann, Das Urchristentum, Zürich ⁴1976 (= 1949), 72.
9   Zu den Epochen der Leben-Jesu-Forschung vgl. Gerd Theißen/Annette Merz, Der historische Jesus, Göttingen 1996, 21–29; eine kritische Bilanz der aktuellen Jesus-Forschung zieht Eve-Marie Becker, Wem »gehört« Jesus von Nazareth?, ThLZ 148 (2023), 3–18.
10 Vgl. hierzu als Programmschrift Helmut Köster/James M. Robinson, Entwicklungslinien durch die Welt des Frühen Christentums, Tübingen 1971.
11 Vgl. Ernst Käsemann, Das Problem des historischen Jesus, in: ders., Exegetische Versuche und Besinnungen I, Göttingen ⁶1970, 187–214, wonach wir einigermaßen festen historischen Boden unter den Füßen haben, wo sich eine bestimmte Jesustradition weder aus dem Judentum noch aus dem frühen Christentum ableiten lässt.
12 Vgl. Tom Holmén, The Jewishness of Jesus in the ›Third Quest‹, in: Michael Labahn/Andreas Schmidt (Hrsg.), Jesus, Mark and Q, Sheffield 2001, 143–162.
13 Einen Forschungsüberblick zur ›New Perspective‹ bieten Michael B. Thompson, The New Perspective on Paul, Cambridge 2002; Stephen Westerholm, Perspectives Old and New on Paul, Grand Rapids (MI)/Cambridge 2004; Jens-Christian Maschmeier, Rechtfertigung bei Paulus. Eine Kritik alter und neuer Paulusperspektiven, BWANT

in reformatorischer Tradition als der schärfste Kritiker des Judentums und Gründungsgestalt des frühen Christentums galt.[14] So betonte Krister Stendahl (1921–2008), dass wir »Paulus gar nicht anders lesen können als durch die Brille der Erfahrungen von Menschen wie Luther oder Calvin. Dies ist der Hauptgrund für unsere Unfähigkeit, Paulus zu verstehen.«[15] Paulus bleibt Jude, »wenn er seine Aufgabe als Heidenapostel erfüllt«[16] und die Rechtfertigungslehre ist keineswegs ein Frontalangriff gegen die angebliche ›Gesetzlichkeit‹ des Judentums.[17] Ed Parish Sanders (geb. 1937) versucht nachzuweisen, dass Paulus nicht gegen ein ›werkgerechtes‹ Judentum seiner Zeit kämpfte, weil es ein solches gar nicht gegeben habe.[18] Sanders entwirft ein Idealbild des antiken Judentums, das durch einen Bundesnomismus geprägt sei, dessen Struktur in Folgendem besteht:[19] »1) Gott hat Israel erwählt und 2) das Gesetz gegeben. Das Gesetz beinhaltet zweierlei: 3) Gottes Verheißung, an seiner Erwählung festzuhalten, und 4) die Forderung, gehorsam zu sein. 5) Gott belohnt Gehorsam und bestraft Übertretung. 6) Das Gesetz sieht Sühnemittel vor, und die Sühnung führt 7) zur Aufrechterhaltung bzw. Wiederherstellung des Bundesverhältnisses. 8) All jene, die durch Ge-

---

189, Stuttgart 2010; Ivana Bendik, Paulus in neuer Sicht? Eine kritische Einführung in die »New Perspective on Paul«, Stuttgart 2010. Zur kritischen Darstellung der ›New Perspective‹ vgl. Alexander J. M. Wedderburn, Eine neuere Paulusperspektive?, in: Eve-Marie Becker/Peter Pilhofer (Hrsg.), Biographie und Persönlichkeit des Paulus, WUNT 187, Tübingen 2006, 46–64; Jörg Frey, Das Judentum des Paulus, in: Oda Wischmeyer/Eve-Marie Becker (Hrsg.), Paulus, Tübingen ³2021, 85–104.

14 Vgl. William Wrede, Paulus, in: Karl Heinrich Rengstorf (Hrsg.), Das Paulusbild in der neueren deutschen Forschung, Darmstadt ²1969, (1–97) 96: »Aus all dem folgt nun durchaus, daß Paulus als *der zweite Stifter des Christentums* zu betrachten ist.«

15 Krister Stendahl, Der Jude Paulus und wir Heiden, München 1978 (= 1963), 24.

16 A. a. O., 23.

17 Vgl. a. a. O., 137.

18 Vgl. Ed Parish Sanders, Paulus und das palästinische Judentum. Ein Vergleich zweier Religionsstrukturen, Göttingen 1985 (= 1977) 473: »Das Heidenproblem und die Ausschließlichkeit der pln. Soteriologie sind für die Entthronung des Gesetzes verantwortlich, nicht aber ein falsches Gesetzesverständnis oder eine durch seinen jüd. Hintergrund vorherbestimmte Auffassung.«

19 Sanders konstruiert mit dem Begriff des ›Bundesnomismus‹ ein idealtypisches Judentum, um so den grundsätzlichen Systemwechsel des Apostels, zugleich aber auch seine bleibende Nähe zum Judentum herauszustellen (vgl. a. a. O., 513: »Was Paulus am Judentum für falsch hält, ist, auf eine Kurzformel gebracht, daß es kein Christentum ist.«)

horsam, Sühnung und Gottes Barmherzigkeit innerhalb des Bundes gehalten werden, gehören zur Gruppe derer, die gerettet werden. Eine wichtige Interpretation des ersten und des letzten Punktes besteht darin, daß Erwählung und letztliche Errettung nicht als menschliches Werk, sondern als Taten der Barmherzigkeit Gottes verstanden werden.«[20] Der Zugang zum Heil (›getting in‹) erfolgt allein durch die barmherzige Erwählung Gottes, die Tora hingegen hat lediglich die Funktion, das Verbleiben im Bund (›staying in‹) zu regeln. Nach James D. G. Dunn (1939–2020) sind die ›Werke des Gesetzes‹ (vgl. Gal 2,16; 3,2.5.10; Röm 3,20.28) nicht eine Kritik am Gesetz an sich, sondern nur eine Ablehnung der Instrumentalisierung der Tora für eine privilegierte Stellung der Juden gegenüber den Menschen aus den Völkern durch die Beschneidung und die Speisevorschriften. »In Romans too, therefore, the first criticism of the law is not a criticism of the law as such. It is a criticism of Paul's fellow Jews for assuming that their historic status of privilege under the law still held good, even after the coming of their Messiah.«[21] Allein dieser trennende Charakter des Gesetzes, nicht aber eine jüdische ›Werkgerechtigkeit‹ ruft den Protest des Paulus hervor. Deshalb kann Paulus die Tora positiv aufnehmen, wenn er vom ›Gesetz Christi‹ (Gal 6,2), vom ›Gesetz des Glaubens‹ (Röm 3,27) oder vom ›Gesetz des Geistes‹ (Röm 8,2) spricht. »It would appear, then, that ›the law of the Spirit‹ is simply a summary way of speaking of the requirement of the law fulfilled by those who walk by the Spirit.«[22] Die Kontroverse zwischen der (eher) anglo-amerikanischen ›New Perspective on Paul‹ und der (eher) deutschsprachigen reformatorisch geprägten Paulusauslegung ist keineswegs beendet und/oder geklärt.[23] Auf der einen Seite sind zwar weder die Tora noch das Tun des in der Tora Gebotenen für Paulus dem Bereich der Sünde zuzurechnen, auf der anderen Seite ist aber die Sünde in der Lage, die Lebensverheißung der Tora zu konterkarieren und somit auch eine Schwäche der Tora zu dokumentieren (Röm 7,7 ff.). Paulus hebt die

---

20 Ed Parish Sanders, Paulus und das palästinische Judentum (s. Anm. 18), 400.
21 James D. G. Dunn, The Theology of Paul the Apostle, Grand Rapids 1998, 145.
22 A. a. O., 646 f.
23 Eine erste Summe der Diskussion bietet John M.G. Barclay, Paul and the Gift, Grand Rapids 2015, 566, der auf beiden Seiten Verengungen sieht und feststellt: »Paul is neither anti-Jewish nor post-Jewish, but his configuration of the grace of God in Christ alters his Jewish identity and makes him question his former allegiance to the Torah.«

hamartiologische Sonderstellung der Juden auf (Gal 2,16) und ordnet sie in die von der Sünde bestimmte Menschheitsgeschichte ein (vgl. Gal 3,22). Beschneidung und Tora gehören nicht zur soteriologischen Selbstdefinition des Christentums, weil sich Gott unmittelbar in Jesus Christus offenbarte und die Getauften und Glaubenden in der Geistgabe an diesem Heilsereignis partizipieren.

1.2 Getrennte Wege?

Wenn nicht nur Jesus, sondern auch Paulus bleibend und umfassend im Judentum verwurzelt ist, dann stellt sich die Frage, ob auch die Geschichte des Verhältnisses von Judentum und Christentum neu geschrieben werden muss. Trennten sich beide Bewegungen wirklich schon relativ früh oder haben wir es mit einem länger anhaltenden Prozess zu tun, der weit über das 2. Jh.s n. Chr. hinausging? So wurde ab den späten 8oer Jahren des 20. Jh.s das Modell des ›parting of the ways‹ wiederum vor allem in der anglo-amerikanische Exegese infrage gestellt.[24] Man fragt, ob diese Begrifflichkeit und die damit verbundenen Perspektiven nicht eine ideologische Verengung und Präjudizierung der Ergebnisse darstellen? Werden letztlich nicht die Verhältnisse des 4. Jh.s in das 1. und 2. Jh. zurückdatiert?[25] Stimmt die Rhetorik des ›Auseinandergehens‹ mit der sozialen Wirklichkeit überein; sind theologische Grenzen identisch mit sozialen Trennungen?[26] Ist unsere heutige Beschreibungssprache angemessen? Sind die Fragen nach der Trennung oder sogar den getrennten Wegen falsch gestellt und führen sie deshalb von vornherein in eine falsche Richtung? Deshalb müsse das vielfach vertretene Modell einer Innen-Außen-Perspektive (Christen – Umwelt) durch das Modell der Diversität ersetzt werden.[27] Demnach stehen sich

---

24 Wegweisend war: James D. G. Dunn, The Parting of the Ways Between Christianity and Judaism and their Significance for the Character of Christianity, London 1991; vgl. ferner: Adam H. Becker/Annette Y. Reed (Hrsg.), The Ways That Never Parted. Jews and Christians in Late Antiquity and the Early Middle Ages, Minneapolis 2007.
25 So der Vorwurf von Stefan Alkier/Hartmut Leppin, Einleitung, in: dies. (Hrsg.), Juden – Heiden – Christen?, WUNT 400, Tübingen 2018, (1–17) 5.
26 Vgl. z. B. Judith M. Lieu, Neither Jew nor Greek?, London 2002, 23 f.: »from some perspectives Jews and Christians were but variants of the same commitment to blind faith, a unity more significant than any divisions between them«.
27 So dezidiert Stefan Alkier/Hartmut Leppin, Einleitung (s. Anm. 25), 7: »Die Diversität der kleinasiatischen Gesellschaft wie die des Imperium Romanum im Ganzen

1 Epochen der Forschungsgeschichte

nicht in sich geschlossene Religionen gegenüber, sondern verschiedene Gruppen praktizieren unterschiedliche Formen des jüdischen und/oder christlichen Glaubens, ohne sich selbst als Gegensätze zu verstehen. Diese durch De-Konstruktion, Auflösung von Gruppengrenzen und Pluralismus gekennzeichnete Position[28] wertet die Vielgestaltigkeit sowohl des Judentums als auch des entstehenden Christentums als den entscheidenden Grund, sich von Globalthesen und einlinigen Erklärungsmodellen zu verabschieden und offene Prozesse anzunehmen, für die es vor allem im 2. Jh. n. Chr. zahlreiche Belege gäbe.[29] Hinzu kommen Spätdatierungen neutestamentlicher Schriften, die die Formationsphase des frühen Christentums weit in das 2. Jh. n. Chr. verschieben und so auch die Trennungsprozesse vom Judentum später datieren.[30]

---

verbindet sich mit der Diversität christlicher Gemeinschaften und Individuen, die ein Teil dieser Gesellschaft waren.«

28   Vgl. z. B. Daniel Boyarin, Als Christen noch Juden waren. Überlegungen zu den jüdisch-christlichen Ursprüngen, KuI 16 (2001), 112–129, der das Modell des ›Auseinandergehens der Wege‹ vehement ablehnt und stattdessen fordert, das Verhältnis Judentum – Christentum »als ein einziges Zirkulationssystem zu verstehen, in welchem diskursive Elemente sich von nicht-christlichen Juden und wieder zurück bewegen und im Durchlauf durch das System entwickeln konnten« (a. a. O., 120). Daraus folgert er, dass noch für das 2. Jh. n. Chr. »die Grenze zwischen beiden so verschwommen war, dass niemand genau sagen könnte, wo das eine aufhörte und das andere begann« (a. a. O., 121). Vgl. ferner Judith M. Lieu, ›The Parting of the Ways‹: Theological construct or Historical Reality?, in: dies., Neither Jew nor Greek? (s. Anm. 26), 11–29; zahlreiche Beiträge in diesem Sinn finden sich in: Adam H. Becker/Annette Y. Reed (Hrsg.), The Ways That Never Parted. Jews and Christians in Late Antiquity and the Early Middle Ages (s. Anm. 24); vgl. ferner Lori Baron/Jill Hicks-Keeton/Matthew Thiessen (Hrsg.), The Ways That Often Parted: Essays in Honor of Joel Marcus, Atlanta 2018; Jens Schröter/Benjamin A. Edsall/Joseph Verheyden (Hrsg.), Jews and Christians – Parting Ways in the First Two Centuries CE?, BZNW 252, Berlin 2021. Aus dem deutschsprachigen Bereich vgl. z. B. Hubert Frankemölle, Frühjudentum und Urchristentum, Stuttgart 2006, 437, der das frühe Christentum primär als Reformjudentum versteht und die endgültige Trennung in das 3./4. Jh. n. Chr. legt; vgl. ferner zahlreiche Beiträge in dem Sammelband: Stefan Alkier/Hartmut Leppin (Hrsg.), Juden – Heiden – Christen? (s. Anm. 25).

29   Vgl. z. B. Tobias Nicklas, Jews and Christians?, Tübingen 2014.

30   Ein instruktives Beispiel ist die Spätdatierung der Apostelgeschichte um 115–120 n. Chr., wie sie in der neueren Forschung teilweise vorgeschlagen wird: Richard I. Pervo, Acts, Minneapolis 2009, 5; Knut Backhaus, Zur Datierung der Apostelgeschichte, in: ders., Die Entgrenzung des Heils: Gesammelte Studien zur Apostelge-

Zwischen 2010–2020 formierte sich – wiederum im anglo-amerikanischen Bereich – die ›Paul within Judaism Perspective‹, die sich als eine Weiterentwicklung, man könnte auch sagen Radikalisierung der ›New Perspective‹ versteht.[31] Während deren Vertreter in unterschiedlicher Weise zumeist weiterhin davon ausgehen, dass Paulus sich nun als ein aus Israel stammender und mit Israel verbundener Christ verstand,[32] lautet die Grundthese der ›Paul within Judaism Perspective‹, dass Paulus nie aufgehört habe, ein überzeugter toraobservanter Jude zu sein. Paulus war Jude und sei es auch nach Damaskus im Vollsinn geblieben;[33] allein die Apostelgeschichte suggeriere das Bild des konvertierten Paulus. Seine polemischen Aussagen über die Tora richteten sich ausschließlich an die Völkerchristen, nicht an Juden. Vor allem wende er sich gegen jene konkurrierenden Missionare, die Heiden beschneiden lassen wollten. Seine Zuwendung zu den Völkern sei somit eine bestimmte Form des Judentums im Rahmen der Pluralität von Judentümern gewesen, in keiner Weise aber eine Abwendung vom Judentum. Eine Universalisierung der Soteriologie unter Einschluss der Juden liege bei Paulus gerade nicht vor; vielmehr: »Israel remains Israel, the nations remain the nations.«[34] Der von den Reformatoren behauptete und von Bultmann verstärkte Kontrast zwischen Judentum und Christentum sei a-historisch und anachronistisch. Paulus sei auch als christusgläubiger Theologe ein Jude geblieben und seine Mission als Judaisierung der Heiden zu begreifen;[35] alles was er sagt, liegt im Denkbaren des Judentums

---

schichte, WUNT 422, Tübingen 2019, 87–128. Dadurch wird dieser Schlüsseltext für die bewusste Formung des Christentums in der antiken Welt in die Welt des 2. Jh.s eingeordnet.

31 Als Einführung vgl. Mark D. Nanos/Magnus Zetterholm (Hrsg.), Paul within Judaism: Restoring the First-Century Context to the Apostle, Minneapolis 2015.

32 Vgl. z. B. James D. G. Dunn, The Theology of Paul the Apostle (s. Anm. 21), 354: »However, the inquiry is far from complete, and we have still to examine the key-phrase in which Paul summed up what he so strongly opposed, now as a Christian: justification by works of the law«; Ed Parish Sanders, Paul. The Apostle's Life, Letters, and Thought, Minneapolis (MN) 2015, 111: »There seems to me to be no doubt that in his mission field Paul usually lived as a gentile in order to win gentiles.«

33 Vgl. Paula Fredriksen, Paul. The Pagans' Apostle, New Haven (CT)/London 2017, Preface: »In brief, so this study will argue, Paul lived his life entirely within his native Judaism.«

34 Paula Fredriksen, Paul (s. Anm. 33), 116.

35 Nüchtern stellt demgegenüber Martin Goodman, Die Geschichte des Judentums, München 2020, 269, für Paulus fest: »Er legte Wert darauf, dass seine neuen heiden-

im 1. Jh. n. Chr. Allgegenwärtig ist dabei die Rhetorik, dass in zwei Jahrtausenden alle anderen Paulus nicht verstanden hätten und nun endlich ein Zerrbild des Völkerapostels korrigiert werde. Die bisherige Paulusexegese »was based, not on an adequate description of ancient Judaism, but on a Christian caricature.«[36] Diese mit viel Pathos und konfessorischem Unterton vorgetragene Argumentation wird dem Textbefund in keiner Weise gerecht; nur einige Beobachtungen seien genannt: In 1Kor 1,23 bestimmt Paulus selbst das entscheidende Wesens- und zugleich Distinktionsmerkmal des frühen Christentums: »Wir aber verkündigen den gekreuzigten Christus, den Juden ein Ärgernis und den Völkern eine Torheit« (1Kor 1,23).[37] Die Kreuzestheologie als dissonanter Kern der paulinischen Theologie ist in keine Form des Judentums und in keine andere Form antiker Religiosität integrierbar; dafür gibt es keinen einzigen Beleg! In Phil 3,8 bezeichnet Paulus die Vorzüge seiner jüdischen Vergangenheit als »Dreck/Scheiße (σκύβαλα), damit ich Christus gewinne«, d. h. er nimmt eine fundamentale Neubewertung

---

christlichen Gemeinden sich eben gerade nicht als Juden verstanden, weil allein der Glaube an Christus für die Erlösung ausreichend war.« Nach Röm 11,13 f. soll gerade die Heidenmission die Juden ›eifersüchtig‹ machen und so zum Glauben führen (Röm 11,23).

36 Magnus Zetterholm, Paul within Judaism: The State of the Question, in: Mark D. Nanos/Magnus Zetterholm (Hrsg.), Paul within Judaism: Restoring the First-Century Context to the Apostle (s. Anm. 31), (31–51) 44.

37 Zur Auslegung vgl. Friederike Portenhauser, Personale Identität bei Paulus, HUTh 79, Tübingen 2020, 286–295. Dieser Schlüsselvers wird ebenso wie Phil 3,8 von Ruben A. Bühner, Paulus im Kontext des Diasporajudentums, WUNT 511, Tübingen 2023, noch nicht einmal untersucht, dessen Modell lautet: »Vielmehr versteht sich Paulus auch nach seiner Hinwendung zur messianischen Jesusbewegung ebenso selbstverständlich als Jude, wie er sich auch weiterhin der Tora und damit einer jüdischen Lebensweise verpflichtet sieht. Doch – nicht nur, aber besonders – in der Diaspora konnte eine jüdische Identität schon immer nur als ›nested identity‹ gelebt werden, d. h. als eine Existenz, die jeweils situationsbedingt unterschiedliche Ebenen der eigenen Identität und die damit einhergehenden Normen miteinander verhandeln muss, indem sie diese in ein hierarchisches Verhältnis zueinander setzt« (a. a. O., 383) Dies trifft für Fragen der Essens- und Tischgemeinschaft teilweise zu, keineswegs aber für die grundlegende christologisch-staurologische Neuausrichtung der paulinischen Identität, die sich in Texten wie 1Kor 1,17.18.23; 3,11; 6,2 f.; 10,32; 15,8; 2Kor 3,6; 5,17; Gal 2,19 f.; 3,1.28; 5,1.24 f.; 6,15; Röm 1,16; 6,3–8; 8,1–3; Phil 2,8; 3,8 zeigt. Ein gekreuzigter Messias war auch für Diasporajuden ein Skandal und völlig inakzeptabel, wie man an Paulus selbst sieht, der als Diasporajude aus diesem Grund die frühen Gemeinden verfolgte (Gal 1,13 f.; Phil 3,5 f.).

seiner Existenz vor.³⁸ 1Kor 9,20–23 (V. 20: »obwohl ich selbst nicht unter dem Gesetz bin«), Gal 3,28; Röm 2 machen es höchst unwahrscheinlich, dass Paulus auch nach Damaskus als toraobservanter Juden lebte. Der Apostel verkündete sein Evangelium sowohl Juden als auch Heiden (vgl. nur Röm 1,16; 2,9 f.; 3,9; 10,12: »Denn es ist kein Unterschied zwischen Juden und Griechen«), schuf mit seinen Gemeinden eine eigenständige soziologisch-theologische Größe neben Juden und Griechen (1Kor 10,32: »Erregt keinen Anstoß, weder bei den Juden noch bei den Griechen noch bei der Gemeinde Gottes«) und entwickelte einen neuen theologischen Mythos von Gott und seinem Sohn.³⁹ Gott wurde für die Christen im Kontext des Lebens, des Sterbens und der Auferstehung Jesu Christi neu aussagbar, wobei für das Judentum gerade der Kern der neuen Botschaft – ein Gekreuzigter ist Gottes Sohn – in keiner Weise akzeptierbar war.⁴⁰

---

38 Diese Neubewertung der jüdischen Vergangenheit und Existenz des Apostels wird vielfach einfach übergangen; so bei Anders Runesson, Judaism for Gentiles, WUNT 494, Tübingen 2022; oder von Jörg Frey, Das Judentum des Paulus (s. Anm. 13), 48, der ebenfalls Phil 3,8 nicht erwähnt und behauptet: »Paulus war Jude, zeit seines Lebens, auch als Apostel Jesu Christi.« Dies ist richtig und falsch zugleich. Richtig, weil man zeitlebens bleibt, was man bei der Geburt ist. Falsch, wenn damit die überragende Bedeutung Christi für das Selbstverständnis des Paulus geschmälert werden soll, die er auch in Gal 2,19 drastisch formuliert: »Ich nämlich bin durch das Gesetz dem Gesetz gestorben, damit ich Gott gewinne, ich bin mit Christus gekreuzigt.« ›Für Gott mit Christus gekreuzigt sein‹ ist angesicht von Dtn 21, 23LXX für jeden Juden eine absurde und unannehmbare Vorstellung!

39 Vgl. dazu Udo Schnelle, Der Sinn des Mythos in Theologie und Hermeneutik, Leipzig 2023, 166–172.

40 Zur Kritik vgl. umfassend Udo Schnelle, Über Judentum und Hellenismus hinaus: Die paulinische Theologie als neues Wissenssystem, ZNW 111 (2020), 124–155; Oda Wischmeyer, A Plea for an Intellectual Biography of Paul: Paul after the New Perspective and the Radical New Perspective, in: dies., Paulus. Beiträge zu einer intellektuellen Biographie, hrsg. v. Eve-Marie Becker und Sigurvin Lárus Jónsson, WUNT 491, Tübingen 2022, 11–41 (sie hält die wiederholten ›perspectives‹ für überholt und sieht Paulus als eigenständigen historischen Akteur der frühen Kaiserzeit; als Theologen, der die religiöse Tradition Israels und ihre Weltdeutung von seiner Christuserfahrung her neu interpretiert; als Autor intellektuell anspruchsvoller Brieftexte und als wirkmächtige Gestalt der europäischen Denk- und Ideengeschichte); Paul-Gerhard Klumbies, Texte mit Gottesbezug. Der Gegenstand neutestamentlicher Exegese, in: Konrad Schmid (Hrsg.), Heilige Schriften in der Kritik, Leipzig 2022, 275–286. Gemäßigt kritisch: Jens Schröter, Was Paul a Jew within Judaism? The Apostle to the Gentiles and his Communities in their Historical Context, in: Jens Schröter/Benjamin A. Edsall/Joseph Verheyden (Hrsg.), Jews and

1 Epochen der Forschungsgeschichte

Wenn Israel trotz seiner gültigen Erwählung (vgl. Dtn 7,6-8) erst in der Zukunft gerettet wird (Röm 11,26), dann weist es in der Gegenwart ein Defizit auf, was nach dem paulinischen Denken nur der Glaube an Christus sein kann (vgl. Röm 11,23). Zudem verstanden die Paulusschüler der Deuteropaulinen den Apostel gerade nicht innerhalb des Judentums, sondern sahen in ihm den Begründer der universalen Kirche; also ungefähr das Gegenteil von dem, was Exegeten mit 2000 Jahren Abstand heute erkennen wollen. *Die paulinische Theologie ist ein Denkereignis von weltgeschichtlicher Bedeutung und Wirkung, das sich nicht auf sein Verhältnis zum Judentum reduzieren lässt. Paulus hat sein jüdisches Erbe, seine Christuserfahrung und seinen hellenistischen Kontext; alle drei maßgeblichen Faktoren müssen auf der Basis der Paulusbriefe in Relation gesetzt werden, ohne eine Ebene zu präferieren!* Ferner weist die paulinische Theologie eine religionsphilosophische Sub-Ebene auf, die von der Exegese und der Systematischen Theologie bisher nur in Ausnahmefällen wahrgenommen wurde, wohl aber von der Philosophie (z. B. G. Agamben, J. Habermas). Paulus war ein eigenständiger und intellektuell höchst anspruchsvoller Theologe, der die religiöse Tradition Israels und ihre Weltdeutung von seiner Christuserfahrung her neu interpretierte und dabei grundlegende religiöse bzw. religionsphilosophische Fragen behandelte: Was ist das Wesen Gottes; wo hat sich Gott offenbart; was ist wahres Leben; wie erlangt der Mensch Gerechtigkeit, was rettet ihn vor dem kommenden Zorn u. a. m.? Diese und viele andere Beobachtungen zeigen: die ›Paul within Judaism Perspective‹ ist ein *geschichtsdogmatisches Modell, das das Verhältnis zum Judentum und die Verankerung im Judentum zum alleinigen Maßstab sachgemäßer Interpretation erklärt und dabei die Vielfalt frühchristlichen Denkens bewusst negiert.*

Konsequenterweise bleibt die ›within Judaism Perspective‹ nicht bei Paulus stehen, sondern versteht faktisch das gesamte Neue Testament als jüdische Schriftensammlung und Zeugnis innerjüdischer Diskurse. So gibt es inzwischen z. B. eine ›Matthew within Judaism Perspective‹,[41]

Christians – Parting Ways in the First Two Centuries CE? (s. Anm. 28), 89–119; Karl-Wilhelm Niebuhr, Einführung: Paulus im Judentum seiner Zeit, in: ders., Paulus im Judentum seiner Zeit, WUNT 489, Tübingen 2022, 1–40.

[41] Zur Darstellung und Kritik vgl. Matthias Konradt, Matthew within or outside of Judaism?, in: Jens Schröter/Benjamin A. Edsall/Joseph Verheyden (Hrsg.), Jews and Christians – Parting Ways in the First Two Centuries CE? (s. Anm. 28), 121–150.

eine ›John within Judaism Perspective‹,[42] oder eine ›Luke within Judaism Perspective‹.[43] Gemeinsam ist allen Arbeiten, dass sie nicht mehr von ›Christentum‹ sprechen, sondern es in den neutestamentlichen Schriften angeblich nur um eine Erweiterung und Modellierung jüdischer Theologie und Lebensformen geht. An die Stelle binärer Modelle (Judentum – Christentum) treten die Gedanken der Vielfalt, Hybridität und Diffusität, die natürlich den heutigen Interpreten/Interpretinnen viel Spielraum lassen. Der (möglichen) Konstruktion in der Vergangenheit wird die De-Konstruktion entgegengesetzt, d. h. Diversitätsmodelle sollen die historischen und theologischen Engführungen einliniger Konzepte überwinden. Klare Grenzziehungen seien vielfach nicht möglich, so dass sich nicht festgefügte Blöcke gegenüberstehen, sondern eher von einer jeweiligen Matrix im Sinn einer Hülle gesprochen werden müsste, hinter der sich verschiedene Phänomene vereinen könnten. Von ›Christentum‹ könnte dann frühestens gegen Ende des 2. Jh.s gesprochen werden (Irenäus?) und es wäre dann eine Art ›Betriebsunfall‹ der Geschichte, weil es den Intentionen der frühesten Zeugen nicht entsprechen würde. Das Christentum als historisches Missverständnis? Es ist deshalb umso mehr zu fragen, welche Wirklichkeiten solche Argumentationen im Zeitalter des ›anything goes‹ repräsentieren? Sind es reale, historisch greifbare oder erdachte, gezielt konstruierte, postulierte Vorgänge, denen medial und emotional eine gleichwertige oder sogar größere Wirklichkeit und Bedeutung zugeschrieben werden soll? Wie kommen wir über akademische Sprachspiele und bloße Behauptungen hinaus? Wann werden geographische, zeitliche oder historische Realitäten bewusst in soziale Konstruktionen verflüchtigt, um so Aufmerksamkeit in wissenschaftlichen Diskursen zu erregen?

---

42 Vgl. z. B. Wally V. Cirafesi, John within Judaism. Religion, Ethnicity, and the Shaping of Jesus-Oriented Jewishness in the Fourth Gospel, Ancient Judaism and Early Christianity 112, Leiden 2021; zur Kritik vgl. Jörg Frey, »John within Judaism?«. Textual, Historical, and Hermeneutical Considerations, in: Jens Schröter u. a. (Hrsg.), Jews and Christians – Parting Ways in the First Two Centuries CE? (s. Anm. 28), 185–215.

43 Vgl. z. B. Peter van't Riet, Luke, the Jew: Introduction to the Jewish Character of the Gospel of Luke and the Acts of the Apostles, Kampen 2018.

1.3 Bleibende Gegensätze

Die gegenwärtige Forschungssituation ist durch theologische, hermeneutische und historische, aber auch politische und sprachliche Gegensätze gekennzeichnet. Die englischsprachige Forschung nimmt die deutschsprachigen Beiträge gar nicht mehr oder nur noch sehr begrenzt zur Kenntnis; nicht zuletzt deshalb, weil in diesem Bereich keine oder nur noch geringe Kenntnisse der deutschen Sprache vorliegen. Wie andere Wissenschaften auch unterliegt die neutestamentliche Exegese zudem dem Zwang, sich Gehör verschaffen zu müssen und dies gelingt am besten durch Aufsehen erregende Thesen. Dies führte bei Teilen der englischsprachigen Exegese zu der Instrumentalisierung eines politischen Verdachtes, der indirekt in die historischen Beurteilungen miteinfließt: Der (vermutete) Antijudaismus des Neuen Testaments und des Christentums insgesamt seien maßgeblich für die Katastrophe des Holocaust mitverantwortlich und bis heute wirksam, speziell in der Ausprägung der reformatorischen Kirchen. Sie stellten vor allem in ihrer Paulusinterpretation das religiöse Individuum und sein Gottesverhältnis in den Mittelpunkt und grenzten es antithetisch gegenüber dem Judentum ab. Dabei würden vier grundsätzliche Fehler gemacht: 1) Das Bild vom Judentum als einer legalistischen und statischen Religion sei falsch und 2) nicht das Individuum, sondern Ethnien, d. h. Gruppen/Völker mit ihren kulturell-religiösen Programmen stünden im Zentrum der Debatten des 1./2. Jh.s. 3) Die Vielgestaltigkeit des Judentums um die Zeitenwende biete genügend Raum, um auch neue Strömungen wie die Christusgläubigen dem Judentum zuzuordnen. Das Neue Testament soll so als dezidierter Bestandteil des Judentums verstanden werden. 4) Die Beschreibungssprache sei vielfach irreführend, denn die damit verbundenen Perspektiven stellten zumeist bereits eine ideologische Verengung und Präjudizierung der Ergebnisse dar. Das vielfach vertretene antithetische Modell einer Innen-Außen-Perspektive (Christen – Juden/Christen – Umwelt) müsse durch das Modell der Diversität ersetzt werden.

Demgegenüber betonen die überwiegend deutschsprachige, aber auch weite Teile der britischen und amerikanischen Exegese: 1) Paulus und die übrigen Schriften des Neuen Testament (vgl. nur Mt 28,16–20) vertreten einen kosmologisch-universalistischen Ansatz,[44] der weit über

---

44 Vgl. dazu Lennart Schirr, Die Gemeinde als kosmische Größe (ABG 67), Leipzig 2021;

die Grenzen des Judentums hinausgeht. Dies zeigt sich sowohl auf der Ebene der Theologie als auch im Bereich der Missionsaktivitäten, die sich innerhalb sehr kurzer Zeit über fast die gesamte Mittelmeerwelt erstreckten. Die Welt des Paulus war fast das gesamte römische Reich (bis Spanien) und die prägende Kultur der griechisch-römische Hellenismus. *Das Verhältnis zum Judentum ist bei den neutestamentlichen Autoren ein Thema unter vielen anderen und keineswegs das Hauptthema!* 2) Theologisch steht die Gottessohnschaft eines Gekreuzigten im Mittelpunkt, eine für jede Form des Judentums unannehmbare Voraussetzung.[45] Das grundlegende jüdische Initiationsritual der Beschneidung wird nicht übernommen und weitere Grundpfeiler der jüdischen Religion wie die Landvorstellung, der Tempel und die Speisegebote werden ebenfalls ignoriert bzw. adaptiert und stark abgewandelt. 3) Die unbestreitbaren großen Missionserfolge des frühen Christentums setzen eine nachhaltige Selbstorganisation und Literaturproduktion der neuen Bewegung voraus; beides klare Indizien für eine sich stetig verstärkende Eigenständigkeit. 4) Die frühchristlichen Missionserfolge stellten sowohl für das Judentum als auch für die Römer eine Herausforderung dar. *Keine maßgebliche jüdische Institution, Strömung oder Bewegung hat das entstehende Christentum als Teil seiner selbst gesehen und anerkannt; dafür gibt es keinen einzigen Beleg!* Aus gutem Grund, denn dies hätte die privilegierte Stellung des Judentums im römischen Reich als ›alte Religion‹ gefährdet.[46] Wenn die Christusgläubigen/Chris-

---

Udo Schnelle, Kosmologie als Schlüssel zum paulinischen Denken, in: Gert J. Steyn (Hrsg.) Neutestamentliche Kosmologien, BZSup 4, Paderborn 2022, 65–86.

45 Dies relativiert bewusst Markus Tiwald, Frühjudentum und beginnendes Christentum, Stuttgart 2022, 37, wenn er behauptet: »In erster Linie war es nicht das Christusbekenntnis, das ›Juden‹ und ›Christen‹ entfremdete, sondern starke innerjüdische Spannungen in der Frage um die rechte Gesetzesauslegung – verbunden mit handfesten politischen Interessen.«

46 Dieser grundlegende Befund lässt sich nicht dadurch relativieren, dass man nun frühchristliche Texte zu Zeugen angeblicher jüdischer Anerkennung des entstehenden Christentums uminterpretiert; z. B. Überlieferungen der Logienquelle, das Matthäus- und Johannesevangelium (so Markus Tiwald, Frühjudentum und beginnendes Christentum (s. Anm. 45), 37; für Johannes vgl. Tobias Nicklas, Diversität, Dynamik und Differenzen. Eine Diskussion mit Udo Schnelles Modell der »getrennten Wege von Römern, Juden und Christen«, EvTh 80 [2020], 444–454, 452). Gerade im 4. Evangelium ist Jesus Christus auch Gott (Joh 20,28; vgl. 1Joh 5,20). Er wird in einzigartiger Weise auf die Ebene Gottes gehoben (Joh 1,1–3; 10,30) und der

ten andauernder und akzeptierter Teil des Judentums gewesen wären, dann hätten dessen Vertreter dies auch wahrgenommen und positiv kommentiert. Sicherlich gab es einzelne Sympathisanten des beginnenden Christentums auf jüdischer Seite, aber keine größere Akzeptanz und schon gar nicht eine wie auch immer geartete Anerkennung.[47]

5) Die Römer unterschieden ab Mitte der 60er Jahre des 1. Jh.s konsequent zwischen Juden und Christen und sahen in den Christen eine gefährliche, verfolgungswürdige Gruppe; eine Einschätzung, die sie nicht auf das Judentum übertrugen, und das wollte das Judentum für sich auf jeden Fall vermeiden. Die Römer wussten, dass die Christenbewegung zwar aus dem Judentum entstand, aber nun nicht mehr Teil des Judentums war. *Wiederum gibt es keinen einzigen Beleg dafür, dass die Römer die Christen als Teil des Judentums betrachteten.* Im Gegenteil,

---

Vorwurf des Ditheismus ist folgerichtig (vgl. Joh 5,18; 10,33–39; 19,7). Das Matthäusevangelium kommt aus der jüdischen Traditionswelt, geht aber mit dem Missionsbefehl Mt 28,16–20 deutlich darüber hinaus, indem als exklusiver Initiationsritus nun nicht mehr die Beschneidung, sondern die Taufe auf den dreieinigen Gott gilt. Die hermeneutische Problematik solcher Inanspruchnahme christlich überlieferter Texte für das Judentum wird zumeist nicht bedacht: Christliche Interpreten/Interpretinnen kreieren durch ihre Zuschreibungen gewissermaßen eine neue Form von Judentum, für die es keine genuin jüdische Zeugnisse und keinerlei jüdische Zustimmung gibt!

47   Dies gilt auch für Josephus, Antiquitates 20,199–203, wo Josephus überliefert, dass während des Machtvakuums zwischen dem Tod des Festus und dem Amtsantritt seines Nachfolgers der sadduzäische Hohepriester Ananus, Sohn des Hannas der synoptischen Evangelien, gegen Jakobus und andere Mitglieder der Jerusalemer Gemeinde vorging. Ananus d. J. ließ vermutlich im Jahr 62 n. Chr. das Synhedrium einberufen und Jakobus sowie andere Judenchristen wegen des Bruchs der Tora zum Tod durch Steinigung verurteilen. Dieses von der sadduzäischen Mehrheit beschlossene Urteil rief den Widerspruch von Pharisäern hervor, die schließlich erfolgreich beim römischen Statthalter Albinos intervenierten. Inhaltlich geht es hier um den politischen Konflikt zwischen Sadduzäern und Pharisäern, in den auch die Jerusalemer Gemeinde hineingezogen wurde. Die Sadduzäer lehnten den Selbstanspruch der Jerusalemer Gemeinde, in unmittelbarer Nähe des Judentums zu sein, offenkundig strikt ab; den Pharisäern ging es um die rechtliche Illegitimität des sadduzäischen Vorgehens, denn das Tötungsrecht stand allein dem römischen Statthalter zu (vgl. Josephus, Bellum 2,117; Antiquitates 18,2). Über die inhaltliche Stellung der protestierenden Pharisäer zur Jerusalemer Gemeinde wird im Text nichts gesagt! Sie dürften es kaum gewagt haben, beim amtierenden römischen Statthalter für eine Bewegung inhaltlich-politisch einzutreten, deren Heros von einem seiner Vorgänger als politischer Verbrecher gekreuzigt wurde!

sie gingen nicht gegen das Judentum, sondern ausschließlich gegen die Christen vor und dies ab der Zeit, als das paulinische Christentum in Rom sich als erkennbar eigenständige Größe etabliert hatte und der Kaiserhof von ihm wusste (vgl. Phil 1,12–18; 4,21–22) – ein klarer historischer Zusammenhang und kein Zufall! Den Römern war nicht entgangen, was Exegeten und Exegetinnen nun mit 2000 Jahren Abstand bezweifeln wollen: In seiner paulinischen Form trat das entstehende Christentum erstmals als eigenständige Bewegung in Erscheinung.

Neben zahlreichen Argumenten und Texten des Neuen Testaments sprechen allein die beiden letzten Beobachtungen – *die Juden erkannten die Christen nicht als Teil ihrer selbst an und die Römer unterschieden zwischen Juden und Christen* – entschieden gegen die These einer sehr späten Trennung von Judentum und Christentum.

2 Perspektiven

Die gegensätzlichen Forschungspositionen lassen sich nicht einfach auflösen, aber es gilt, Arbeitsfelder und Kriterien zu finden, um zumindest ein gegenseitiges Verstehen zu gewährleisten und so den Diskurs auf der Basis des neutestamentlichen Textbefundes positiv voranzubringen. Dabei müssten vor allem folgende Bereiche bearbeitet werden:

1) Hermeneutik: Jede Form von Exegese muss ihre geschichtstheoretischen Voraussetzungen und ihren hermeneutischen Standort bedenken und benennen. Hier zeigt sich speziell bei der ›Paul within Judaism Perspective‹ ein deutliches Defizit, denn sie nimmt für sich in Anspruch, rein historisch und nicht theologisch ›normativ‹ zu arbeiten. Zu den ›normativen‹ Vorgaben westlicher, speziell von Luther und Bultmann geprägter Theologie gehöre »the theological dichotomy between Judaism and Christianity.«[48] Demgegenüber habe die Voraussetzung zu gelten, »that the traditional perspectives on the relation between Judaism and Christianity are incorrect and need to be replaced by a historically more accurate view.«[49] Daraus ergibt sich als Konsequenz, »that this research discipline has indeed been negatively affected by Christian normative theology.«[50] Hier werden zwei – inzwischen unkritisch tra-

---

48 Magnus Zetterholm, Paul within Judaism: The State of the Question (s. Anm. 36), 33.
49 A. a. O., 34.
50 A. a. O., 31.

dierte – Vorurteile wiederholt: a) Die pauschale Abqualifizierung lutherischer Schriftauslegung und Theologie ist durch nichts gerechtfertigt und kann mittlerweile nur noch als rhetorische Strategie angesehen werden. Martin Luther war ein Exeget von höchstem Rang, ein großer Sprachkenner und Sprachschöpfer, der natürlich – wie jeder andere auch – seine Exegesen in einem hermeneutischen Kontext betrieb, den er bewusst der Schrift entnahm.[51] b) Gegen eine unterstellte Normativität/Dogmatik wird ein Pathos der Neutralität und reinen Historizität postuliert, das gerade geschichtstheoretisch nicht zutrifft und zu einer neuen Art von völlig unkritischem Geschichtsdogmatismus führt: Alles ist nun Judentum oder nur vom Judentum her zu verstehen. Geschichte wird aber nicht ›neutral rekonstruiert‹, sondern unausweichlich und notwendigerweise konstruiert. Das verbreitete Bewusstsein, die Dinge nur ›nachzuzeichnen‹ oder zu ›rekonstruieren‹ suggeriert eine Kenntnis des Ursprünglichen, die es in der vorausgesetzten Art und Weise nicht gibt. Geschichte ist auch nicht einfach identisch mit Vergangenheit, denn sie hat immer zuerst den Charakter einer gegenwärtigen Stellungnahme, wie man Vergangenes sehen könnte.[52] Deshalb gibt es keine ›Fakten‹ im ›objektiven‹ Sinn, sondern innerhalb historischer Konstruktionen bauen Deutungen auf Deutungen auf.[53] Es gilt: »es wird Geschichte, aber es ist nicht Geschichte«[54] und: Interpretation von Ereignissen und Texten ist immer beides: das Finden und das Einlegen von

---

[51] Zu Luthers Schriftverständnis vgl. Udo Schnelle, Martin Luther als Ausleger der Heiligen Schrift und die Begründung der Freiheit, in: Arno Sames (Hrsg.), 500 Jahre Theologie in Wittenberg und Halle 1502 bis 2002, Leipzig 2003, 9–25; Alexander Kupsch, Martin Luthers Gebrauch der Heiligen Schrift. Untersuchungen zur Schriftautorität in Gottesdienst und gesellschaftlicher Öffentlichkeit, HUTh 77, Tübingen 2019.

[52] Vgl. Johann Gustav Droysen, Historik, hrsg. v. Peter Leyh, Stuttgart/Bad Cannstatt 1977 (= Nachdruck 1857/1882), 422: »Das Gegebene für die historische Forschung sind nicht die Vergangenheiten, denn diese sind vergangen, sondern das von ihnen in dem Jetzt und Hier noch Unvergangene, mögen es Erinnerungen von dem, was war und geschah, oder Überreste des Gewesenen und Geschehenen sein.«

[53] Nach Johann Gustav Droysen, Historik (s. Anm. 52), 69, gibt es keine ›Fakten‹ im ›objektiven‹ Sinn, sondern innerhalb historischer Konstruktionen bauen Deutungen auf Deutungen auf und es gilt: »Nur was erinnert wird, ist unvergangen«. Über geschichtliche Sachverhalte urteilt Droysen, ebd., zutreffend: »Sie sind nur historisch, weil wir sie historisch auffassen, nicht an sich und objektiv, sondern in unserer Betrachtung und durch sie. Wir müssen sie sozusagen transponieren.«

[54] Johann Gustav Droysen, Historik (s. Anm. 52), 69.

Sinn! Geschichte ist somit immer ein selektives System, mit dem die Interpretierenden vor allem ihre eigene Welt und nicht einfach Vergangenes ordnen und deuten.[55] Geschichte ist also nicht jenseits der eigenen Geschichtlichkeit zu begreifen, so dass es folgerichtig ist, wenn Bultmann betont, alle Auslegung von Texten sei zugleich Selbstauslegung des Exegeten. Es gibt keine ›neutrale‹ Exegese, vielmehr sind in jedem Verstehensprozess das Interesse des Auslegers, sein Vorverständnis der in Frage stehenden Sache sowie sein Lebensverhältnis zu den im Text genannten Dingen miteingeschlossen.[56] Ich kann von historischen Prozessen ebenso wie von Gott nicht unter Absehung meiner eigenen Existenz reden. »Will man von Gott reden, so muß man offenbar von sich selbst reden.«[57] In der neueren Debatte über das Verhältnis von Judentum und Christentum sind diese Zusammenhänge mit Händen zu greifen und können nicht einfach ausgeblendet werden, denn die Debatten über den Holocaust seit den 60er Jahren des 20. Jh.s bilden eindeutig den Hintergrund der aktuellen Forschungslage. Dies ist nur natürlich und in keiner Weise zu kritisieren, es muss jedoch zugleich in seiner hermeneutischen Relevanz klar benannt und bedacht werden; vor allem aber: *Die ideologische Komponente darf nicht immer nur bei den anderen gesehen werden, sondern auch bei sich selbst!* In die Beurteilung vergangener Geschichte fließt stets der gegenwärtige geschichtliche Standort der Interpretierenden samt ihrer politischen und weltanschaulichen Wertungen mit ein; die Frage ist nur, wie stark dieser Einfluss ist und wie sehr er die historischen Quellen überformt. In keinem Fall ist es jedoch möglich, diese Fragen einfach beiseite zu schieben und sich auf die richtige Seite der Interpretationsgeschichte zu stellen. Zumal die Vertreter/Vertreterinnen der ›within perspective‹ faktisch eine *christliche Neudefinition von Judentum* vornehmen, indem sie die Vielfalt des antiken Judentums im Sinne einer Grenzenlosigkeit interpretieren, um so die Unterschiede zu minimieren und die Trennung nach hinten zu verschieben. Das Judentum wird aus christlicher Per-

---

55 Vgl. Ernst Cassirer, Versuch über den Menschen, Hamburg 1996 (= 1944), 291: »Geschichtswissenschaft ist nicht Erkenntnis äußerer Fakten oder Ereignisse; sie ist eine Form der Selbsterkenntnis.«
56 Vgl. Rudolf Bultmann, Das Problem der Hermeneutik, in: ders., Glauben und Verstehen II, Tübingen [5]1968, 211–235.
57 Rudolf Bultmann, Welchen Sinn hat es, von Gott zu reden?, in: ders., Glauben und Verstehen I, Tübingen [5]1980 (= 1925), (26–37) 28.

spektive verwässert und in seinem Eigenanspruch minimiert, indem nun plötzlich sogar ein gekreuzigter Messias und die Verwerfung der Beschneidung keine unüberwindlichen Probleme mehr darstellen! Ein hermeneutisch höchst bedenklicher Vorgang, der vielen gar nicht bewusst zu sein scheint.

2) Beschreibungs-Sprache: Ein berechtigtes Anliegen der neueren Forschung besteht in dem Bemühen, Beschreibungen und Begriffe präzis zu benennen. Weil Definitionen in der Regel Ergebnisse bestimmen, müssen auch Sprachkonventionen in der Wissenschaft überprüft und gegebenenfalls geändert werden. Dies gilt auch für Begriffe wie ›Judentum‹, ›Christentum‹ ›Judenchristentum‹,[58] ›christlich‹ oder ›Orthodoxie‹ und ›Häresie‹, von denen nicht klar ist, ab welchem Zeitpunkt man sie gebrauchen darf und was damit genau gemeint ist. Auch globale Begriffe wie ›Trennung‹, ›Auseinandergehen‹, ›Ablösung‹ oder ›Haupt- und Nebenströme‹[59] müssten kritisch auf ihre Implikationen überprüft werden. Das Oppositionspaar ›jüdisch – christlich‹ greift nicht bei jedem Autor/jeder Bewegung und es war nicht zu jeder Zeit und nicht an jedem Ort in gleicher Weise klar, was als ›christlich‹ zu gelten hat. Grenzen konnten unterschiedlich gezogen werden. Zudem bleibt es eine Frage der Interpretation, ob Polemik in Texten als Streit oder als Bruch verstanden wird. Schließlich kann man Kategorien wie ›jüdisch‹ und ›christlich‹ eine Schematisierung und Simplifizierung vorwerfen, auf die Diversität des antiken Judentums verweisen und den anhaltenden Prozesscharakter (›Laboratorium‹)[60] von Identitätsfindung betonen. Zugleich müssen aber die Modelle der Offenheit, Pluralität, Diversität und Hybridität[61] ihre eigenen Voraussetzungen nennen und reflektieren: Sie

---

58 Vgl. Tobias Nicklas, Jews and Christians? (s. Anm. 29), 218: »The first followers of Jesus – and many ›Christians‹ of later generations – understood themselves as part of this ›matrix‹ we call ›Judaism‹.«

59 Vgl. Tobias Nicklas, Juden und Christen?, ZNT 37 (2016), (53–57) 53: »Deswegen lege ich zunächst großen Wert darauf, diese Vielfalt, die uns in den Quellen begegnet, ernst zu nehmen und nicht sofort Hauptströme und Randgruppen zu trennen, sondern als verschiedene Stimmen einer komplexen Wirklichkeit ernst zu nehmen.«

60 Vgl. Judith M. Lieu, Modelling the Second Century as the Age of the Laboratory, in: James C. Paget/Judith M. Lieu (Hrsg.), Christianity in the Second Century, Cambridge 2017, 294–308.

61 Manuel Vogel, Ein Streit nicht nur um Worte: Begriffsgeschichtliche Beobachtungen zu frühchristlichen Strategien der Exklusion, in: Stefan Alkier/Hartmut Leppin

bilden natürlich auch nur Konstruktionen, die sich ihrer Zeit verdanken und keineswegs ideologiefrei sind (postmoderne De-Konstruktion, Hermeneutik des Verdachts, Aufdeckung der Ideologien der anderen, Vielfalt als kultureller Wert an sich, globalisierte Welt ohne Grenzen). Sie können helfen, historische Prozesse präziser zu erfassen, müssen es aber nicht per se. Zumal historische Prozesse in der Antike sehr viel robuster abliefen, als wir uns das heute vorstellen. Letztlich hat als methodische Grundregel zu gelten, dass allein der Quellenbefund darüber entscheidet, welche Modelle die gedachte Wirklichkeit am besten abbilden.

3) Handlungsträger: Die neuere Forschung ist über weite Strecken fast ausschließlich auf das Judentum fokussiert. Dies lässt sich aus der Perspektive eines dialogbereiten Christentums und der Konfliktgeschichte mit dem Judentum verstehen, stellt aber historisch eine eindeutige und massive Verengung dar, denn ein Aspekt wird zumeist gar nicht oder nur am Rande behandelt: die Bedeutung der Römer für die getrennten oder gemeinsamen Wege von Juden und Christen.[62] Die Römer hatten als bestimmende politische Macht natürlich auch einen großen Einfluss auf die kulturell-religiösen Entwicklungen in ihrem Reich, zumal sie über einen klaren Religionsbegriff verfügten und ihre Herrschaft auf die Gunst der Götter zurückführten. Deshalb muss der Religionspolitik der Römer und ihrer Interaktion mit jüdischer und frühchristlicher Religionspolitik besondere Aufmerksamkeit geschenkt werden. Dabei geht es zuallererst um die römische Religionspolitik, denn sie setzte den Rahmen der Entwicklung und prägte im 1. Jh. n. Chr. vor allem das Verhalten der jüdischen Akteure. Bei aller Abneigung der Römer gegenüber dem Judentum[63] akzeptierten sie es als ›alte Religion‹ und statteten es – vor allem seit Augustus – mit Sonderrechten aus.[64] Zugleich kam es immer wieder zu Verfolgungen und die amtierenden

---

(Hrsg.), Juden – Heiden – Christen?, WUNT 400, Tübingen 2018, (43–69) 53 ff., arbeitet z. B. mit den Begriffen ›Hybride/Hybridisierung‹. Was soll man sich darunter in historischen Diskursen vorstellen?

62 Vgl. dazu Udo Schnelle, Die getrennten Wege von Römern, Juden und Christen, Tübingen 2019.

63 Eine Auflistung von negativen Aussagen griechischer und römischer Autoren über die Juden findet sich bei Karl Leo Noethlichs, Das Judentum und der römische Staat. Minderheitenpolitik im antiken Rom, Darmstadt 1996, 46–69.

64 Vgl. dazu Gerhard Delling, Die Bewältigung der Diaspora-Situation durch das hellenistische Judentum, Berlin 1987, 49–55.

Kaiser konnten einzelne Privilegien jederzeit zurücknehmen. Vor allem aber unterschieden die Römer – anders als beim Claudius-Edikt 49 n. Chr. – bei der neronischen Verfolgung 64 n. Chr. bereits zwischen Juden und Christen.[65] Die Christen galten als eine traditions- und kulturfeindliche Bewegung, die zudem politisch verdächtig war. Für die Römer erschien es fremdartig und absonderlich zugleich, dass die Christen einen von ihnen gekreuzigten politischen Aufrührer als Sohn Gottes verehrten. Spätestens mit der neronischen Verfolgung war deshalb aus jüdischer Perspektive klar: Sie mussten alles daransetzen, nicht mit dieser geheimnisumwitterten Gruppe der Christen identifiziert zu werden, denn dann würden die Juden ihre Privilegien und Gewohnheitsrechte gefährden. Zumal gegen die Christen Vorwürfe erhoben wurden, die von römischer Seiten auch gegenüber dem Judentum vorgebracht wurden.[66] Diese offenkundigen Zusammenhänge müssen bedacht werden und es gilt, eine vollständig auf das Judentum zentrierte Perspektive zu erweitern und durch Einbeziehung der Römer den historischen Realitäten anzupassen. Gegenseitige Verflechtungen und Abhängigkeiten sowie Eigenständigkeit sind bei historischen Phänomenen bzw. Religionen gerade keine Gegensätze.

4) Bildung: Zu den historischen Realitäten zählen auch die Selbstorganisation der frühchristlichen Gemeinden und damit unmittelbar verbunden ihre Literaturproduktion; ein Faktum, das in der aktuellen englischsprachigen Forschung noch nicht hinreichend wahrgenommen wurde. Die Medialisierung des Jesus Christus gehört zweifellos zu den entscheidenden Schritten der neuen Bewegung zur Eigenständigkeit, denn sie bildete dabei eine eigene neue Sprache heraus und führte neue Rituale ein. Die neue Sprache zeigt sich in den christologischen Titeln,

---

65 Vgl. Marco Frenschkowski, Nero, RAC 25 (2013), (839–878) 867 f.: »Es handelte sich bei der neronischen Verfolgung zwar nicht um die ersten gewalttätigen Maßnahmen gegen Christen (1Thess 2,14/6; Act. 6/12 u. a.), wohl aber um eine erste massive stadtröm. Auswirkung des zunehmenden Misstrauens gegen die neue Kultgemeinschaft der Christen. Dieses ist aus den tief verwurzelten röm. Ängsten gegenüber Geheimgesellschaften (Bacchanalien, Isiskult) zu verstehen. Aufschlussreich ist, dass Juden u. Christen aus römischer Sicht bereits klar getrennte u. deutlich unterscheidbare Gruppen sind.«

66 Vgl. Bernd Wander, Trennungsprozesse zwischen Frühem Christentum und Judentum (s. Anm. 1), 247–251 (Staats- und Menschenfeindlichkeit, Verschwörung, geheimnisumwitterte und absurde Praktiken, Zauberei, Dummheit, Leben nach eigenen Gesetzen).

dem Begriff ἐκκλησία (›Versammlung/Gemeinde‹), den Selbstbezeichnungen ›in Christus‹, ›Leib Christi‹, ›neue Schöpfung‹, der christologischen Füllung des Glaubensbegriffes u. a. m. Die Paulusbriefe und die Evangelien stellen eine literarische Innovation dar. Keine andere religiöse Bewegung entwickelte in ihrer Anfangszeit eine solche literarische Produktivität, die für die Identität und Eigenständigkeit von entscheidender Bedeutung war. Zu den ersten grundlegenden Institutionalisierungen der Christusgläubigen bereits in Jerusalem (und Galiläa) gehörten Taufe und Herrenmahl, wobei die Taufe von Männern, Frauen (und Kindern?) als Initiationsritual eine zentrale Stellung innehatte. Hinzu kamen die Einführung des Sonntags als eigener heiliger Tag (1Kor 16,2) und die Häufigkeit der Mahlgemeinschaften, die zumindest in Korinth (vgl. 1Kor 16,2) wahrscheinlich wöchentlich stattfanden. Neue Werte und Normen wurden eingeführt und praktiziert; anders als bei der Synagoge und paganen Vereinen gab es keine Aufnahmebedingungen und es bestand eine Offenheit für Menschen aller Stände, aller Geschlechter und aller Berufe. Die Bekehrung ›ganzer Häuser‹ (vgl. 1Kor 1,16; Apg 16,15; 18,8) zeigt, dass Angehörige aller Stände und Schichten zu dieser neuen Gemeinschaft gehören konnten (vgl. Gal 3,26–28), vor allem Frauen und Sklaven. All diese Entwicklungen müssen benannt und in ihrer Bedeutsamkeit bewertet werden, denn sie sprechen für die stetig wachsende Eigenständigkeit der neuen Bewegung.

5) Ausbreitungsgeschichte: Für die Zeit zwischen 90–110 n. Chr. zeichnen die Apostelgeschichte sowie der Briefwechsel zwischen dem Statthalter Plinius und Kaiser Trajan eine Ausbreitung des werdenden Christentums, die eine schon länger anhaltende Vorgeschichte zwingend voraussetzt.[67] Bereits für das Jahr 60 n. Chr. berichtet die Apostelgeschichte von zahlreichen Gemeinden in Palästina, Syrien, weiten Teilen Kleinasiens, Griechenlands und in Rom.[68] Dies gibt einmal die Erzählperspektive des Lukas (Paulus ist in Rom) wieder, es dürfte darüber hinaus aber auch die Situation zur Abfassungszeit der Apg (zwischen 90–100 n. Chr.) widerspiegeln. Der um 110 n. Chr. abgefasste Briefwechsel zwischen dem kleinasiatischen Legaten Plinius und Kaiser Trajan (98–117 n. Chr.) ist nicht nur der früheste erhaltene Beleg für die Rechtsgrund-

---

67 Vgl. dazu Rodney Stark, Der Aufstieg des Christentums, Weinheim 1997; Udo Schnelle, Die ersten 100 Jahre des Christentums, Göttingen ³2019, 536–542.
68 Vgl. Udo Schnelle, Die ersten 100 Jahre des Christentums (s. Anm. 67), 537 f.

lagen von Christenverfolgungen,⁶⁹ sondern bezeugt auch die explosionsartige Ausbreitung des Christentums zumindest in Teilen Kleinasiens. Menschen jeden Standes und Alters schlossen sich ihm an und nicht nur die Städte, sondern auch das Land waren nun davon erfasst. Offenkundig wurden ganze Familien verhaftet, ebenfalls ein Indiz für die große Verbreitung des Christentums, zumal Plinius am Ende seines Briefes wirtschaftliche Aspekte als Ursache für den Unmut der heidnischen Bevölkerung nennt: den Zusammenbruch des heidnischen Opferkultes und die damit verbundenen Einbußen für heidnische Händler. Um diesen Zustrom zu unterbinden, verfolgte Plinius offenbar eine Doppelstrategie, für die er den Kaiser gewinnen wollte: Härte gegen die Unbeugsamen und Milde gegenüber den Leugnern. So hoffte er, die Entwicklung umkehren zu können und dem alten Glauben wieder mehr Einfluss zu verschaffen. In dem Briefwechsel zwischen Statthalter und Kaiser gibt es Hinweise, dass die Situation nicht völlig neu war: a) Plinius ist zwar die Rechtslage bei Prozessen gegen Christen unklar, Epistulae X 96,1 setzt aber solche Prozesse voraus. b) Wenn Christen offen oder anonym angezeigt werden (vgl. Epistulae X 96,2.5.6), dann wissen die Anzeigesteller, dass Christen angezeigt werden können/müssen und es Verfahren gegen sie gab und gibt. c) Auch das wohlüberlegte Vorgehen des Plinius, als Christen Bezichtigte vor Statuen der Götter und des Kaisers beten und opfern zu lassen (Epistulae X 96,5), verweist auf eine bereits bestehende Praxis, denn d) als Begründung wird angeführt, wirkliche Christen ließen sich dazu angeblich nicht zwingen. Dies setzt voraus, dass eine derartige Praxis schon längere Zeit in Kleinasien üblich war, es also in einem nennenswerten Umfang schon Prozesse gegen Christen gab. e) Sie werden von Plinius selbst erwähnt, denn nach Epistulae X 96,6 widerriefen Denunzierte ihren Glauben schon drei Jahre zuvor, manche vor längerer Zeit und manche sogar schon vor 20 Jahren, also zur Herrschaft Domitians. Geographisch besteht ebenfalls zumindest ein Zusammenhang: 1Petr 1,1 ist ausdrücklich auch an Christen in Pontus und Bithynien gerichtet, wo es dann unter Plinius nachweislich

---

69 Vgl. dazu Rudolf Freudenberger, Das Verhalten der römischen Behörden gegen die Christen im 2. Jahrhundert, MBPF 52, München 1967; Robert L. Wilken, Die frühen Christen. Wie die Römer sie sahen, Graz 1986, 15–80; Angelika Reichert, Durchdachte Konfusion. Plinius, Trajan und das Christentum, ZNW 93 (2002), 227–250; Udo Schnelle, Die ersten 100 Jahre des Christentums (s. Anm. 67), 458–465.

zu Christenverfolgungen kam. Die Erkennbarkeit und Eigenständigkeit des Christentums zeigt sich auch in der Gottesdienstpraxis. Plinius berichtet von Gottesdiensten vor Sonnenaufgang, in deren Mittelpunkt die Verehrung Christi als Gott stand.[70] Diese Entwicklungen kamen keineswegs aus dem Nichts, sondern setzen eindeutig ein schon für längere Zeit erkennbares und eigenständiges Christentum voraus. Die Missionserfolge sind nur erklärbar, wenn die Gemeinden in Kleinasien oder Griechenland über diesen Jesus Christus im fernen Palästina auch Informationen, d. h. Überlieferungen oder ganze Evangelien besaßen, also ihre eigenen ›heiligen‹ Schriften hatten. Wenn sie eine sichtbare Organisation aufwiesen, d. h. als eigene Bewegung über Treffpunkte, Rituale, neue Lebensformen und vor allem eine attraktive neue Lehre verfügten und erkennbar waren. Wenn trotz der in der Bevölkerung bekannten Aversionen der römischen Behörden gegenüber den Christen sich dennoch immer mehr Menschen ihnen anschlossen, dann wussten sie natürlich, dass sie nicht zu einer weiteren Unterströmung des Judentums gingen, sondern nun bewusst einer neuen und als potentiell staatsfeindlich eingestuften endzeitlichen Bewegung angehörten.

Hermeneutische Kompetenz und ein ideologisch unbefangener Blick für die Vielfältigkeit der Fragestellungen und historischen Abläufe sind m. E. unerlässlich, um das Verhältnis Judentum – entstehendes Christentum unbefangen zu beschreiben und Kontinuitäten und Diskontinuitäten zu benennen. Mit seiner Betonung der anhaltenden Schöpfer- und Lebenskräfte des einen Gottes Israels steht das frühe Christentum grundlegend in der Kontinuität des Alten Testaments und antiken Judentums. Indem es aber die Auferstehung eines Gekreuzigten als einmaligen, zentralen und anhaltenden Ort des Wirkens und des Offenbarwerdens der Schöpfer- und Lebenskräfte des einen Gottes

---

70 Plinius, Epistuae X 96: »Sie versicherten aber, ihre ganze Schuld oder ihr ganzer Irrtum habe darin bestanden, dass sie an einem bestimmten Tag vor Sonnenaufgang sich zu versammeln pflegten, Christus als ihrem Gott einen Wechselgesang sangen und sich durch einen Eid verpflichteten, nicht etwa irgendein Verbrechen, sondern im Gegenteil keinen Diebstahl, Raub oder Ehebruch zu begehen, ein gegebenes Wort nicht zu brechen und anvertrautes Gut, das zurückverlangt wird, nicht zu verweigern. Danach sei es üblich gewesen, auseinanderzugehen und später wieder zusammenzukommen, um ein ganz gewöhnliches und unschuldiges Mahl einzunehmen, was sie aber nach meinem Edikt zu unterlassen hätten, in dem ich entsprechend deinen Anweisungen Hetärien verboten hatte.«

2 Perspektiven

bestimmt, *ergibt sich eine völlig neue theologische Architektur.* Die entscheidende Erfahrung und Einsicht der Glaubenden lautet: In der Auferstehung Jesu Christi von den Toten machte Gott den Tod zum Ort seiner Liebe zu den Menschen (Lk 20,38: »Ihr Gott ist der Gott der Lebendigen«). Deshalb ist das Verhältnis zum Judentum bei Paulus ein Folgephänomen der grundsätzlichen theologischen Neujustierungen und der sich wandelnden Gemeindesituationen.[71] Die Reduzierung der neutestamentlichen Autoren (vornehmlich Paulus) auf ihr Verhältnis zum Judentum stellt eine historische, vor allem aber eine hermeneutisch-theologische Verengung dar, denn ihr intellektuell-innovatives Potential kommt nicht in den Blick![72]

Paulus als Vordenker des frühen Christentums muss aus verschiedenen Blickrichtungen mit einer Vielzahl methodischer Fragestellungen erschlossen werden und lässt sich mit einlinigen Globalthesen nicht angemessen verstehen. Er wirkte erfolgreich als eigenverantwortlicher historischer Akteur in zentralen Städten des röm. Kaiserreiches und schuf durch seine Missionstätigkeit in kurzer Zeit eine neue religiöse Bewegung. Er trat als Theologe und Denker hervor, der die religiösen Traditionen Israels und ihre Weltdeutung von seiner Christuserfahrung her neu interpretierte und dabei kulturelle Grenzen überschritt. Er ist der Autor intellektuell anspruchsvoller Brieftexte, die das Denken in weiten Teilen der Welt bis heute beeinflussen. Dabei war er mit Vielem verbunden, zugleich aber in jeder Hinsicht eigenständig!

Die Vielfalt historischer und theologischer Entwicklungen[73] wird einer einzigen – inzwischen schon geschichtsdogmatischen – Fragestellung unterworfen (= mehr oder weniger alles im frühen Christentum ist jüdisch) und so mit ihrem Innovationspotential in keiner Weise erfasst. Das frühe Christentum bildete aus vielen Teilen ein neues Ganzes, indem es einen eigenständigen kosmologischen Mythos schuf: Von der Auferstehung Jesu Christi her wird bei allen neutestamentlichen Autoren die Wirklichkeit völlig neu strukturiert.[74] Die Kosmologie ist das dominierende Konstruktionsprinzip der neutestamentlichen Theolo-

---

71 Dafür spricht vor allem, dass Paulus sehr unterschiedliche Aussagen zum Themenfeld ›Israel, Judentum, Gesetz‹ macht; vgl. Udo Schnelle, Wandlungen im paulinischen Denken, SBS 137, Stuttgart 1989.
72 Vgl. Oda Wischmeyer, A Plea for an Intellectual Biography of Paul (s. Anm. 40).
73 Vgl. dazu Benjamin Schließer, Innovation und Distinktion im frühen Christentum, EC 13 (2022), 393–432, der überzeugend die innovativen Entwicklungen innerhalb des entstehenden Christentums aufzeigt.
74 Vgl. Udo Schnelle, Der Sinn des Mythos (s. Anm. 39), 145 ff.

gie, wobei es zweifellos Konti-nuitäten zum Judentum gibt, zugleich überwiegen aber deutlich die Diskontinuitäten. Vor allem die Gott-Mensch-Beziehung erfährt eine neue Ausrichtung, indem sich die Teilhabe an Gottes Schöpfer- und Lebensmacht jenseits der Volks- oder bisherigen Religionszugehörigkeit exklusiv im Glauben an den gekreuzigten Gottessohn Jesus Christus vollzieht.[75]

---

75 Vgl. Paul-Gerhard Klumbies, Neutestamentliche Debatten von 1900 bis zur Gegenwart (s. Anm. 1), 184, der auf die Reformulierung jüdischer Glaubensüberzeugungen bei Paulus und Petrus verweist: »Auf ihre Artikulationen der neu gewonnenen Glaubenserkenntnis haben sich binnen Kurzem auch Menschen nichtjüdischer Herkunft bezogen. Im Zuge ihrer Rezeption der frühesten Überlieferungen haben diese Glaubenden weitere Neukontextualisierungen der Erstüberlieferungen vorgenommen und neue religiöse und kulturelle Kontexte in die Reflexion des Christusglaubens eingetragen.«

II
Der religionsgeschichtliche Standort des frühen Christentums zwischen Judentum und Hellenismus

1 Einleitung

Transkulturelle Durchdringungen sind kein Phänomen der Neuzeit, sondern sie ereigneten und ereignen sich zu allen Zeiten. Auch zur Zeit der Entstehung des frühen Christentums, das aus dem Judentum erwuchs und durch die Rezeption des Alten Testaments und anderer jüdischer Traditionen bleibend mit ihm verbunden ist. Die ersten Christusgläubigen verstanden sich als Teil des Judentums und verkündigten ihre Botschaft vom Messias Jesus von Nazareth im Judentum und als Teil des Judentums (vgl. Apg 1–5). Schon relativ früh überschritt die neue Bewegung aber die unmittelbaren Grenzen des Judentums, indem es nach Syrien (Apg 11,19–30), Rom,[1] Kleinasien (Apg 13) und Griechenland (Apg 16,9–10) expandierte. Geographische Erweiterungen sind immer auch kulturelle Grenzüberschreitungen, so dass neue Einflüsse aufgenommen werden, sich mit überlieferten Vorstellungen verbinden oder von diesen abgelöst werden und Neues entsteht; in jedem Fall treten grundlegende Veränderungen ein. Beim frühen Christentum als einer ›emergent religion‹[2] verbinden sich das Eingebettetsein in vorhandene Sozial- und Religionsstrukturen mit innovativen Neuerungen, Brüchen und Sprüngen; jeweils gekoppelt mit sozialen, kulturellen und religiösen Interaktionen.

---

[1] Die römische Gemeinde wurde zu Beginn der 40er Jahre n. Chr. von unbekannten Christen aus dem Osten des Reiches gegründet (Handelsreisende, Sklaven, Soldaten). Dies legt das Claudius-Edikt aus dem Jahr 49 n. Chr. nahe, denn es setzt bereits eine größere römische Gemeinde voraus (Sueton, Claudius 25, 4: Iudaeos impulsore Chresto assidue tumultuantis Roma expulit = »Die Juden vertrieb er aus Rom, weil sie, von Chrestus aufgehetzt, fortwährend Unruhe stifteten«). Zu allen damit verbundenen Fragen vgl. Helga Botermann, Das Judenedikt des Claudius, Hermes 71, Stuttgart 1996.

[2] Vgl. dazu Greg Woolf, Empires, Diasporas and the Emergence of Religions, in: James

Für die frühchristlichen Gemeinden in Rom, Kleinasien und Griechenland ist dies offenkundig. Wer heute durch antike Städte wie Rom, Athen, Ephesus, Korinth oder Pompeji geht, der ist nach wie vor beeindruckt von einem Architekturprogramm, bei dem religiöse Symbole wie Tempel, Opferstätten, Statuen oder Inschriften eine zentrale Rolle spielten.[3] Wieviel mehr gilt dies für antike Menschen im römischen Reich; sie konnten gar nicht unbeeinflusst sein von den Symbolen ihrer Religionen und Kulte. Prägend wirkten ebenso das jeweilige familiäre und lokale religiöse Brauchtum sowie die zahllosen kultisch-religiösen Feste in den Städten und Regionen der Levante.[4] Götter und ihr Gefolge waren allgegenwärtig in der griechisch-römischen Welt, zumal sich Griechen und Römer jeweils für ein sehr religiöses Volk hielten. Als soziale Wirklichkeit war Religion von höchster Wichtigkeit für die Stabilität der Gesellschaft, denn das Wohlergehen und die Erfolge galten vor allem den Römern als Zeichen der anhaltenden Gunst der Götter. Öffentliche wie nichtöffentliche Rituale dienten dazu, den Willen der Götter zu erkunden und sich ihrer Zuwendung weiterhin zu versichern.[5]

Natürlich beeinflussten die sie umgebenden religiösen Vorstellungen und Bräuche auch die Mitglieder frühchristlicher Gemeinden, besonders wenn sie sich als geborene Griechen oder Römer der neuen Bewegung anschlossen. Jeder Mensch bringt seine Traditionen und seine Geschichte mit! Die pagane Erzählkultur um Götter in Menschengestalt, um Helden wie Herakles oder andere Heroen, gehörte zur Sozialisation vieler Heidenchristen, speziell in den Städten Kleinasiens und Griechenlands. Zudem waren die Alltagskultur und das Brauchtum stark griechisch geprägt. Hinzu kommt der starke Einfluss der griechisch-römischen Popularphilosophie,[6] die – vor allem in ihrer kynisch-

---

C. Paget/Judith M. Lieu (Hrsg.), Christianity in the Second Century, Cambridge 2017, 25–38; Benjamin Schließer, Innovation und Distinktion im frühen Christentum, EC 13 (2022), (393–432) 398–400.

3   Als Einführung vgl. Dietrich-Alex Koch, Bilder aus der Welt des Urchristentums, Göttingen 2009.
4   Vgl. dazu Jean-Marie André, Griechische Feste, Römische Spiele. Die Freizeitkultur der Antike, Leipzig 2002.
5   Cicero, De natura Deorum 2,8: »… religione, id est cultu deorum = hinsichtlich der Religion, d. h. der Kult/die Verehrung für die Götter«; zu den öffentlichen und rituellen Dimensionen antiker Religionen vgl. Bernhard Linke, Antike Religion, München 2014.

stoischen Ausprägung und im strikten Gegensatz zur heutigen Philosophie – mit ihrer Ethik konkret das Handeln der Menschen zu prägen suchte. Die Schriften Senecas, Epiktets, Plutarchs und des Dion von Prusa lassen deutlich erkennen, wie stark in der griechisch-römischen Religiosität und Philosophie ähnliche Fragestellungen wie in den frühchristlichen Gemeinden behandelt wurden (gelingendes Leben, Rettung, Freiheit, der Tod, das Jenseits usw.). Auch hier wird vielfach mehr als nur eine indirekte Beeinflussung vorgelegen haben, d. h. allein die Adressatenbezogenheit neutestamentlicher Schriften und die Rezeptionsprozesse auf Seiten der Gemeinde lassen die Bedeutung griechisch-römischer Vorstellungen für das frühe Christentum erkennen. Schließlich ist die griechische Sprache zu nennen und mit ihr die bereits Jahrhunderte andauernde Prägung durch den Hellenismus.

Der Hellenismus[7] ist durch folgende Elemente geprägt: »die Bedeutung monarchischer Herrschaftsformen; die starke imperialistische Tendenz als Kennzeichen der Politik sowohl hellenistischer Könige als auch des römischen Senats, die enge Verflechtung politischer Entwicklungen im Balkanraum, in Italien, der Schwarzmeerregion, Kleinasien, im Nahen Osten und in Ägypten; die erhöhte Mobilität der Bevölkerung in diesen Gebieten; die Verbreitung städtischer Lebensformen und Kultur; technologische Fortschritte; und die allmähliche Homogenisierung von Sprache, Kultur, Religion und Institutionen«[8]. Die griechische Sprache war zur Zeit des Neuen Testaments eine Weltsprache, die bis in die einfachsten Volksschichten hinab gesprochen oder zumindest verstanden wurde.[9] Alle Autoren neutestamentlicher Schriften schreiben Grie-

---

6 Vgl. dazu umfassend Hellmut Flashar (Hrsg.), Die hellenistische Philosophie I.II, Basel 1994.
7 Zum Hellenismus vgl. Johann Gustav Droysen, Geschichte des Hellenismus I–III, Darmstadt 1998 (= 1836–1843); Hans Dieter Betz, Art. Hellenismus, TRE 15, Berlin 1986, 19–35; Hans-Joachim Gehrke, Geschichte des Hellenismus, München ²1995; Burkhard Meissner, Hellenismus, Darmstadt 2007; Angelos Chaniotis, Die Öffnung der Welt. Eine Globalgeschichte des Hellenismus, Darmstadt 2018 (er lässt zu Recht die Epoche des Hellenismus nicht mit dem Tod Kleopatras 30 v. Chr., sondern mit dem Tod Hadrians 138 n. Chr. enden, weil unter Hadrian noch einmal der Versuch unternommen wurde, die griechische Welt unter dem Dach des Römischen Reiches zu vereinen).
8 Angelos Chaniotis, Die Öffnung der Welt (s. Anm. 7), 14.
9 Vgl. hierzu Günter Neumann/Jürgen Untermann (Hrsg.), Die Sprachen im Römischen Reich der Kaiserzeit, Köln/Bonn 1980.

chisch, besonders Paulus konnte in seiner Mission mit einer Sprache auskommen und mit ihr alle gesellschaftlichen Schichten erreichen. Auch die Diaspora-Juden des Mittelmeerraumes sprachen Griechisch.[10] Weil jede sprachliche Äußerung Elemente eines bestimmten Weltbildes enthält und transportiert, kommt hier der sogenannte ›topische Horizont‹ ins Spiel.[11] Jede sprachliche Äußerung bezieht sich über die konkrete Situation immer auch auf den summarischen Horizont aller konkurrierenden Lebensweltbilder einer Gesellschaft. Eine Aussage wird nur dann für die Adressaten plausibel und hat Überzeugungskraft, wenn sie das vorhandene kulturspezifische Vorwissen aufnimmt und durch Ergänzung, Variation oder gegenläufige Neuinterpretation anschließt. Zugespitzt formuliert: Die griechische Sprache transportiert immer auch Elemente griechischer Weltbilder.

Das antike Judentum sowohl in der Diaspora als auch in Palästina ist seit der Diadochenzeit (ab ca. 300 v. Chr.) politisch und kulturell ebenfalls ein Teil des Hellenismus.[12] Dabei war der hellenistische Einfluss in der Diaspora stärker als in Palästina. Dies zeigt sich vor allem in der Literaturproduktion, denn es bildete sich eine jüdisch-hellenistische Literatur heraus.[13] Hier ist zuallererst die griechische Übersetzung des Alten Testaments zu nennen: die Septuaginta (LXX).[14] In der Diaspora verstanden immer weniger Juden Hebräisch, so dass ein großes Bedürfnis ent-

---

10 Hier sind neben der Septuaginta und den anderen zahlreichen Schriften des hellenistischen Judentums vor allem Philo und Josephus zu nennen. Philo von Alexandrien bezeichnet Griechisch als ›unsere Sprache‹ (De Congressu, 44) und Josephus schreibt seine Geschichte des jüdischen Krieges um 78/79 n. Chr. für vorwiegend römische Leser auf Griechisch (vgl. Bellum 1,3).

11 Der ›topische Horizont‹ hat seinen Ort in der Fundamentalrhetorik; er versucht all jene Vorgänge zu erfassen, die zur Bildung von allgemein anerkannten Überzeugungen führen. Vgl. dazu Otto Kaiser/Peter Oesterreich, Die Rede von Gott und der Welt. Religionsphilosophie und Fundamentalrhetorik, Ulm 1996.

12 Grundlegend: Martin Hengel, Judentum und Hellenismus, WUNT 10, Tübingen ²1969; John M. G. Barclay, Jews in the Mediterranean Diaspora. From Alexander to Trajan (323 BCE–117 CE), Edinburgh 1996.

13 Vgl. dazu: George W. E. Nickelsburg, Jewish Literature between the bible and the Mischnah, Minneapolis ²2005.

14 Zur Septuaginta vgl. Siegfried Kreutzer, Entstehung und Entwicklung der Septuaginta im Kontext alexandrinischer und frühjüdischer Kultur und Bildung, in: Septuaginta Deutsch. Erläuterungen und Kommentare zum griechische Alten Testament I, hrsg. v. Martin Karrer/Wolfgang Kraus, Stuttgart 2011, 3–39.

1 Einleitung

stand, die Heiligen Schriften ins Griechische zu übersetzen; Griechisch wurde die Sprache der Gottesdienste. Die Septuaginta ist kulturgeschichtlich von höchster Bedeutung, denn mit ihr als dem größten Übersetzungswerk der Antike begegnen sich im 3. Jh. v. Chr. (wahrscheinlich ab 250 v. Chr. in Alexandria) der semitische und der griechische Sprachkreis und formen eine eigenständige Überlieferungstradition. Über die hebräische Überlieferung hinaus enthält die Septuaginta neben Ergänzungen und Bearbeitungen neun zusätzliche Bücher (Sapientia Salomonis, Jesus Sirach, Psalmen Salomos, Judith, Tobit, 1–4Makkabäerbuch). Während bei der Septuaginta der griechische Einfluss umstritten ist, ist er bei anderen Autoren offenkundig: Aristobul (Anfang des 2. Jh.s v. Chr.), griechischer Jesus Sirach (zwischen 132–117 v. Chr.), Joseph und Asenet (2. Jh. v. Chr.), 4Makkabäerbuch (1./2. Jh. n. Chr.) und natürlich: Philo von Alexandrien (ca. 20 v. Chr.–45 n. Chr.), der die jüdische Religion mit Hilfe der allegorischen Bibelauslegung und damit auf der Basis platonischer Hermeneutik als alte und zugleich überlegene Philosophie darstellte.[15] Der Einfluss des Hellenismus beschränkt sich keineswegs auf die Diaspora, sondern schloss Palästina mit ein. Insbesondere seit dem 3. Jh. v. Chr. setzten sich immer mehr griechische Lebensweisen durch, die durch den Makkabäeraufstand[16] eingedämmt, aber keineswegs überwunden wurden. Davon zeugen nicht nur zweisprachige oder griechische Inschriften und Sarkophage, sondern auch zahlreiche Theater, Amphitheater und Hippodrome in Palästina.[17] Das Badewesen als besonderer Ausdruck griechischen Lebensge-

---

15 Zu Philo vgl. Maren R. Niehoff, Philon von Alexandria. Eine intellektuelle Biographie, Tübingen 2019.
16 Die Widerstandsperspektive zeigt sehr schön 1Makk 1,1–9: »Der Mazedonier Alexander, Sohn des Philippus, zog damals vom Land der Kittäer aus. Er besiegte Darius, den König der Perser und Meder, und wurde als erster König von Griechenland sein Nachfolger. Er führte viele Kriege, eroberte zahlreiche Festungen und ließ die Könige der Erde erschlagen; er kam bis an das Ende der Welt, plünderte viele Völker aus, und die ganze Welt lag ihm wehrlos zu Füßen. ... Nach seinem Tod setzten sich alle die Königskrone auf; ebenso hielten es ihre Nachkommen lange Zeit hindurch. Sie brachten großes Unglück über die Erde.« Zu den Makkabäern vgl. Friedrich Avemarie/Predrag Bukovec/Stefan Krauter/Michael Tilly (Hrsg.), Die Makkabäer, WUNT 382, Tübingen 2017
17 Vgl. dazu exemplarisch: Ehud Netzer, Die Paläste der Hasmonäer und Herodes' des Großen, Mainz 1999; Gabriele Faßbeck/Sandra Fortner/Andrea Rottloff/Jürgen Zangenberg (Hrsg.), Leben am See Gennesaret, Mainz 2003.

fühls wurde in das Judentum integriert und Regionalherrscher wie Herodes d. Gr. (40–4 v. Chr.) und seine Söhne führten sich wie hellenistische Fürsten auf.[18] So war das architektonische Programm der Erneuerung des Jerusalemer Tempels unter Herodes griechisch: Prunkarchitektur mit riesigen Säulenhallen und korinthischen/ionischen Kapitellen. In Galiläa weisen Sepphoris und die neue Hauptstadt Tiberias (seit 19 n. Chr.; benannt nach dem Kaiser Tiberius) eine deutliche hellenistische Prägung auf. Herodes Antipas (4 v. Chr.–39 n. Chr.) trat wie sein Vater Herodes d. Gr. als ein nach Rom orientierter hellenistischer Herrscher auf, der zugleich seine jüdische Identität hervorhob. Die Heirat von Herodes Antipas mit Herodias, die zuvor mit einem seiner Halbbrüder verheiratet war, wurde von Johannes dem Täufer angeprangert (vgl. Lk 3,19–20; Mk 6,14–29). Diese politisch-kulturelle (anti-hellenistische?) Kritik hatte die Hinrichtung des Täufers zur Folge (vgl. Mk 6, 14–29). Offenbar fürchtete Herodes Antipas den Täufer ebenso wie Jesus (vgl. Lk 13,31–32) als Führer messianischer Bewegungen. Der Hellenismus hob die Identität des Judentums nicht auf, veränderte sie aber, indem es sich nun als ein Teil einer Globalkultur verstehen lernte, der man sich nicht entziehen konnte und wollte. Auch das entstehende Christentum ist eine Teilkultur im Rahmen einer hellenistisch-römischen Globalkultur; es partizipierte an den es umgebenden religiösen, kulturellen und philosophischen Bewegungen und entwickelte gleichzeitig eine eigene Identität.

All diese grundsätzlichen Aspekte werden in breiten Teilen der Forschung heute nicht mehr wirklich bestritten, damit fangen die Fragen und Probleme jedoch erst an: Wie kann das Verhältnis von jüdischem, griechischem oder römischem Einfluss bei neutestamerntlichen Autoren exakt nachgewiesen werden? Wenn ja, was bedeutet das? Was ist eine Parallele? Was ist ein Vergleich? Wann liegt eine Analogie, wann eine Genealogie vor? Wann kann man von Einfluss oder Ähnlichkeit sprechen? Sind pagane Einflüsse theologisch negativ zu werten und jüdische positiv? Wenn ja, warum eigentlich? Ist das Christentum eine synkretistische Religion und verliert damit ihren Absolutheits- und Wahrheitsanspruch? Oder wurden nicht die meisten griechischen Begriffe und Vorstellungen schon durch das hellenistische Judentum

---

18 Zu Herodes vgl. Abraham Schalit, König Herodes. Der Mann und sein Werk, Berlin 2001.

gefiltert und damit jüdischen Vorstellungen angeglichen? All diese Fragen wurden natürlich bereits in der Forschungsgeschichte erörtert und deshalb hilft ein Blick in diese Geschichte, die Probleme zu benennen, die Methodik zu bedenken und Lösungen vorzubereiten.

2 Die Geschichte der religionsgeschichtlichen Erforschung des Neuen Testaments

Systematisches religionsgeschichtliches Fragen und Wissen gibt es spätestens seit Herodot (ca. 484–425 v. Chr.), als Fach an der Universität etablierte sich die Religionswissenschaft erst in der 2. Hälfte des 19. Jh.s[19] Im Hinblick auf das Neue Testament stellt zweifellos das 1751/52 veröffentlichte *Novum Testamentum Graecum* des schweizerischen Gelehrten *Johann Jakob Wettstein* (1693–1754) eine neue Stufe der Forschung dar.[20] Zwar greift Wettstein auf die sogenannte Observationenliteratur des 17. und 18. Jh.s zurück,[21] aber er überragt seine Vorgänger in zweifacher Hinsicht: 1) Er bietet mehr als 30 000 Parallelstellen aus der griechischen und lateinischen Literatur, den Kirchenvätern und der rabbinischen Überlieferung. Diese Texte erweisen sich bis heute als religionsgeschichtliche Fundgrube von höchstem Wert. 2) Er verbindet seine Textsammlungen mit hermeneutischen und theologischen Erwägungen und legt so die Grundlagen für eine vergleichende Religionswissenschaft. Zur Ermittlung der Bedeutung eines Wortes oder Ausdrucks ist nicht nur der unmittelbare literarische Kontext wichtig, sondern auch die Verwendung dieser Wörter in außerbiblischen Schriften. Für ein umfassendes Verstehen ist es zudem notwendig, sich ganz in das kulturgeschichtliche Umfeld der Erstleser zu versetzen, um durch die Kenntnis der Sitten, Vorstellungen und Ausdrucksweisen zu verstehen, wie die Apostel den Glauben wirkten. Wettstein praktizierte eine neutrale, allgemein-profane Hermeneutik und für ihn war es selbstverständlich, dass die neutestamentlichen Schriftsteller über manche Dinge »wie Platoniker«, über andere »wie die Juden ihrer Zeit« spra-

---

19 Vgl. hierzu Udo Tworuschka, Einführung in die Geschichte der Religionswissenschaft, Darmstadt 2015.
20 Zu Wettstein vgl. Gerald Seelig, Religionsgeschichtliche Methode in Vergangenheit und Gegenwart, ABG 7, Leipzig 2001; Udo Schnelle, Art. Johann Jakob Wettstein, TRE 35, Berlin 2003, 723–727.
21 Vgl. Gerald Seelig, Religionsgeschichtliche Methode (s. Anm. 20), 50 ff.

chen.²² Wettsteins Materialsammlung diente in der weiteren Entwicklung vielfach als Fundgrube,²³ bevor sich dann in der Wende vom 19. zum 20. Jh. neue Fragestellungen durchsetzten.

Hier ist zunächst die auf Göttingen zentrierte ›Religionsgeschichtliche Schule‹ zu nennen (ca. 1890–1920); so genannt wegen der persönlichen Beziehungen ihrer Mitglieder (William Wrede, Hermann Gunkel, Wilhelm Heitmüller, Wilhelm Bousset, Rudolf Otto, Ernst Troeltsch u. a. m.) und ihres universalen religionsgeschichtlichen Fragehorizontes.²⁴ In der Religionsgeschichtlichen Schule löste man sich von idealistischen oder dogmatisch beeinflussten Fragestellungen und sah sich allein einem an der historischen Wahrheit orientierten Forschen verpflichtet.²⁵ Die Unerbittlichkeit historischen Fragens und auch die Unbestimmtheit des Erkennens sollten wie für jedes geschichtliche Phänomen auch für das Christentum gelten. »Ein reines, uninteressiertes Erkenntnisinteresse, das jedes sich wirklich aufdrängende Ergebnis annimmt, muß ihn leiten.«²⁶ Der Exeget darf sich also weder am Kanonbegriff noch an einer anderen dogmatischen Konstruktion orientieren: »Wo man die Inspirationslehre streicht, kann auch der dogmatische Begriff des Kanons nicht aufrechterhalten werden.«²⁷ Dogmatische Setzungen können für die Religionsgeschichtliche Schule nicht mehr eine Sondergeschichte des Christentums begründen, sondern es muss in die

---

22 Johann Jakob Wettstein, Novum Testamentum Graecum II, Amsterdam 1752, 882: »... ut Platonoci ... ut ejus temporis Judaei ...«
23 Vgl. z. B. Edmund Spiess (Hrsg.), Logos spermaticós, Hildesheim 1976 (= 1871).
24 Zur Religionsgeschichtlichen Schule vgl. Gerd Lüdemann/Martin Schröder, Die Religionsgeschichtliche Schule in Göttingen. Eine Dokumentation, Göttingen 1987; Gunnar Sinn, Christologie und Existenz, TANZ 4, Tübingen 1991.
25 Im Hintergrund steht das Programm des Historismus des 19. Jh.s; vgl. Leopold von Ranke, Geschichten der romanischen und germanischen Völker von 1494–1514, Leipzig ²1874, in: L. v. Ranke's Sämtliche Werke. Zweite Gesamtausgabe Bd. 33/34, VII: »Man hat der Historie das Amt, die Vergangenheit zu richten, die Mitwelt zum Nutzen zukünftiger Jahre zu belehren, beigemessen; so hoher Aemter unterwindet sich gegenwärtiger Versuch nicht: er will blos zeigen, wie es eigentlich gewesen.« Das theoretische Fundament des Historismus und zugleich eine präzise Beschreibung seiner Grenzen findet sich bei Johann Gustav Droysen, Historik, hrsg. v. Peter Leyh, Stuttgart/Bad Cannstatt 1977 (= 1857/1882).
26 William Wrede, Ueber Aufgabe und Methode der sogenannten Neutestamentlichen Theologie, in: Georg Strecker (Hrsg.), Das Problem der Theologie des Neuen Testaments, Darmstadt 1975 (= 1897), (81–154) 84.
27 A. a. O., 85.

allgemeine Religionsgeschichte integriert und als ein synkretistisches Phänomen gewertet werden. Diese Aufgabe kann nur im Rahmen einer urchristlichen Religionsgeschichte bzw. einer Geschichte der urchristlichen Religion und Theologie gelingen. Der für die Sache passende Name sollte lauten: »urchristliche Religionsgeschichte bzw. Geschichte der urchristlichen Religion und Theologie.«[28] Es gehe also darum, auch die Lehren des frühen Christentums in all ihrer zeit- und religionsgeschichtlichen Bedingtheit und ihrer historischen Entwicklung zu erfassen, vor allem im Hinblick auf den Hellenismus. Weil die Praxis die Theorie bestimmte, müsse die neutestamentliche Theologie in die weite Welt religiöser Erfahrungen, in eine breitere Religionsgeschichte eingeordnet werden. Damit wurde auch das Christentum zu einem synkretistischen Phänomen und die Frage nach der Absolutheit des Christentums stand auf der Tagesordnung. Wenn eine neue Religion sowohl in ihrer Entstehung als auch in ihren Ausdrucksweisen aus anderen Religionen bzw. religiös-philosophischen Anschauungen erwächst, dann könne sie keine Einzigartigkeit mehr für sich in Anspruch nehmen! Die strengen Methoden der Geschichtswissenschaft vorurteilslos auf das Neue Testament und das gesamte Urchristentum anzuwenden, das war das Ziel der meisten Vertreter der Religionsgeschichtlichen Schule.

Hier zeigen sich freilich auch zugleich die Grenzen eines solchen Ansatzes, denn die Religionsgeschichtliche Schule ist nicht unwesentlich von einer hermeneutischen Naivität geprägt.[29] Vor allem der ›objektive‹ Geschichtsbegriff, aber auch Termini wie Synkretismus, Religionsgeschichte oder Traditionsgeschichte bleiben vielfach unbestimmt und nicht wirklich reflektiert. Ebenso methodisch kaum fassbar sind die postulierten mündlichen Überlieferungen und die hinter ihnen stehenden religiösen Erfahrungen der frühen Gemeinden. Nicht mehr der neutestamentliche Text, sondern seine vermutete Vorgeschichte steht im Mittelpunkt. Hinzu kommt der Hang zu spekulativen Geschichtstheorien, wo im Kopf des Exegeten kurzerhand Jahrhunderte übersprungen werden und traditionsgeschichtliche Kontinuität behauptet

---

28 A. a. O., 153 f.
29 Vgl. Henning Paulsen, Traditionsgeschichtliche Methode und religionsgeschichtliche Schule, in: ders.: Studien zur Literatur und Geschichte des frühen Christentums, WUNT 99, Tübingen 1997, 426–461.

wird. Als ein Beispiel sei W. Boussets spekulativer Gnosisbegriff genannt,[30] der die Gnosis aus einer vorchristlichen babylonisch-iranischen Mischreligion erklärte, dabei Jahrhunderte übersprang und durch die Aufnahme bei R. Bultmann einen großen Einfluss gewann.[31]

Während Wettstein und die Religionsgeschichtliche Schule die gesamte Breite antiker Religionen und Kulte in der Levante im Blick hatten, beschränkte sich Adolf Schlatter (1852–1938) programmatisch auf das Alte Testament und das antike Judentum. Seine Methodik kann als historisch-philologische Texterklärung und -auslegung verstanden werden, die hermeneutisch bewusst auf dem Boden des biblischen Wahrheitszeugnisses steht. Konsequenterweise wendet sich Schlatter in umfangreichen Studien dem antiken Judentum und den neutestamentlichen Schriften auf ihrem jüdischen Hintergrund zu. Methodisch steht dabei das Erlernen und Beherrschen der Sprachen obenan. Umfassende philologische Kenntnisse sind für Schlatter notwendige Voraussetzung für alles historische und theologische Arbeiten. »Nach meiner Regel, daß das Auge das Denken erwecke und das Geschichtsbild aus dem Sichtbaren zu schöpfen sei, stand mir bei der neutestamentlichen Arbeit die Sprache oben an.«[32] Besonders Philo und Josephus als den neutestamentlichen Autoren zeitlich nahestehende Personen wurden einer umfassenden historischen und philologischen Analyse unterzogen, um so die Evangelisten und Apostel des Neuen Testaments besser verstehen zu können. Mit der philologischen Kompetenz verbindet sich eine historische Gesamtschau, die der Apostelgeschichte folgend das entstehende frühe Christentum in großer Kontinuität zum Judentum sieht und zu einer ausschließlichen Betonung der biblischen Überlieferung gegenüber allen anderen historischen Phänomenen führt. Dies veranlasste Schlatter zu einer vehementen Ablehnung dessen, was er das ›griechische Denken‹ nennt. Dem Griechentum rechnete er den eigenmächtigen Empirismus und Rationalismus zu, der sich im Licht des Evange-liums als Ohnmacht des Menschen erwiesen hat. »Die Not, mit der uns das griechische Denken belastet hat, ist die Entstellung unseres Denkens zum Rationalismus; somit war die Ausscheidung der rationa-

---

30 Vgl. Wilhelm Bousset, Hauptprobleme der Gnosis, Göttingen 1907.
31 Vgl. Rudolf Bultmann, Theologie des Neuen Testaments, Tübingen ⁴1961, 166–186.
32 Adolf Schlatter, Selbstdarstellung, in: Die Religionswissenschaft der Gegenwart in Selbstdarstellungen I, hrsg. v. Erich Stange, Leipzig 1925, (1–27) 20.

2 Die religionsgeschichtliche Erforschung des Neuen Testaments

listischen Traditionen aus meinem Denken meine Pflicht.«[33] Vertieft wurde die negative Wertung des Griechentums durch die Auseinandersetzungen mit der Religionsgeschichtlichen Schule, der Schlatter vorwarf, die Geschichte Gottes in eine religiöse Idee aufzulösen und historisch den Einfluss des griechischen Denkens auf das frühe Christentum maßlos zu überschätzen.

In deutlicher Kontinuität zum Tübinger Adolf Schlatter stehen Joachim Jeremias (1900–1979)[34] und ein weiterer Tübinger Exeget: Martin Hengel (1926–2009). Auch Hengel ist ein exzellenter Kenner des antiken Judentums und verbindet dies mit einer einflussreichen religionsgeschichtlichen Hypothese:

> »Was an ›paganen Einflüssen‹ im Urchristentum vermutet wurde, kann durchweg auf jüdische Vermittlung zurückgehen. Nirgendwo läßt sich eine direkte bleibende Beeinflussung durch heidnische Kulte oder nichtjüdisches Denken nachweisen. Was man im Neuen Testament gemeinhin als ›hellenistisch‹ bezeichnet, stammt in der Regel aus jüdischen Quellen, die sich freilich der ›religiösen Koine‹ der hellenistischen Zeit weder entziehen wollten noch konnten.«[35]

Der apologetische Akzent ist unübersehbar, ›nirgendwo‹ lasse sich direkter Einfluss ›heidnischen‹ Denkens nachweisen. ›Heidnisches‹ Denken wird hier – wie bei Schlatter – offenbar als grundsätzlich unsachgemäß empfunden, während ›jüdisches‹ Denken in heilsgeschichtlicher Kontinuität steht und deshalb auch historisch und theologisch als sachgemäß gilt. Hengel folgt u. a. Larry W. Hurtado (1943–2019), der im Hinblick auf den Logos-Begriff feststellt: »There is no evidence that the author of GJohn had direct acquaintance with Greek philosophy. In any case, whatever Greek philosophical origins or influences may have been behind the use of ›Logos‹ in GJohn were mediated, and thoroughly adapted, by the Jewish tradition on which the author drew.«[36] Jörg Frey

---

33 A. a. O., 8; vgl. ferner: »Wenn wir uns mit der Passivität des Sehens und Hörens begnügen wollten, hätten wir den griechischen Standort nicht wirklich verlassen ... .« (a. a. O., 9) »Damit war ich auch von der griechischen Ethik befreit.« (a. a. O., 10).
34 Vgl. z. B. Joachim Jeremias, ABBA. Studien zur neutestamentlichen Theologie und Zeitgeschichte, Göttingen 1966.
35 Martin Hengel, Das früheste Christentum als eine jüdische messianische und universalistische Bewegung, ThBeitr 28 (1997), (197–210) 198; vgl. ferner ders., Der Sohn Gottes, Tübingen ²1977, 104 ff.
36 Larry W. Hurtado, Lord Jesus Christ. Devotion to Jesus in Earliest Christianity, Grand Rapids 2003, 366.

geht sogar so weit, in diesem Kontext (in Anlehnung an M. Hengel) von einer ›neuen religionsgeschichtlichen Schule‹ zu sprechen:

> »Im Anschluss an die Arbeiten Hengels und einige andere, interessanterweise v. a. britische Forscher, hat sich inzwischen eine Bewegung in der Forschung formiert, die in ausdrücklicher Antithese gegen die Arbeiten der alten Religionsgeschichtlichen Schule die Herausbildung der urchristlichen Christologie nicht mehr aus hellenistisch-synkretistischem Einfluss, sondern dezidiert aus palästinisch- oder hellenistisch-jüdischen Sprachformen, ... versteht.«[37]

Hier werden falsche Alternativen aufgestellt, denn man kann nicht von einer ›neuen religionsgeschichtlichen Schule‹ sprechen, wenn der griechisch-römische Bereich fast ganz ausgeblendet wird![38] Die historisch und hermeneutisch entscheidende Frage lautet: Ist es theologisch sinnvoll und historisch möglich, zur Erhellung des Profils der neutestamentlichen Schriften einem Traditionsstrom, dem jüdischen, eine exklusive, ja alleinige Bedeutung zuzumessen? Im Einzelfall ist es natürlich denkbar, dass griechische Termini durch Vermittlung des hellenistischen Judentums im Neuen Testament aufgenommen wurden. Unhistorisch und religionsgeschichtlich eher unwahrscheinlich ist jedoch die generelle Aussage, dies gelte für alle Überlieferungsprozesse und geradezu nichts sei aus dem griechischen oder römischen Bereich direkt übernommen worden. Der Hinweis auf die Pluralität des Judentums und die tiefgreifende Hellenisierung Jerusalems reicht keineswegs aus, um den Umgang mit Themen wie Freiheit, Leiden, Gewissen, Logos, Geist in den Metropolen Kleinasiens oder Griechenlands zu erklären. Hier zeigen vielmehr die Schriften Senecas, Epiktets, Plutarchs und eines Dion von Prusa, in welchem Ausmaß in der griechisch-römi-

---

37 Jörg Frey, Eine neue religionsgeschichtliche Perspektive: Larry W. Hurtados Lord Jesus Christ und die Herausbildung der frühen Christologie, in: Cilliers Breytenbach/Jörg Frey (Hrsg.), Erwägungen zur frühchristlichen Religionsgeschichte, Leiden 2013, (117–169) 122. Frey interpretiert Paulus ausschließlich auf jüdischem Hintergrund, was m. E. sowohl eine Verkürzung/Vereinfachung dessen kultureller Weite als auch dessen theologischer Anschlussfähigkeit darstellt. Demgegenüber stellte bereits C. F. Georg Heinrici, Der zweite Brief an die Korinther. Mit einem Anhang: Zum Hellenismus des Paulus, KEK VI, Göttingen [8]1900, 452, fest: »Als geschichtliche Persönlichkeit kann der frühere Pharisäer Paulus nur verstanden werden, wenn er als Christ und als Hellenist gleicherweise gewürdigt wird.«
38 Dies ist z. B. bei Larry W. Hurtado, Lord Jesus Christ (s. Anm. 36), der Fall, der auf den gesamten griechisch-hellenistischen Bereich faktisch nicht eingeht (im ausführlichen Stellenregister erscheinen Seneca und Epiktet nur je einmal!).

2 Die religionsgeschichtliche Erforschung des Neuen Testaments

schen Religiosität und Philosophie vergleichbare Fragestellungen behandelt wurden, die auch eine direkte Beeinflussung erwarten lassen. Zumal viele Gemeindeglieder in Griechenland, Kleinasien und Rom mit diesen Vorstellungen aufwuchsen, d. h. allein die Adressatenbezogenheit neutestamentlicher Schriften und die Rezeptionsprozesse auf Seiten der Gemeinde lassen sich nicht auf eine Filterfunktion durch das hellenistische Judentum beschränken.

Sowohl die Religionsgeschichtliche Schule als auch das Tübinger Modell verbinden mit ihren Ansätzen massiv theologisch-dogmatische Wertungen, indem sie die Synkretismus-These bzw. das Judentum als Exklusivreligion einseitig in den Mittelpunkt stellten. Demgegenüber entwickelte sich im ersten Drittel des 20. Jh.s mit dem ›Corpus Hellenisticum‹ ein eigenständiger Typ religionsgeschichtlicher Forschung.[39] Angestoßen wurde es von Georg Heinrici (1844–1915),[40] der im Kontext einer religionsgeschichtlich sehr aktiven Leipziger Fakultät arbeitete und als Erster über einen ›neuen‹ Wettstein nachdachte.[41] Wie die religionsgeschichtliche Schule sah das Corpus Hellenisticum das frühe Christentum tief in die hellenistische Welt eingebettet, ohne aber seine historische und inhaltliche Sonderstellung zu relativieren.[42] Anders als

---

39 Arbeiten zur Religionsgeschichtlichen Schule versuchen mitunter den Eindruck zu erwecken, als sei diese Richtung die einzig relevante Bewegung gewesen, die zu dieser Zeit religionsgeschichtlich gearbeitet habe; zur Kritik an dieser (bewussten oder unbewussten) historischen Fehleinschätzung vgl. Gerald Seelig, Religionsgeschichtliche Methode (s. Anm. 20), 223.

40 Vgl. hierzu Marco Frenschkowski/Lena Seehausen (Hrsg.), Im Gespräch mit C. F. Georg Heinrici, WUNT 2.546, Tübingen 2021.

41 Hier ist eine begriffliche Schärfung vonnöten: Wenn Heinrici, Deissmann und von Dobschütz gelegentlich von der Notwendigkeit eines ›neuen Wettstein‹ sprachen, meinten sie etwas anderes als das Projekt ›Neuer Wettstein‹ in Halle. Ihnen schwebte mit dem Corpus Hellenisticum ein Projekt vor, das weit darüber hinausging: »Es zielte auf die Erarbeitung eines Sammelwerks, in dem nicht weniger als ›alle bekannten und erreichbaren Parallelen zum NT‹ (Zitat Ernst von Dobschütz) aus der hellenistischen Welt erfasst und dargeboten werden sollten.« (Gerald Seelig, Religionsgeschichtliche Methode [s. Anm. 20], 125). Der ›alte‹ Wettstein war dabei immer eine Art Vorbild, das man aber im Hinblick auf die Breite und Vollständigkeit weit hinter sich lassen wollte.

42 Hierin liegt der entscheidende Unterschied zwischen beiden Richtungen; vgl. Gerald Seelig, Religionsgeschichtliche Methode (s. Anm. 20), 156: »Gegenüber den Thesen, das Christentum sei eine synkretistische Religion (Gunkel) bzw. gehöre in seiner paulinischen Ausprägung in den Zusammenhang der spätantiken Mysteri-

bei der Religionsgeschichtlichen Schule führte die Aufdeckung und Beschreibung der Historizität/Kontextualität der Normative (speziell des Kanons) gerade nicht zu theologischen Werturteilen und Distanzierungen von Inhalten.[43] Basis und Ausgangspunkt war hier allein der vorliegende neutestamentliche Text, der vor allem philologisch in den Blick genommen wurde und zu dem zahlreiche Parallelen auf Karteikarten gesammelt wurden. Das Projekt ging 1921 nach Halle über, wo Ernst von Dobschütz (1870–1934) es in besonderer Weise förderte. In Halle durchlebte es eine wechselvolle Geschichte. Nicht nur die Kriegszeit und die schwierigen Umstände in der DDR verhinderten geplante Veröffentlichungen, sondern auch unerwartete Schicksalsschläge. Hans Windisch (1881–1935) starb bereits ein gutes halbes Jahr nach seiner Berufung nach Halle und hinterließ eine empfindliche Lücke. 1939 kam das Corpus-Pagano-Hellenisticum zu Anton Fridrichsen (Uppsala), 1955 dann zu Willem van Unnik nach Utrecht, das Corpus Judaeo-Hellenisticum hingegen verblieb in Halle. Hervorzuheben sind nach 1945 im Besonderen die Arbeiten von Gerhard Delling (1905–1986), Traugott Holtz (1931–2007) und Nikolaus Walter (1932–2013), die in unterschiedlicher Intensität am Corpus Hellenisticum weiterarbeiteten.[44] Insbesondere Gerhard Delling bemühte sich um eine Erweiterung des Materialbestandes, allerdings kam es auch unter ihm nicht zu der seit langem geplanten Veröffentlichung einer großen Sammlung von Parallelen. Auch die in den 70er/80er Jahren in Utrecht (Pieter Willem van der Horst) und Chicago (Hans Dieter Betz) angedachten Projekte zur Erschließung hellenistischer Quellen für das Neue Testament wurden nie realisiert.

Das Projekt ›Neuer Wettstein‹ knüpft nicht nur an den ›alten‹ Wettstein, sondern auch an das ›Corpus Hellenisticum‹ an. Es wurde 1986 in

---

enreligionen (R. Reitzenstein), betonte Heinrici die religionsgeschichtliche Unableitbarkeit, Eigenständigkeit und Originalität des frühen Christentums.«

43 Vgl. Ernst von Dobschütz, Probleme des apostolischen Zeitalters, Leipzig 1904, der gegen den synkretistischen Ansatz der Religionsgeschichtlichen Schule einwendet: »Wäre das Christentum von vornherein nichts weiter gewesen als ein derartiges synkretistisches Religionsgebilde ekstatisch-magisch-asketischer Art, es wäre nicht wert gewesen, jene Sekte der Ophiten etc. zu überdauern und nach den ehernen Gesetzen der Geschichte hätte es untergehen müssen ...« (zitiert nach Werner Georg Kümmel, Das Neue Testament, Freiburg ²1970, 400 f.).

44 Vgl. z. B. Gerhard Delling, Studien zum Neuen Testament und zum hellenistischen Judentum, Berlin 1970.

Göttingen von Georg Strecker (1929–1994) initiiert[45] und ging 1993 unter der Leitung von Udo Schnelle nach Halle über.[46] Der ›Neue Wettstein‹ bietet genuin griechische und römische Texte, aber auch zahlreiche Texte des hellenistischen Judentums (vor allem Philo und Josephus). Bisher liegen sechs Bände vor, die insgesamt ca. 30 000 Texte enthalten.[47] Der ›Neue Wettstein‹ nimmt ausdrücklich Impulse der Anfangszeit des Corpus Hellenisticum auf: religionsgeschichtliche Offenheit, d. h. keine Präferierung irgendeiner Großtheorie, sondern Prüfung und Entscheidung im Einzelfall. Dafür muss das religionsgeschichtlich relevante Material zugänglich sein; dies versucht der ›Neue Wettstein‹ zu bieten. Die religionsgeschichtliche Offenheit bleibt hier auf der Darstellungsebene gewahrt (zentrale Texte mit kurzen Einleitungen) und überlässt den Benutzern und Benutzerinnen die Entscheidung, sowohl hinsichtlich des religionsgeschichtlichen Primärhintergrundes als auch hinsichtlich möglicher Einflüsse auf den neutestamentlichen Text (sprachliche Parallele?/inhaltliche Parallele?/Analogie?/Genealogie?).[48] Nicht Selektion, die häufig in religionsgeschichtlichen Vor-Urteilen begründet ist, sondern eigenständige Interpretationen und Entscheidungen will der Neue Wettstein ermöglichen. Noch ein zweiter Aspekt der Anfangszeit des Corpus Hellenisticum wird mit dem ›Neuen Wettstein‹ aufgenommen: Das Modell der religionsgeschichtlichen Offenheit soll den Blick auf die eigenständige und vielfach kreative Verarbeitung antiker Vorstellungen im entstehenden Christentum lenken. Sie zeigt sich vor allem in einer einzigartigen Literaturproduktion und der Ausprä-

---

45 Vgl. dazu Georg Strecker, Das Göttinger Projekt »Neuer Wettstein«, ZNW 83 (1992), 245–252.
46 Angesichts seiner Erkrankung übertrug Georg Strecker 1993 mir die Leitung des Projektes. 1996 konnte mit Bd. II/1.2 des Neuen Wettstein der Hauptertrag der Göttinger Zeit des Projektes (Leitung: Gerald Seelig [1957–2012]) veröffentlicht werden; zum methodischen Konzept vgl. Gerald Seelig, Einführung, in: Neuer Wettstein II/1, hrsg. v. Georg Strecker/Udo Schnelle, Berlin 1996, IX–XXIII. Die weiteren Bände wurden in Halle erarbeitet (Hauptmitarbeiter: Manfred Lang und Michael Labahn).
47 Vgl. Neuer Wettstein II/1.2, hrsg. v. Georg Strecker/Udo Schnelle, Berlin 1996); Neuer Wettstein I/2, hrsg. v. Udo Schnelle/Michael Labahn/Manfred Lang, Berlin 2001; Neuer Wettstein I/1.1, hrsg. v. Udo Schnelle/Michael Labahn/Manfred Lang, Berlin 2008; Neuer Wettstein I/1.2 (1), hrsg. v. Udo Schnelle/Manfred Lang, Berlin 2013; Neuer Wettstein I/1.2 (2), hrsg. v. Udo Schnelle/Manfred Lang, Berlin 2022.
48 Vgl. dazu Gerald Seelig, Religionsgeschichtliche Methode (s. Anm. 20), 260–333.

gung einer eigenständigen Sprach- und Denkwelt.⁴⁹ Weder die Synkretismus-Kategorie der Religionsgeschichtlichen Schule noch die einseitige Fixierung des Tübinger Modells auf den jüdischen Überlieferungsstrang werden dem gerecht.

Vor und neben dem ›Neuen Wettstein‹ gibt es andere wertvolle Textsammlungen: Für den jüdischen Bereich ist vor allem der ›Kommentar zum Neuen Testament aus Talmud und Midrasch‹ (Veröffentlichung 1922–1928) von Paul Billerbeck zu nennen,⁵⁰ der schon seit langem im akademischen Unterricht benutzt wird. Einen repräsentativen Querschnitt durch die Welt des Hellenismus bietet die von Walter Grundmann 1967 hrsg. Textsammlung im Rahmen des dreibändigen Standardwerkes ›Umwelt des Urchristentums‹ von Leipoldt/Grundmann.⁵¹ Eine ausdrückliche Bevorzugung paganer Texte nimmt das 1987 erschienene ›Religionsgeschichtliche Textbuch‹ von Klaus Berger (1940–2020) und Carsten Colpe (1929–2009) vor: »Texte aus der paganen Umwelt des Neuen Testaments werden mit gewissem Vorzug angeführt«.⁵² Berger/Colpe bieten insgesamt ca. 630 Texte, eingeleitet mit sehr bedenkenswerten methodischen Überlegungen und Definitionen. Die englische Übersetzung durch Eugene Boring ›Hellenistic Commentary to the New Testament‹⁵³ bietet eine Erweiterung, da Boring ca. 350 neue Texte mitaufnimmt, die ihm im Rahmen des ›Neuen Wettstein‹ zur Verfügung gestellt wurden.

Die aktuelle Forschungssituation ist dadurch gekennzeichnet, dass nach wie vor sehr unterschiedlich bewertet wird, wie stark das Neue Testament durch die griechisch-römische Kultur des 1. Jh.s n. Chr. be-

---

49 Vgl. dazu Udo Schnelle, Die ersten 100 Jahre des Christentums, Göttingen ³2019, 466–505.

50 Hermann L. Strack/Paul Billerbeck, Kommentar zum Neuen Testament aus Talmud und Midrasch I–IV, München 1926–1928. Alleiniger Autor war Paul Billerbeck; vgl. Joachim Jeremias, Art. Paul Billerbeck, TRE 6, Berlin 1980, 640–642.

51 Johannes Leipold/Walter Grundmann (Hrsg.), Umwelt des Urchristentums II, Berlin ⁵1979. Weitere Textsammlungen: Charles Kingsley Barrett, Die Umwelt des Neuen Testaments, WUNT 4, Tübingen 1959. Nachfolge- und Neuausgaben: Charles Kingsley Barrett/Claus Jürgen Thornton, Texte zur Umwelt des Neuen Testaments, Tübingen 1991; Jens Schröter/Jürgen K. Zangenberg, Texte zur Umwelt des Neuen Testaments, Tübingen 2013.

52 Klaus Berger/Carsten Colpe (Hrsg.), Religionsgeschichtliches Textbuch zum Neuen Testament, Göttingen 1987, 15; Begründung: »Wiederholung von Bekanntem sollte vermieden werden – vor allem aber: Der Gebrauch paganer Texte ist in methodischer und in systematisch-theologischer Hinsicht mit den weitaus größeren Problemen behaftet; für diese größeren Schwierigkeiten sollen Lösungsmodelle angeboten werden« (ebd.).

53 M. Eugene Boring/Klaus Berger/Carsten Colpe (Hrsg.), Hellenistic Commentary to the New Testament, Nashville 1995.

einflusst wurde. Drei Modelle können m. E. unterschieden werden: 1) Es liegt eine starke indirekte und teilweise direkte Beeinflussung vor, bei der auch genuin griechische Vorstellungen eine Rolle spielen (z. B. Hans Dieter Betz, Hans-Josef Klauck, Udo Schnelle). 2) Es existiert eine gewisse Beeinflussung, die aber durch das hellenistische Judentum vermittelt und gefiltert wurde (z. B. Martin Hengel, Larry Hurtado, Jörg Frey). 3) Fast alle neutestamentlichen Autoren, vor allem Paulus, verbleiben innerhalb des Judentums, so dass von keiner wirklichen Beeinflussung gesprochen werden kann. So wird in Teilen der anglo-amerikanischen ›new perspective‹ der griechisch-römische Bereich bewusst nicht wirklich berücksichtigt (z. B. E. P. Sanders, N. T. Wright)[54] und die ›Paul within Judaism Perspective‹ behauptet sogar, Paulus habe das Fundament des Judentums nie verlassen, sondern nur nach Wegen gesucht, heidnischen Christusgläubigen den Zugang zum einen erwählten Volk Gottes zu ermöglichen.[55]

Will man bei diesem – auch ideologisch belasteten – Problembereich weiterkommen, ist nach der Methodik religionsgeschichtlicher Arbeit zu fragen, denn nur durch das Offenlegen der Voraussetzungen und die Diskussion der Methodenschritte können Erkenntnisfortschritte und gegenseitiges Verstehen ermöglicht werden.

3 Die Methodik religionsgeschichtlicher Arbeit

Historisches Verstehen vollzieht sich immer in bereits existierenden Kulturräumen und innerhalb erprobter Kommunikationswelten, die beide massiv den Verstehensprozess und auch die Ergebnisse mitbestimmen. Deshalb müssen zunächst die Makrobedingungen der jeweiligen religionsgeschichtlichen Arbeit, d. h. ihre zumeist nicht thematisierten Voraussetzungen bedacht werden, bevor die Methodik im enge-

---

54 Einen Forschungsüberblick zur ›New Perspective‹ bieten z. B. Stephen Westerholm, Perspectives Old and New on Paul, Grand Rapids/Cambridge 2004; Jens-Christian Maschmeier, Rechtfertigung bei Paulus. Eine Kritik alter und neuer Paulusperspektiven, BWANT 189, Stuttgart 2010; Ivana Bendik, Paulus in neuer Sicht? Eine kritische Einführung in die »New Perspective on Paul«, Stuttgart 2010.
55 Vgl. dazu Mark D. Nanos/Magnus Zetterholm (Hrsg.), Paul within Judaism: Restoring the First-Century Context to the Apostle, Minneapolis 2015; zur Kritik vgl. Udo Schnelle, Über Judentum und Hellenismus hinaus: Die paulinische Theologie als neues Wissenssystem, ZNW 111 (2020), 124–155.

ren Sinn in den Blick genommen wird. Wie also lässt sich auf einer reflektierten hermeneutisch-methodischen Ebene die Frage beantworten, wie stark das Neue Testament nicht nur vom Alten Testament, antiken Judentum und Hellenismus allgemein, sondern auch von genuin griechisch-römischen Vorstellungen geprägt ist?

3.1 Die Makroebene

1) Zunächst muss ein angemessenes *Kultur- und Kommunikationsmodell* entwickelt werden. Bei der Entstehung des frühen Christentums haben wir es eindeutig mit sich *überlagernden Kulturräumen* zu tun, was in der Anfangszeit neuer religiöser Bewegungen der Normalfall sein dürfte.[56] Der Mensch ist ein erzählendes und darin deutendes Kulturwesen. Wenn sich Kulturräume überlagern, kann sich eine neue Identität nur erfolgreich ausbilden, wenn sie verschiedenartige Einflüsse aufzunehmen und zu integrieren vermag. Es gab und gibt immer ein Über- und Nebeneinander von gemeinsamen und differenten Welten und Lebensformen. Dabei sind Eindeutigkeit und Durchlässigkeit gleichermaßen Voraussetzungen für gelungene kulturelle Neuformungen. All dies vollzog sich nicht als absoluter Bruch mit der Vergangenheit, sondern in der Regel als Prozess der Anknüpfung, der Abgrenzung, des Umdeutens, des Ablegens und der Neubestimmung, wobei all diese Abläufe keine strikten Gegensätze darstellen, sondern über längere Zeit nacheinander und/oder nebeneinander existieren konnten. Hier lässt sich allerdings eine Grundbewegung beobachten: Im frühen Christentum vollzog sich schon sehr früh eine Wertegeneralisierung als kulturelle Synthese, indem verschiedene Wertemuster auf einer höheren Stufe zusammengefasst wurden.[57] Sowohl Glaubende aus der jüdischen als auch der griechisch-römischen Welt konnten bei den Wertetraditionen der neuen frühchristlichen Welt Gemeinsamkeiten mit ihren eigenen

---

56 Vgl. hierzu Udo Schnelle, Historische Anschlußfähigkeit. Zum hermeneutischen Horizont von Geschichts- und Traditionsbildung, in: Jörg Frey/Udo Schnelle (Hrsg.), Kontexte des Johannesevangeliums, WUNT 175, Tübingen 2004, 47–78.

57 Vgl. Talcott Parsons, Das System moderner Gesellschaften, München 1985, 41, wonach gesellschaftliche Wandlungsprozesse »durch eine Werteverallgemeinerung vervollständigt werden, wenn die verschiedenen Einheiten in der Gesellschaft angemessene Legitimation und Orientierungsweisen für ihre neuen Handlungsmuster erlangen sollen.«

religiösen Wurzeln entdecken, an die sie emotional teilweise immer noch gebunden waren. Bei der Wertegeneralisierung geht es um die Regulierung und den Ausgleich kultureller Traditionen, sie ist in der Regel das Resultat von Kommunikation, Integration und Neubestimmung.

2) Innerhalb dieses komplexen Gesamtbefundes war eine erfolgreiche Kommunikation nur durch *bewusste Anschlussfähigkeit* zu erlangen. Die großen Erfolge der frühchristlichen Mission lassen sich nur aus einer Kombination völlig neuer Gedanken (z. B. Kreuzestheologie) mit der bewussten Anknüpfung, gezielten Aufnahme und absichtsvollen Neuinterpretation geläufiger religiös-ethischer Vorstellungen erklären (z. B. der Geist als Kommunikationsmittel zwischen Gott und Mensch).[58] Die frühchristlichen Theologen/Missionare waren in der Lage, verschiedene kulturelle Traditionen in sich aufzunehmen und schöpferisch weiterzuentwickeln, aber auch Grenzen zu setzen (z. B. beim Kaiserkult). Die Traditionsgebundenheit eines Autors erfährt in der Exegese zumeist nur eine einlinige Interpretation, wonach das Denken des Autors durch die Traditionen bestimmt wird. Traditionen werden aber nicht ungefiltert übernommen, sie verbinden sich mit neuen Elementen, werden angereichert, transformiert und teilweise okkupiert, um innerhalb eines neuen Koordinatensystems eine neue Bedeutung zu erhalten. Hinzu kommt, dass immer von einer doppelten Traditionsgebundenheit auszugehen ist: der Apostel/Missionare und ihrer Gemeinden! Schon damit ist klar, dass in frühchristlichen Gemeinden im westlichen Kleinasien, in Griechenland und in Rom mit massiven Einflüssen griechischen Denkens und griechischer Kultur gerechnet werden muss.

3) Für den religionsgeschichtlichen Vergleich ist entscheidend, welcher ungefähre *Schriftenkanon* als Bezugspunkt festgelegt wird. Bekanntlich wurden die Texte des Neuen Testaments von Martin Dibelius und Rudolf Bultmann als Binnenliteratur minderer Qualität (›Kleinliteratur‹) betrachtet, die faktisch nur für den Gebrauch in den eigenen Zirkeln bestimmt waren.[59] Diese Sicht kann als überholt gel-

---

58 Vgl. nur 2Kor 3,17 und Joh 4,24; dazu die Vergleichstexte in: Udo Schnelle/Michael Labahn/Manfred Lang (Hrsg.), Neuer Wettstein I/2 (s. Anm. 47), 226–234.
59 Vgl. Martin Dibelius, Die Formgeschichte des Evangeliums, Tübingen [6]1971 (= 1919); Rudolf Bultmann, Die Geschichte der synoptischen Tradition, FRLANT 29, Göttingen [8]1970 (= 1921).

ten,[60] denn die frühchristlichen Gemeinden verfügten über ein beachtliches Bildungsniveau, produzierten erstaunlich viel eigene und zugleich neue Literatur und diskutierten in ihren Reihen anspruchsvolle theologische, philosophische und ethische Fragen. Nicht die griechische Hochliteratur des 5. oder 4. Jh.s v. Chr. sollte der Ausgangspunkt für einen Vergleich sein, sondern allein die Literatur zur Zeit des Neuen Testaments. Autoren wie Philo, Josephus, Cicero, Seneca, Epiktet, Plutarch, Dion von Prusa, pseudepigraphische Briefe[61] und nichtliterarische Texte sind dann der hauptsächliche Vergleichspunkt. Die hellenistische Koine ist zwar von der hohen Literatursprache zu unterscheiden, was aber keineswegs heißt, dass sie eine unliterarische Sprache war und ausschließlich von Ungebildeten gesprochen wurde.[62] Dann kommen auch die populären Systeme der griechisch-römischen Philosophie hinreichend in den Blick, die in allen Städten des Reiches präsent waren und in zweifacher Weise mit dem entstehenden Christentum vergleichbar sind: a) In ihnen kam den Göttern/Gott eine zentrale Rolle zu,[63] d. h. auf diesem spezifischen Hintergrund profilierte sich das frühchristliche Gottesbild. b) Die Popularphilosophie wies als Praxisunternehmen vor allem eine ethische Ausrichtung auf,[64] wiederum ein starker Vergleichspunkt mit der frühchristlichen Literatur. Was für die Philosophie des 1. Jh.s n. Chr. gilt, trifft auch für die entstehende Theologie zu: Sie ist ein Heilmittel, um gut zu leben und gut zu sterben. Die Nachfolger des Sokrates und die Nachfolger des Jesus von Nazareth praktizierten einen vergleichbaren Lebensstil, traktierten vergleichbare Themen und produzierten vergleichbare Literatur. Hinzu kommen neben der gesam-

---

60 Vgl. in diesem Band: Udo Schnelle, Das frühe Christentum als Bildungsreligion, 138–171.
61 Zum Beispiel die Kynikerbriefe; vgl. hier Abraham J. Malherbe (Hrsg.), The Cynic Epistles, Atlanta 1977; Eike Müseler (Hrsg.), Die Kynikerbriefe I.II, Paderborn 1994.
62 Vgl. dazu Robert Browning, Von der Koine bis zu den Anfängen des modernen Griechisch, in: Heinz-Günther Nesselrath (Hrsg.), Einleitung in die griechische Philologie, Stuttgart/Leipzig 1997, 156–162.
63 Vgl. Maximilian Forschner, Die Philosophie der Stoa, Darmstadt 2018, 10: »In der neueren Stoaforschung findet allmählich die Einsicht allgemeine Zustimmung, dass die Philosophie der Stoa in der (naturphilosophisch-pantheistischen) Theologie ihre geistige Mitte hat.«
64 Vgl. dazu Hellmut Flashar (Hrsg.), Die hellenistische Philosophie 4,1.2, Basel 1994; Pierre Hadot, Philosophie als Lebensform, Frankfurt ²2005; Heinrich Niehues-Pröbsting, Die antike Philosophie, Frankfurt 2004, 142–219.

ten jüdischen Literatur auch römische Dichtung (z. B. Vergil, Horaz, Ovid), Satire (z. B. Martial, Juvenal) und Geschichtsschreibung (z. B. Livius) als Zeugnisse zeitgenössischen Lebensgefühls. Die Mitglieder der frühen Gemeinden im originären griechischen Kulturbereich traten in die neue Denk- und Erlebniswelt des Christentums nicht als ›unbeschriebene Blätter‹ ein, sondern brachten natürlich ihre bisherigen Gottesvorstellungen, Traditionen und ethischen Konzepte mit. Es begann ein komplexer Neuformierungsprozess, bei dem die neuen, unableitbaren Aussagen der entstehenden Bewegung (z. B. Auferstehung und baldige Wiederkunft eines Gekreuzigten, Liebe als höchste Norm) mit jüdischen und griechischen Traditionen in Konkurrenz traten oder verbunden werden konnten. Es galt ein neues Verhalten zu begründen und einzuüben, wie man exemplarisch im 1Korintherbrief sehen kann.

3.2 Die Mikroebene
4) Auf der textzentrierten Mikroebene muss geklärt werden, nach welchen *Kriterien und Methoden* die *Textanalysen und Textvergleiche* durchgeführt werden.[65] Was ist ein Text? Ein Text ist ein zusammenhängendes und sinnvoll gestaltetes schriftliches oder mündliches Sprachgefüge, das einen Anfang und ein Ende, einen Inhalt und eine Form hat, die alle auf einen Zweck hinzielen. Was ist ein Vergleich? Beim Vergleich werden Texte in Beziehung zueinander gesetzt, wobei unterschiedliche Ziele verfolgt werden können: Ähnlichkeiten zu bestimmen, die Unterschiede festzustellen, aus dem Vielfältigen das Generelle herauszuarbeiten, oder Unbekanntes durch Bekanntes zu erklären. Was ist eine Parallele? »Wie bei der Bezugnahme liegt eine enge Entsprechung in Funktion und Gestalt vor, ohne daß jedoch ein direkter Rückgriff erweisbar wäre. Die Ähnlichkeit ist vielmehr als Bei- und Nebeneinander zu verstehen, und sie erklärt sich aufgrund ähnlicher Erlebnis- und Erfahrungsweisen im weiteren Horizont gemeinsamer historischer Bedingungen.«[66] Liegt bei bestimmten Vorstellungen und Begriffen eine Parallele vor oder ein Vergleich, eine Paraphrase, eine Bezugnahme, eine Transposition, eine Entlehnung, eine Antithese oder nur eine entfernte Ähnlichkeit? Was ist ein Zitat? Gibt es Einleitungswendungen oder

---

65 Vgl. hier Klaus Berger/Carsten Colpe, Textbuch (s. Anm. 52), 18–26; Gerald Seelig, Religionsgeschichtliche Methode (s. Anm. 20), 260 ff.
66 Klaus Berger/Carsten Colpe, Textbuch (s. Anm. 52), 22.

kontextuelle Hinweise? Wie groß müssen die wortwörtlichen Übereinstimmungen zwischen dem Ausgangstext und der Bezugnahme sein?[67] Die Liste ließe sich leicht verlängern und es müsste in jedem Fall definiert werden, was genau unter diesen Kategorien zu verstehen ist. Ferner: Wann liegt eine Analogie, wann eine Genealogie vor? Wann kann man von Einfluss oder Ähnlichkeit sprechen? Während die ältere Forschung (z. B. die Religionsgeschichtliche Schule) dazu neigte, aus Ähnlichkeiten/Übereinstimmungen umfassende Genealogien mit Werturteilen abzuleiten, ist die aktuelle Forschung hier zu Recht sehr viel zurückhaltender. Kausale Zusammenhänge können nur selten oder gar nicht hergestellt werden und es geht dabei nicht um Ursachen oder Abhängigkeiten, sondern um Rezeptions- und Verstehenshorizonte!

5) Eine weitere zentrale Fragestellung ist die Ermittlung von *Traditionen*. *Traditionen* sind Wissensträger aus früherer Zeit[68] und prägende Elemente der kulturellen Ausstattung einer Gruppe/eines Autors; sie bestimmen als Orientierungspunkte im unvermeidlichen Wandel der Zeit wesentlich deren Identität, Autorität und Legitimität.[69] Trotz der methodologischen Unsicherheiten ist es sehr wohl möglich, solche Traditionen als sprachlich und theologisch besonders geprägte und geformte, ursprünglich selbständige Einheiten zu identifizieren, ihre Herkunft zu bestimmen und ihre Theologie zu erheben.[70] Damit verbindet

---

67 Vgl. dazu Dietrich-Alex Koch, Die Schrift als Zeuge des Evangeliums, BHTh 69, Tübingen 1986, 11–24.
68 Nach wie vor treffend Hermann Gunkel, Zum religionsgeschichtlichen Verständnis des Neuen Testaments, FRLANT 1, ²1910, 10 f.: »Unsere historische Kardinalüberzeugung ist, dass wir nicht imstande sind, eine Person, eine Zeit, einen Gegenstand zu verstehen, abgelöst von ihrer Vorgeschichte, sondern dass wir erst dann von wirklichem, lebendigem Verständnis sprechen können, wenn wir ihre Entstehung kennen.«
69 Der gegenwärtige Boom des Narrativen und der Synchronie sollte nicht den Blick dafür verstellen, dass ein wirkliches Verstehen des Soseins von Texten nur möglich ist, wenn man ihr Werden in den Blick nimmt. Vgl. Hans-Georg Gadamer, Wahrheit und Methode, Tübingen ⁴1975, 286: »Die Aufgabe des historischen Verstehens schließt die Forderung ein, jeweils den historischen Horizont zu gewinnen, damit sich das, was man verstehen will, in seinen wahren Maßen darstellt.«
70 Zu den methodischen Anforderungen zur Rekonstruktion von Traditionen vgl. David Hellholm, Vorgeformte Tauftraditionen und deren Benutzung in den Paulusbriefen, in: D. Hellholm u. a. (Hrsg.), Ablution, Initiation and Baptism, BZNW 176/I, Berlin 2011, 415–495. Aus der älteren Literatur vgl. Werner Kramer, Christos Kyrios Gottessohn: Untersuchungen zu Gebrauch und Bedeutung der christologi-

3 Die Methodik religionsgeschichtlicher Arbeit

sich die *Begriffs- und Motivgeschichte*;[71] sie fragt nach Herkunft, Geschichte, Wandel, Bedeutung und Anwendung der im Text vorkommenden Begriffe und Motive. Dabei sollen durch den Vergleich mit literarisch nicht abhängigen Texten theologie- und geistesgeschichtliche Zusammenhänge aufgezeigt werden. Bei einem Motiv handelt es sich um ein Wort, ein Bild, eine Metapher oder ein Thema mit relativ feststehender Bedeutung, auf die ein Autor zurückgreifen kann, um einen bestimmten Sachverhalt auszudrücken. Die Begriffsanalyse hat das Ziel, sowohl den geprägten Bedeutungsgehalt eines Begriffes als auch seine konkrete Verwendung im Kontext herauszuarbeiten. Die diachrone und die synchrone Betrachtungsweise ergänzen sich somit bei der Begriffsanalyse.

6) Alle eben erwähnten Phänomene sind Ausdruck von *Intertextualität* und müssen in verschiedene Konzepte von Intertextualität integriert werden, die auch antike Textwelten angemessen erfassen können.[72] Es geht dabei um Referenzphänomene, die drei verschiedene Ebenen betreffen: a) Zusammenhänge innerhalb desselben Textes (Intratextualität); b) Zusammenhänge mit anderen Texten (Intertextualität im engeren Sinn) und c) Bezüge zu den damaligen historischen Umständen (kulturelles Vorwissen/Weltwissen der Hörer/Leser).

7) Intertextualität ist immer auch ein Rezeptionsphänomen und Rezeption von Texten vollzieht sich in der Regel auf verschiedenen Ebenen: Der Ebene des ursprünglichen Textautors und seinen Intentionen, der Ebene des Transportes von Texten (Zitat, Allusion, Paraphrase usw.; welches Transportmedium wird gewählt?: schriftlich, mündlich, wortwörtlich, Erinnerung, relativ frei usw.), der Ebene des Empfängers mit seinen Intentionen und Vorverständnissen und schließlich der Ebenen weiterer Empfänger, für die der neue Autor schreibt, die sich auch

---

schen Bezeichnungen bei Paulus und den vorpaulinischen Gemeinden, AThANT 44, Zürich 1963; Reinhard Deichgräber, Gotteshymnus und Christushymnus in der frühen Christenheit, SUNT 5, Göttingen 1967; Wiard Popkes, Christus Traditus, AThANT 49, Zürich 1967; Klaus Wengst, Christologische Formeln und Lieder des Urchristentums, StNT 7, Gütersloh ²1973; Marie-Luise Gubler, Die frühesten Deutungen des Todes Jesu, OBO 15, Freiburg (H)/Göttingen 1977.

71 Vgl. dazu Udo Schnelle, Einführung in die neutestamentliche Exegese, Göttingen ⁸2014, 145–150.
72 Zur Intertextualität vgl. z. B. Stefan Alkier/Richard B. Hays, Kanon und Intertextualität, Frankfurt 2010.

wiederum in einer anderen kulturellen Situation befinden. Einlinige Ableitungen sind bei solch komplexen Vorgängen nicht zu erwarten, weil die jeweiligen unterschiedlichen politischen, kulturellen und theologischen Positionen und Kontexte der verschiedenen Referenzebenen von vornherein Mehrdimensionalität nahelegen, weil nur so die erfolgreiche Rezeption des neuen Glaubens in *gemischten* Gemeinden erklärt werden kann und weil bei fast allen zentralen Begriffen (z. B. Gerechtigkeit, Freiheit, Gesetz, Glaube usw.) zumindest eine *doppelte Traditionstiefe* vorliegt, nämlich sowohl im Judentum als auch im Hellenismus.[73]

8) Schließlich ist die kreative *eigenständige Verarbeitung* zentraler antiker Vorstellungen durch das frühe Christentum zu beachten. Eine ungebrochene Übernahme jüdischer oder griechischer Vorstellungen war überhaupt nicht möglich, weil der Ausgangspunkt des frühen Christentums singulär und völlig neu war: Ein Gekreuzigter ist auferstanden von den Toten und Gottes Sohn. Sowohl für das jüdische als auch für das griechisch-römische kulturelle System galt es als undenkbar, einen Gekreuzigten als Sohn Gottes zu verehren, was Paulus in 1Kor 1,23 betont: »Wir aber verkündigen den gekreuzigten Christus, den Juden ein Ärgernis und den Griechen eine Torheit.«[74] Das frühe Christentum schuf eine neue sprachliche und gedankliche Welt, die natürlich an jüdische und griechisch-römische Vorstellungen anknüpfte, zugleich aber eine eigenständige und zu großen Teilen neue Sinnwelt bildete.

Mit diesen acht methodischen Kriterien verbinden sich grundsätzliche *hermeneutische Einsichten* der Geschichtsinterpretation und Geschichtsschreibung: Es ist nicht möglich, das Vergangene ungebrochen gegenwärtig zu machen. Der Zeitabstand bedeutet Abständigkeit in jeder Hinsicht, er verwehrt historisches Erkennen im Sinne einer umfas-

---

73 Ein Beispiel: Wenn Paulus in Röm 12,2 ›das Gute‹ (τὸ ἀγαθόν) mit dem Willen Gottes identifiziert, dann war dies sowohl für geborene Juden als auch für geborene Völkerchristen gut rezipierbar; vgl. TLev 13,6, wo es dem Willen Gottes entspricht, »in euren Herzen Gutes zu säen«; Platon, Phaidros 246d, betont: »das Göttliche nämlich ist das Schöne; Weise, Gute und was dem ähnlich ist«. Nach Galen, Über die Unverdrossenheit, 63, ist »das Gute ein Wissen um die göttlichen und menschlichen Dinge.«

74 Vgl. Justin, Dialog 90,1, wo Tryphon sagt: »Beweisen musst du uns jedoch, ob er gekreuzigt werden und eines so schmachvollen und ehrlosen, im Gesetz verfluchten Todes sterben musste; denn so etwas können wir uns nicht einmal denken.«

3 Die Methodik religionsgeschichtlicher Arbeit

senden Wiederherstellung dessen, was geschehen ist. Vielmehr kann man nur seine eigene Auffassung von der Vergangenheit in der Gegenwart kundtun. Vergangenheit begegnet uns ausschließlich im Modus der Gegenwart, hier wiederum in interpretierter und selektierter Form. Relevant von der Vergangenheit ist nur das, was nicht mehr Vergangenheit ist, sondern in die gegenwärtige Weltgestaltung und Weltdeutung einfließt.[75] Die eigentliche Zeitstufe des Historikers/Exegeten ist immer die Gegenwart, in die er unentrinnbar verwoben ist und deren kulturelle Standards das Verstehen des gegenwärtig Vergangenen entscheidend prägen. Die Sozialisation des Historikers/Exegeten, seine Traditionen, sein geographischer Lebensort, seine politischen und religiösen Werteinstellungen prägen notwendig das, was er in der Gegenwart über die Vergangenheit sagt.[76] Geschichtsschreibung ist deshalb nie ein pures Abbild des Gewesenen, sondern hat selbst eine Geschichte, nämlich die Geschichte des Schreibenden. Die Einsicht in die Geschichtlichkeit des Erkenntnissubjektes fordert eine Reflexion über seine Rolle im Erkenntnisprozess, denn das Subjekt steht nicht über der Geschichte, sondern ist ganz und gar in sie verwickelt. Es gilt: »es wird Geschichte, aber es ist nicht Geschichte«;[77] und: Interpretation von Texten ist immer beides: das Finden und das Einlegen von Sinn! Religionsgeschichtliche Arbeit ist deshalb immer ein *mehrdimensionaler Vorgang*, der methodisch geleitet und hermeneutisch reflektiert sein muss und der aufgrund seiner Komplexität in der Regel kein einliniger, sondern ein vielschichtiger

---

75 Vgl. Johann Gustav Droysen, Historik (s. Anm. 25), 422: »Das Gegebene für die historische Forschung sind nicht die Vergangenheiten, denn diese sind vergangen, sondern das von ihnen in dem Jetzt und Hier noch Unvergangene, mögen es Erinnerungen von dem, was war und geschah, oder Überreste des Gewesenen und Geschehenen sein.«

76 Vgl. Jürgen Straub, Über das Bilden von Vergangenheit, in: Jörn Rüsen (Hrsg.), Geschichtsbewusstsein, Köln/Weimar 2001, (45–113), 45: »Repräsentationen von Ereignissen und Entwicklungen liefern keine mimetischen Abbilder einstiger Geschehnisse, sondern an Deutungs- und Verstehensleistungen gebundene Auffassungen eines Geschehens. Solche Auffassungen werden aus der Perspektive einer Gegenwart von bestimmten Personen gebildet, sind also von deren Erfahrungen und Erwartungen, Orientierungen und Interessen unmittelbar abhängig.«

77 Johann Gustav Droysen, Historik (s. Anm. 25), 69. Über geschichtliche Sachverhalte urteilt Droysen, ebd., zutreffend: »Sie sind nur historisch, weil wir sie historisch auffassen, nicht an sich und objektiv, sondern in unserer Betrachtung und durch sie. Wir müssen sie sozusagen transponieren.«

und zuweilen auch offener Prozess ist. Überschneidungen, fließende Übergänge, Mehrschichtigkeit, Neuformulierungen sind keine Ausnahmen, sondern normal und zu erwarten.

4 Das frühe Christentum zwischen Judentum und Hellenismus: Zwei Fallbeispiele

Die methodischen Überlegungen bestätigen sich an zentralen Textkorpora des Neuen Testaments:

1) *Paulus* war Bürger des Römischen Reiches, er wuchs in Tarsus, einer bedeutenden Kulturmetropole des Imperiums auf, unterzog sich einer intensiven pharisäischen Ausbildung (möglicherweise in Jerusalem) und wirkte ca. drei Jahrzehnte in den stark griechisch geprägten Provinzen des Reiches.[78] Damit war er kein Wanderer zwischen den Welten, sondern er vereinte in sich – wie Philo und Josephus – die jüdisch-hellenistische Kultur und den griechisch-römischen Hellenismus. Als Diasporajude und ausgebildeter Pharisäer lebte er in und aus der Tora, dem offenbarten Heilswillen des Schöpfers an die ganze Welt. Zugleich war er als griechisch sprechender Stadtbürger mit römischem Bürgerrecht nicht unbeeinflusst von der Bildung und dem Geist seiner Zeit. Sowohl der Bildungsweg des Apostels als auch seine Fähigkeit, auf den geistigen Horizont der jeweiligen Kommunikationspartner einzugehen, zeigen die Weite der paulinischen Bildung und seine theologische Kompetenz. Sie zeigt sich vor allem darin, zentrale religiös-philosophische Begriffe/Anschauungen aus verschiedenen Traditionsbereichen aufzunehmen und zu etwas Neuem zu verschmelzen.[79] a) Die überragende Stellung von Gesetz und Gerechtigkeit im Alten Testament und antiken Judentum bedarf keines erneuten Nachweises.[80] Aber auch das

---

78 Zu Paulus vgl. umfassend: Udo Schnelle, Paulus. Leben und Denken, Berlin ²2014.
79 Vgl. dazu Cilliers Breytenbach (Hrsg.), Paul's Graeco-Roman Context, Leuven 2015. Hier können nur zwei Beispiele angeführt werden; die Anzahl ließe sich leicht vermehren: So stehen z. B. die mit dem Schlüssel-Ritual der Taufe verbundenen Anschauungen bei Paulus in deutlicher Nähe zu den Mysterienreligionen (es geht um die Gewinnung von Leben und Heil), um zugleich christologisch überformt zu werden; vgl. Donghyun Jeong, Pauline Baptism among the Mysteries. Ritual Messages and the Promise of Initiation, BZNW 257, Berlin 2023.
80 Vgl. nur die Überblicke bei Josef Scharbert, Art. Gerechtigkeit, TRE 12, Berlin 1984, 404–411; Hermann Spieckermann, Art. Rechtfertigung, TRE 28, Berlin 1997, 282–286.

4 Das frühe Christentum zwischen Judentum und Hellenismus

klassische Griechentum und der Hellenismus sind zutiefst vom Nachdenken über die Gesetze und die Gerechtigkeit geprägt.[81] Für Plato steht das Verhältnis von Gesetz und Gerechtigkeit im Mittelpunkt, denn die Gerechtigkeit ist die Norm der Gesetze. Die Gerechtigkeit steht an der Spitze der Kardinaltugenden (Resp 433d.e), denn ihr kommt als gleichermaßen sozialer und universaler Kategorie innerhalb der Ordnung der Seele und dementsprechend der Ordnung des Staates eine Schlüsselstellung zu. Für Aristoteles definieren die Gesetze das Gerechte, denn: »Wer die Gesetze missachtet, ist ungerecht, so hatten wir gesehen, wer sie achtet, ist gerecht. Das heißt also: alles Gesetzliche ist im weitesten Sinn etwas Gerechtes« (Eth Nic V 1129b). Weil das Gesetzliche zugleich das Gerechte ist, folgt aus der Verletzung des Gesetzes die Ungerechtigkeit (vgl. Eth Nic V 1130b). Die Gerechtigkeit erwächst somit aus den Gesetzen und ist deren Wirkung, denn das gerechte Handeln orientiert sich an den Gesetzen und schafft Gerechtigkeit. In der hellenistischen Philosophie verlagert sich der Gerechtigkeitsbegriff unter dem Eindruck einer weltweit expandierenden Kultur von der Polis auf das Individuum. Dabei werden Gerechtigkeit und Frömmigkeit teilweise zu Synonymen, ohne dass die Verbindung zum Nomos aufgehoben wird. Auch um die Zeitenwende herum bestimmt der grundlegende Zusammenhang zwischen Recht, Gerechtigkeit, Gesetzen und gelingendem Leben das Denken (Cicero, Seneca). Paulus kennt die jüdische und die griechische Traditionslinie und nimmt in diesen Kontexten eine revolutionäre Neubestimmung vor: Gerechtigkeit ist wesenhaft kein Tat-, sondern ein *Seinsbegriff*; sie kann nicht durch Volkszugehörigkeit oder Handeln realisiert werden und ist auch keine Tugend, sondern ein Geschenk Gottes: »Nun aber ist ohne das Gesetz die Gerechtigkeit Gottes offenbar geworden ... Gerechtigkeit Gottes durch den Glauben an Jesus Christus ... gerecht-fertigt geschenkweise in seiner Gnade durch die Erlösung in Jesus Christus.« (Röm 3,21 f.24) Dahinter steht eine denkerische Einsicht: Gerechtigkeit als Schlüsselbegriff aller religiösen, philosophischen und politischen Systeme kann in ihrer Totalität nur empfangen und nicht hergestellt werden. Jeder menschliche Versuch, Gerechtigkeit im um-

---

81 Einen Überblick vermitteln Albrecht Dihle, Art. Gerechtigkeit, RAC 10, Stuttgart 1978, 233–360; Holger Sonntag, ΝΟΜΟΣ ΣΩΤΗΡ. Zur politischen Theologie des Gesetzes bei Paulus und im antiken Kontext, TANZ 34, Tübingen 2000, 7–108. Zahlreiche Texte finden sich in: Neuer Wettstein I/1.2 (1) (s. Anm. 47), 306–374.

fassenden Sinn zu realisieren, endete unausweichlich und folgerichtig in totalitären Systemen. Die paulinische Einsicht des Geschenkcharakters der Gerechtigkeit verwehrt hingegen von vornherein derartige Versuche und beschreibt deshalb eine Grundbedingung menschlicher Freiheit. b) Ähnlich profiliert ist auch das paulinische Freiheitsverständnis.[82] Hier besteht eine besondere Nähe zur Stoa, für die Freiheit vor allem die innere Unabhängigkeit ist. Epiktet führt für seine Argumentation Erfahrung und Einsicht an: Ein reicher Senator ist der Sklave des Kaisers (Diss IV 1,13) und wer als Freier in eine junge, schöne Sklavin verliebt ist, wird zu ihrem Sklaven (Diss IV 1,17). Wer kann frei sein, wenn selbst die Könige und ihre Freunde es nicht sind? Weil Freiheit mit der äußeren Freiheit nicht hinreichend erfasst ist, kommt es darauf an, zwischen dem zu unterscheiden, was in unserer Macht steht und was unserem Einfluss entzogen ist, um so zur wahren, inneren Freiheit zu gelangen (vgl. Diss IV 1,81). Paulus greift das Konzept der inneren Freiheit auf, modifiziert es aber entscheidend in seiner Begründungsstruktur, indem er die Freiheit als die Entdeckung einer fremden tragenden Wirklichkeit beschreibt: Gott. Den Sklaven rät er, in ihrem Stand zu bleiben, selbst wenn sie frei werden könnten: »Denn wer im Herrn als Knecht berufen ist, der ist ein Freigelassener des Herrn; ebenso wer als Freier berufen wurde, der ist ein Knecht Christi.« (1Kor 7,22) Paulus nimmt die Freiheit aus dem Tätigkeitsbereich des Menschen heraus, sie hat Geschenk- und nicht Tatcharakter: »Zur Freiheit hat uns Christus befreit« (Gal 5,1). Mit diesem Ansatz vertritt der Apostel eine eigenständige Position in der Freiheitsdebatte der Antike. Paradoxerweise verleiht allein die Bindung an Gott Freiheit, denn Freiheit ist im Vollsinn allein ein Attribut Gottes. Erst durch eine neue Heteronomie, die Bindung an Gott bzw. Christus, erlangt der Mensch seine schöpfungsge-

---

82 Vgl. dazu Stanley Jones, »Freiheit« in den Briefen des Apostels Paulus, GTA 34, Göttingen 1987; Samuel Vollenweider, Freiheit als neue Schöpfung, FRLANT 147, Göttingen 1989; Gerhard Dautzenberg, Freiheit im hellenistischen Kontext, in: Johannes Beutler (Hrsg.), Der neue Mensch in Christus, QD 190, Freiburg 2001, 57–81; Wayne Coppins, The Interpretation of Freedom in the Letters of Paul, WUNT 2.261, Tübingen 2009; Friedrich Wilhelm Horn, »Zur Freiheit hat uns Christus befreit«. Neutestamentliche Perspektiven, in: Martin Laube (Hrsg.), Freiheit, Tübingen 2014, 39–58; Udo Schnelle, Freiheit – mehr als nur ein Wort, in: Martin Bauspieß/Johannes U. Beck/Friederike Portenhauser (Hrsg.), Bestimmte Freiheit (FS Christof Landmesser), ABG 64, Leipzig 2020, 17–37.

mäße Autonomie. Die Freiheit hat eine externe Grundlage, sie ist nicht im Menschen selbst lokalisiert. Menschliche Freiheit ist von etwas abhängig, über das der Mensch nicht verfügt. Freiheit entsteht nicht als Folge der eigenen Wirkungsmacht, sondern sie ist von Gott geschenkte Gabe, die sich in der Liebe realisiert. Die Liebe ist die Normativität der Freiheit; die Liebe erkennt im anderen Menschen ein Kind Gottes und orientiert sich an dem, was die Menschen und die Welt nötig haben.

2) Das *Johannesevangelium* wurde wahrscheinlich in der multireligiösen Metropole Ephesus abgefasst. In diesem Kontext ist es kein Zufall, dass im Zentrum des Prologs Joh 1,1–18 das absolute ὁ λόγος (»Wort/Rede/Denken/Vernunft«) steht, das als christologischer Titel nur im joh. Traditionsbereich belegt ist (Joh 1,1.14; Offb 19,13; vgl. 1Joh 1,1).[83] Der λόγος-Begriff eröffnet bewusst einen weiten Kulturraum: die Welt der griechisch-römischen Philosophie/Bildung und des hellenistischen Judentums alexandrinischer Prägung. Die philosophische Vorkonnotierung des λόγος-Begriffs ist eindeutig;[84] spätestens seit der Logosphilosophie des Heraklit von Ephesus (geb. 544 v. Chr.) steht er im Mittelpunkt griechischen Denkens. Im monistischen System der *Stoa* ist der Logos die alle Körper durchdringende Kraft. In der Vorstellung der λόγοι σπερματικοί entfaltet die Stoa den Grundgedanken der ubiquitären Anwesenheit des Göttlichen in der Welt. Von Zenon (Fragm. 155) wird die Anschauung überliefert, Gott sei durch die Materie »hindurchgegangen wie der Honig durch die Waben«. Nach stoischer Vorstellung war, ist und wird in der Welt nichts sein ohne den Logos. Aber auch im hellenistischen Judentum nahm die λόγος-Vorstellung eine zentrale Rolle ein. Konstitutiv ist die Gleichsetzung von λόγος und σοφία; in Weish 9,1.2 heißt es über Gott: »Du hast das All gemacht durch dein Wort, und durch deine Weisheit hast du den Menschen bereitet ...« Wie das Wort Gottes so ist auch die Weisheit an den Taten Gottes (Ps 104,24) und der Schöpfung beteiligt (Sir 1,4; 24,3 ff.; Weish 7,22.25.27; Spr 3,19). In der Weisheit Salomos erscheint ab Kapitel 18 nicht mehr die Sophia, sondern der Logos als die zentrale Gestalt.[85] Gott besiegt seine Feinde durch sein

---

83   Vgl. dazu Udo Schnelle, Philosophische Interpretation des Johannesevangeliums, in: Jan G. van der Watt/R. Alan Culpepper/Udo Schnelle (Hrsg.), The Prologue of the Gospel of John, WUNT 359, Tübingen 2016, 159–187.

84   Zum Logosbegriff insgesamt vgl. Bernd Jendorff, Der Logosbegriff, Frankfurt 1976; Wilhelm Kelber, Die Logoslehre. Von Heraklit bis Origenes, Frankfurt 1976.

Wort, das um Mitternacht vom Himmel springt und wie ein Schwert umhergeht (Weish 18,15). Bei Philo tritt der Logos vielfach für die Weisheit ein.[86] Wie die Weisheit ›Erstling‹ (Ebr 31) und ›Anfang‹ (Op Mund 54) ist, so kann auch der Logos der ›Erstgeborene Gottes‹ (Conf Ling 146) und ›Anfang‹ (Conf Ling 146) heißen. Der Logos ist älter als alles Geschaffene (Migr 6), er erscheint als Licht (Somn I 75) und er ist Sohn und Eikon Gottes (Conf Ling 146 f.; Fug 109). In der gesamten antiken Welt ist der Logos göttliches Wirk- und Lebensprinzip, es benennt die Zuwendung Gottes zum Menschen und die ursprüngliche Einheit menschlichen Denkens mit Gott. Als Schlüsselbegriff der griechischen Bildungsgeschichte und des hellenistischen Judentums aktiviert λόγος ein umfangreiches Anspielungspotential, das nicht auf einen Bereich beschränkt werden kann. Darüber hinaus nimmt Johannes eine christliche Neucodierung vor: Der Logos Jesus Christus ist aus der ursprünglichen Einheit mit Gott hervorgegangen, er ist Gottes schöpferische Kraft, er ist der Ursprung und das Ziel allen Seins und im Logos Jesus Christus findet die antike Religions- und Geistesgeschichte ihr Ziel.

5 Fazit

Bereits von den historischen Rahmenbedingungen her lässt sich erwarten, dass der religionsgeschichtliche Standort des frühen Christentums zwischen Judentum und Hellenismus zu bestimmen ist. Das Alte Testament und das antike Judentum sind der bleibende Bezugsrahmen des frühen Christentums. Zugleich stammen aber die uns bekannten Missionsgemeinden ausnahmslos aus dem griechisch-römischen Kulturbereich, so dass allein schon aus diesem Grund mit einem beachtlichen Einfluss griechisch-römischen Denkens gerechnet werden muss. Es ist weder möglich, das frühe Christentum genetisch als synkretistisches Phänomen im Hellenismus zu verorten, noch lassen sich die paganen Einflüsse durch den Hinweis auf das hellenistische Judentum als zentraler oder einziger Quelle griechischer Gedanken im Neuen Testament erklären.

---

85 Vgl. Burton L. Mack, Logos und Sophia. Untersuchungen zur Weisheitstheologie im hellenistischen Judentum, SUNT 10, Göttingen 1973, 96.
86 Vgl. dazu umfassend Burton L. Mack, Logos und Sophia, 133 ff.

5 Fazit

Für die religionsgeschichtlich orientierte Exegese ergeben sich daraus für die Ebene der Theorie und der Praxis drei Postulate: 1) *Religionsgeschichtliche Offenheit*; d. h. bei jedem Text muss gesondert gefragt werden, ohne präjudizierende Großtheorien: Welche Bezüge lässt ein neutestamentlicher Autor in seinen Text, seine Sinnbildung einfließen, wie versteht er sie innerhalb seines eigenständigen theologischen Ansatzes und wie konnten die angeschriebenen (überwiegend heidenchristlichen) Gemeinden dies rezipieren? Dabei sind im Idealfall immer sämtliche Bereiche geschichtlicher Lebensäußerungen zu berücksichtigen; rechtliche, wirtschaftliche, politische, alltags- und mentalitätsgeschichtliche, frömmigkeitsgeschichtliche, lokalgeschichtliche, psychologische, soziologische, religiöse und theologische. Alle Aspekte kultureller Welten müssen abgeschritten werden, um so ein historisches Phänomen wie das frühe Christentum wirklich erfassen und verstehen zu können. 2) Das Postulat der *doppelten Traditionstiefe*. Bei fast allen zentralen Begriffen und Vorstellungen neutestamentlicher Schriften gibt es starke Hinweise auf eine (zumindest) doppelte Vorgeschichte, sowohl im jüdischen als auch im griechisch-römischen Bereich.[87] Ich plädiere also dafür, die neutestamentlichen Schriften weder exklusiv auf einem alttestamentlich-jüdischen noch einem griechisch-römischen Hintergrund zu verstehen, sondern immer im Einzelfall zu fragen. Dabei wird sich in den meisten Fällen zeigen, dass eine doppelte Traditionstiefe vorliegt, die gerade die Voraussetzung für eine erfolgreiche Rezeption in gemischten Gemeinden war. Hier ist zu betonen: Die Rezeption und Transformation griechisch-römischer Vorstellungen begann nicht erst in der Alten Kirche, sondern bereits mit Paulus und Johannes! Beide waren wie kein anderer in der Lage, jüdisches und griechisch-römisches Denken miteinander zu verbinden und schufen so

---

87 Vgl. auch Stefan Alkier, Wunder und Wirklichkeit in den Briefen des Apostels Paulus, WUNT 134, Tübingen 2001, 72: »Die Alternative, Paulusbriefe ›jüdisch‹ oder ›hellenistisch‹ zu lesen, wird vollends brüchig, wenn bedacht wird, daß Texte sich nicht nur der intertextuellen Kompetenz ihrer Verfasser und ihrer Leser, sondern einer allgemeinen, kulturbedingten enzyklopädischen Kompetenz verdanken. Jede Textherstellung und jede Textlektüre muß auf eine Enzyklopädie kulturell konventionalisierten Wissens zurückgreifen. Die kulturellen Zusammenhänge, in denen frühchristliche Texte und insbesondere die paulinischen Briefe entstanden sind, lassen sich dabei nicht in eine jüdische und eine griechisch-römische Kultur sezieren.«

ein offenes argumentatives theologisches System, an dem man denkend partizipieren konnte. Paulus und Johannes waren keine Philosophen, aber ihre Texte haben philosophisches Potential und sie sind offen für eine philosophische Interpretation. 3) Trotz oder gerade wegen der doppelten Verankerung zeigen fast alle neutestamentlichen Texte gegenüber den von ihnen aufgenommenen Traditionen ein *erkennbares und teilweise provokatives Eigenprofil*, das sich nicht einfach in den Status quo der römischen Gesellschaft integrieren ließ. Die kritische Brechung durch die Christologie und Soteriologie verhinderte eine direkte Aufnahme geläufiger religiöser Muster und ermöglichte neue und zumeist kreative eigenständige Interpretationsprozesse. Fast alle neutestamentlichen Autoren schmiedeten im Feuer der Christologie/Soteriologie eine neue Begriffswelt. Insofern ist die religionsgeschichtliche Fragestellung eine Voraussetzung der theologischen Interpretation und kann diese in keiner Weise miteinschließen oder gar an ihre Stelle treten.

III
DER GALATERBRIEF ALS DOKUMENT EINER BEGINNENDEN TRENNUNG*

1 EINFÜHRUNG

Die gegenwärtige Paulusforschung ist nach wie vor von Kontroversen geprägt, weil zentrale Fragen zur biographischen Prägung und zur theologischen Ausrichtung des Apostels ungeklärt sind: Was ist der theologische und theologie-politische Standort des Paulus? In welches übergreifende Interpretationsmodell wird der Apostel eingeordnet? Inwieweit ist er als geborener hellenistischer Jude und später als Völkerapostel über seine jüdische Prägung hinaus von griechisch-römischen Vorstellungen mitbeeinflusst? Ist der bei Damaskus berufene Völkerapostel nun als ein an Christus Glaubender ein ›Christusgläubiger‹, ›Christ‹ oder versteht er sich weiterhin als ›Jude‹? Propagiert er mit seinen Gemeindegründungen in Kleinasien und Griechenland und mit seiner Theologie eine besondere Form des Judentums, das die Völker ohne Beschneidung in das endzeitliche Heilshandeln des Gottes Israels im Christusgeschehen miteinbeziehen will? Ist alles – von Qumran bis zum Völkerapostel Paulus – Judentum? Oder müssen Differenzierungen eingeführt werden, um historische Prozesse überhaupt noch verstehen zu können? Schuf Paulus gerade mit den Gemeindegründungen und seiner an einem gekreuzigten Messias orientierten Theologie jene Form des im römischen Reich expandierenden Christusglaubens, die sich als besonders wirkungsmächtig erwies und bewusst, unbewusst oder zumindest faktisch vom Judentum wegführte?

Diese Fragen wurden in der Paulusforschung im Prinzip schon immer kontrovers diskutiert,[1] jetzt ist eine weitere ›Perspective‹ hinzuge-

---

* Zugrunde liegt ein Referat bei der SNTS-Konferenz Leuven am 29.7.2022.
1 Zur Paulusforschung vgl. Karl Heinrich Rengstorf (Hrsg.), Das Paulusbild in der neueren deutschen Forschung, Darmstadt ³1982); Hans Hübner, Paulusforschung seit 1945, ANRW 25.4, Berlin 1987, 2649–2840; Otto Merk, Paulus-Forschung 1936–

kommen: Die ›Paul within Judaism Perspective‹[2] versteht sich als eine Weiterentwicklung, man könnte auch sagen Radikalisierung der ›New Perspective‹. Während deren Vertreter in unterschiedlicher Weise zumeist weiterhin davon ausgehen, dass Paulus sich nun als ein aus Israel stammender und mit Israel verbundener Christ verstand,[3] lautet die Grundthese der ›Paul within Judaism Perspective‹, dass Paulus nie aufgehört habe, ein toraobservanter Jude zu sein. Paulus war Jude und sei es auch nach Damaskus im Vollsinn geblieben;[4] allein die Apostelgeschichte suggeriere das Bild des konvertierten Paulus. Seine polemischen Aussagen über die Tora richteten sich ausschließlich an die Völkerchristen, nicht an Juden.[5] Vor allem wende er sich gegen jene konkurrierenden Missionare, die Heiden beschneiden lassen wollten. Seine Zuwendung zu den Völkern sei somit eine bestimmte Form des Judentums im Rahmen der Pluralität von Judentümern gewesen, in keiner Weise aber eine Abwendung vom Judentum. Die Heiden sollten nicht als Proselyten, sondern als Unbeschnittene den einen wahren Gott anbeten und in das Königreich für Israel und die Völker eingehen; zumal Streit unter jüdischen Gruppen weit verbreitet und kein Zeichen für Trennungen war. Spätere Generationen hätten Paulus aus seiner bleibenden Verankerung

---

    1985, ThR 53 (1988), 1–81; Christian Strecker, Paulus aus einer neuen »Perspektive«, KuI 11 (1996), 3–18; Benjamin Schließer, Paulustheologien im Vergleich, in: Jörg Frey/Benjamin Schließer (Hrsg.), Die Theologie des Paulus in der Diskussion, BThSt 140, Neukirchen 2013, 1–79; Nicholas T. Wright, Paul and his Recent Interpreters, Minneapolis 2015 (stellt vornehmlich die neuere englischsprachige Forschung dar); Paul-Gerhard Klumbies, Theologie des Paulus, ThR 85 (2018), 93–122.

2 Wegbereiter sind Lloyd Gaston, Stanley K. Stowers und John Gager; zu diesem offenen und keineswegs einheitlichen Kreis zählen u. a.: Neil Elliott, Mark Nanos, Paula Fredriksen, Pamela Eisenbaum, Kathy Ehrensperger und Magnus Zetterholm.

3 Vgl. z. B. James D. G. Dunn, The Theology of Paul the Apostle, Grand Rapids 1998, 354: »However, the inquiry is far from complete, and we have still to examine the key-phrase in which Paul summed up what he so strongly opposed, now as a Christian: justification by works of the law«; Ed Parish Sanders, Paul. The Apostle's Life, Letters, and Thought, Minneapolis (MN) 2015, 111: »There seems to me to be no doubt that in his mission field Paul usually lived as a gentile in order to win gentiles.«

4 Vgl. Paula Fredriksen, Paul. The Pagans' Apostle, New Haven/London 2017, Preface: »In brief, so this study will argue, Paul lived his life entirely within his native Judaism.«

5 Vgl. Pamela Eisenbaum, Paul was not a Christian: The Original Message of a Misunderstood Apostle, New York 2010, 216: »Even within his own time, the audience Paul addressed was not the church universal, but specific churches.«

im Judentum gelöst, verkannten seine streng kontextuelle Argumentation und machten ihn zum Konvertiten und Kritiker des Judentums. Allgegenwärtig ist dabei die Rhetorik, dass in zwei Jahrtausenden alle anderen Paulus nicht verstanden hätten.[6] Es geht der ›Paul within Judaism Perspective‹ um nichts weniger als um eine Korrektur eines (angeblichen) Zerrbildes von Paulus und einer falschen Interpretation der Geschichte des frühen Christentums.[7] »While Paul's problem seems to have been how to include the nations in the final salvation ... , the interest changes to the salvation of the individual.«[8] Demnach ist die Kirchengeschichte – vor allem Augustin und Luther – zu einem überwiegenden Teil durch ein Missverstehen des Paulus geprägt, dem es darum ging, die Völker an den Segnungen Israels im Neuen Bund teilhaben zu lassen, sie in die jüdische Religion und Gesellschaft zu integrieren.

Damit stellt sich noch einmal in verschärfter Form die Sachfrage, was der historische und theologische Standort des Paulus ist. Um diese Frage zu beantworten, bietet sich der Galaterbrief als Zirkularschreiben an die galatischen Gemeinden (Gal 1,2) in besonderer Weise an, denn zentrale Fragen seines Selbstverständnisses, seiner Theologie und der Konzeption der neuen Bewegung der an Jesus Christus Glaubenden stehen hier in großer Dichte und einzigartiger Polemik zur Debatte.

2 Die theologie-politische Situation

Um die Argumentation des Paulus verstehen zu können, ist die Einbettung des Gal in die aktuelle theologie-politische Situation von entschei-

---

6 Vgl. z. B. Mark D. Nanos, Introduction, in: Mark D. Nanos/Magnus Zetterholm (Hrsg.), Paul within Judaism: Restoring the First-Century Context to the Apostle, Minneapolis 2015, (1–29) 4, der die antiken und modernen Paulusinterpretationen als »anachronistic discourses« bezeichnet, weil sie alle angeblich nicht die Welt des 1. Jh.s n. Chr. im Blick haben. Die Literatur- und Zitierpraxis innerhalb dieser Gruppe ist selbstreferentiell und ein Name wie Rudolf Bultmann wird in dem Band überhaupt nicht mehr erwähnt.
7 Magnus Zetterholm, Paul within Judaism: The State of the Questions, in: Mark D. Nanos/Magnus Zetterholm (Hrsg.), Paul within Judaism: Restoring the First-Century Context to the Apostle, Minneapolis 2015, (31–51) 34: »... and share the assumption that the traditional perspectives on the relation between Judaism and Christianity are incorrect and need to be replaced by a historically more accurate view.«
8 Magnus Zetterholm, Paul within Judaism (s. Anm. 7), 38.

dender Bedeutung. Paulus selbst nimmt diese Verortung vor, denn keiner seiner Briefe enthält so viele biographische Angaben und Texte zur Geschichte der neuen Bewegung wie der Gal! Dies ist kein Zufall, denn die Biographie erhält im Gal eine neue Qualität, sie wird zum theologischen Argument. Signalcharakter haben bereits Gal 1,18–20; erst im dritten Jahr nach seiner Berufung zum Apostel (= 35 n. Chr.) besucht Paulus die Jerusalemer Gemeinde.[9] Er blieb nur 15 Tage dort, um Kephas kennenzulernen; von den anderen Aposteln sah er lediglich noch den Herrenbruder Jakobus. Über die Inhalte der Jerusalemer Gespräche zwischen Petrus und Paulus ist nichts bekannt.[10] In der Art der Darstellung dieses Besuches spiegelt sich das Selbstverständnis des Paulus wider. Weil ihn Gott von Anfang an zum Völkerapostel aussonderte (Gal 1,15) und der Auferstandene selbst ihn berief Gal 1,1), bedarf er keiner Legitimation durch die Jerusalemer Autoritäten. Auch das Wirken in den Gebieten von Syrien und Kilikien (Gal 1,21) – weit weg von Jerusalem und den dortigen ersten Missionsbemühungen – betont die Unabhängigkeit und Freiheit des Apostels;[11] ebenso die Bemerkung in Gal 1,22 f., er sei den Gemeinden in Judäa von Angesicht unbekannt gewesen, die nun die Wende im Leben des einstigen Verfolgers preisen.

Alles führt argumentativ zu dem Großereignis des frühen Christentums hin, dessen Verlauf und vor allem dessen Folgen umstritten waren und mit dem auch die aktuelle Argumentation im Gal aufs engste verbunden ist, der Apostelkonvent (Gal 2,1–10).

Die anhaltenden Missionserfolge von Antiochia unter Nichtjuden vor allem auf der 1. Missionsreise (Apg 13–14) machten die Klärung einer unumgänglichen Frage notwendig: Müssen sich Glaubende aus den Völkern auch beschneiden lassen, um zum auserwählten Gottesvolk zu gehören oder anders: Muss ein Heide erst Jude werden, um Christ sein zu können? Damit verband sich die Frage nach der Identität und Anschlussfähigkeit der neuen Bewegung. Eine Möglichkeit war: Innerhalb der bisherigen jüdischen Identität zu verbleiben, sie zu erweitern/ zu reformieren und die

---

9   Nach Apg 9,26–30 kehrte Paulus unmittelbar nach seiner Flucht aus Damaskus nach Jerusalem zurück und belehrte dort die Apostel; eine Harmonisierung mit den Eigenaussagen des Apostels ist nicht möglich, selbst Martin Hengel/Anna Maria Schwemer, Paulus zwischen Damaskus und Antiochien, WUNT 108, Tübingen 1998, 214–226, gestehen hier Widersprüche ein.

10 Anders Martin Hengel/Anna Maria Schwemer, Paulus zwischen Damaskus und Antiochien (s. Anm 9), 229–236.

11 Vgl. dazu Rainer Riesner, Die Frühzeit des Apostels Paulus, WUNT 71, Tübingen 1994, 105–121.

2 Die theologie-politische Situation

Anschlussfähigkeit allein auf das Verbleiben im Judentum zu konzentrieren. Dazu bildete die zweite Möglichkeit eine Alternative: Neue, übergreifende Identitäten über das Judentum hinaus zu bilden und als eigene Bewegung neue Anschlussfähigkeiten bewusst herzustellen.

Was ist das Ergebnis des Apostelkonvents?[12] Nach der paulinischen Darstellung umfasst die Einigung auf dem Apostelkonvent zwei Punkte: 1) die Kollektenvereinbarung (Gal 2,10) und 2) die Beschneidungsfreiheit für die Christen aus den Völkern, verbunden mit einer theologisch-geographischen Aufteilung (Gal 2,9c). Auch nach lukanischer Darstellung besteht das Ergebnis des Apostelkonvents in zwei, allerdings teilweise unterschiedlichen Punkten: 1) Die Glaubenden aus den Völkern müssen sich nicht beschneiden lassen (vgl. Apg 15,7–11.19.28), aber 2) die rituellen Mindestforderungen des Apostedekrets (Apg 15,20.29; 21,25) beachten. Von einer Kollektenvereinbarung ist in Apg 15,1–35 ebenso wenig die Rede[13] wie von einer Aufteilung der Mission unter ethnographischen Aspekten.[14] Wie kam es zu einer solchen abweichenden Darstellung der Ergebnisse des Apostelkonvents? Es fiel schon immer auf, dass mit dem Apostedekret das Sachthema des in der Apostelgeschichte nicht erwähnten antiochenischen Zwischenfalls berührt wird: Welche Regeln müssen Christen aus den Völkern beachten, um den von Gott geforderten Reinheitsstatus zu erlangen und Gemeinschaft mit Judenchristen zu haben?[15] Es ist deshalb gut denkbar, dass Lukas zwei ursprünglich getrennte Probleme miteinander verwoben hat:[16] 1) die Regelung des

---

12 Zum Apostelkonvent vgl. Traugott Holtz, Die Bedeutung des Apostelkonzils für Paulus, in: ders., Geschichte und Theologie des Urchristentums, WUNT 57, Tübingen 1991, 140–170; Gerd Lüdemann, Das frühe Christentum nach den Traditionen der Apostelgeschichte, Göttingen 1987, 172–179; Wolfgang Kraus, Zwischen Jerusalem und Antiochia, SBS 179, Stuttgart 1999, 131–156; Udo Schnelle, Paulus. Leben und Denken, Berlin ²2014, 114–125.

13 Apg 24,17 zeigt, dass Lukas von der Kollekte weiß; ob er sich in Apg 11,29 f.; 12,25 auf die Kollektenvereinbarung des Apostelkonvents bezieht, lässt sich nicht klären.

14 Eine Auflistung der Gemeinsamkeiten und Unterschiede zwischen Gal 2,1–10 und Apg 15 findet sich bei Franz Mußner, Der Galaterbrief, HThK IX, Freiburg ⁴1981, 128–132; Gerd Lüdemann, Das frühe Christentum (s. Anm. 12), 177–179.

15 Zu den kultischen Minimalforderungen des ›Heiligkeitsgesetzes‹ (Lev 17–26) für die im Land lebenden ›Fremden‹ vgl. Lev 17,10–14; 18,6–18.26; zum umfassenden traditionsgeschichtlichen Hintergrund des Apostedekrets vgl. Jürgen Wehnert, Die Reinheit des »christlichen Gottesvolkes« aus Juden und Heiden, FRLANT 173, Göttingen 1997.

16 Vgl. exemplarisch die Argumentation bei Alfons Weiser, Die Apostelgeschichte, ÖTK 5.2, Gütersloh 1985, 375–377.

Apostelkonvents, wonach Christen aus den Völkern sich nicht beschneiden lassen müssen; 2) das im Kontext des antiochenischen Zwischenfalls formulierte Aposteldekret, das für den Bereich der antiochenisch/paulinischen Mission das Zusammenleben von Juden- und Heidenchristen regeln soll (vgl. Apg 15,23).

Nach Gal 2,12 weicht Petrus in Antiochia vor ›einigen des Jakobus‹ zurück.[17] Er sonderte sich damit ab, wie es in Jub 22,16 empfohlen wird: »Und auch du, mein Sohn Jakob, erinnere dich an mein Wort und bewahre die Gebote Abrahams, deines Vaters! Trenne dich von den Völkern und iß nicht mit ihnen und handle nicht nach ihrem Werk und sei nicht ihr Gefährte! Denn ihr Werk ist Unreinheit, und alle ihre Wege sind befleckt und Nichtigkeit und Abscheulichkeit« (vgl. auch Dan 1,8 ff.; Tob 1,10–12; JosAs 8; Arist 139–142; 182 f.; 4Makk 1,33–35; Tacitus, Historien V 5,5). Die Speisegebote (vgl. z. B. Dtn 14,3–21) waren zu dieser Zeit zentraler Inhalt jüdischen (und damit auch judenchristlichen) Gesetzesverständnisses,[18] allein ihre Existenz führte die Jakobusleute zu einer Ablehnung gemeinsamer Mahlzeiten. Paulus wertet das Verhalten des Petrus als theologische Inkonsequenz, weil damit faktisch die Gemeinschaft zwischen Völker- und Judenchristen aufgehoben wird. Deshalb wandeln Petrus, Barnabas und die übrigen Judenchristen nicht gemäß der Wahrheit des Evangeliums (Gal 2,14), wie schon zuvor auf dem Apostelkonvent jene falschen Brüder, die eine Beschneidung für Völkerchristen durchsetzen wollten (vgl. Gal 2,4 f.). Die an Christus glaubenden Juden sollen nicht veranlasst werden, ihre Lebensweise aufzugeben, zugleich gilt aber auch, dass Nichtjuden das ἰουδαΐζειν[19] = ›jüdische Lebensweise‹ (Gal 2,14) nicht auferlegt werden darf.[20]

Auf dieser Linie liegen auch die anderen Aussagen des Paulus zur religiösen Relevanz von Speisen, denn grundsätzlich gilt: »Alles, was auf dem Fleischmarkt verkauft wird, das esst, und prüft es nicht um des Gewissens willen. Denn die Erde ist des Herrn und was darinnen ist« (1Kor 10,25 f.; vgl. Rom 14,14: »Ich weiß und bin gewiss in dem Herrn Jesus, dass nichts unrein ist an sich selbst«).[21] Diese schöp-

---

17 Zum antiochenischen Zwischenfall vgl. neben den Kommentaren bes. Andreas Wechsler, Geschichtsbild und Apostelstreit, BZNW 62, Berlin 1991.

18 Vgl. den umfassenden Nachweis bei Christoph Heil, Die Ablehnung der Speisegebote bei Paulus, BBB 96, Weinheim 1994, 23–123 (vgl. a. a. O., 299: »Die jüdische Umwelt des Paulus setzte die kultischen Speisegebote als pars pro toto für die gesamte Tora«).

19 Vgl. dazu Dieter Sänger, Ἰουδαϊσμός – ἰουδαΐζειν – ἰουδαϊκῶς. Sprachliche und semantische Überlegungen im Blick auf Gal 1,13 f. und 2,14, ZNW 108 (2017), 150–185, der zu Recht eine rein ethnische Fassung der Begriffe ablehnt.

20 Vgl. John M. G. Barclay, Paul & the Gift, Grand Rapids 2015, 367 f.: »Paul thus frames the issue in Antioch as a clash between two regulative structures, one defined by the norms of the Jewish tradition, the other oriented to ›the truth of the good news‹.«; Esther Kobel, Paulus als interkultureller Vermittler, Paderborn 2019, 163 will hingegen die paulinische Aussage nur als »polemische Übertreibung« verstehen.

2 Die theologie-politische Situation   73

fungstheologische bzw. jesulogische Argumentation (vgl. Lk 10,7 f.) findet bei Paulus eine zweifache Begrenzung, die sich jüdischer (Distanz zum Götzenkult: 1Kor 8,7 f.; 10,21 f.27–30) und frühchristlicher Tradition verdankt (Rücksicht auf den Bruder: 1Kor 8,11–13; Röm 14,19–23). Alle anderen Götter sind zwar Götzen bzw. Nichtse (vgl. 1Kor 8,4–8; Gal 4,8b), aber um der Gefährdung des Bruders willen gilt es, Rücksicht zu nehmen. Paulus betreibt aber keine aktive Speisegebote-Politik[22]; nicht die Frage nach Reinheit oder Unreinheit von Speisen steht zur Debatte, sondern er versucht aktuelle Gemeindekonflikte zu lösen.

Sowohl der paulinische als auch der lukanische Bericht lassen erkennen, dass auf dem Apostelkonvent die unterschiedlichen Missionskonzepte nicht vereinheitlicht, sondern als jeweils legitime Ausdrucksweisen christlichen Glaubens anerkannt wurden. Der eine Gott ruft durch das Evangelium Menschen auf verschiedene Weise (mit und ohne Beschneidung) und die Glaubenden dienen in unterschiedlicher Weise dem Willen Gottes. Vor allem das ›Evangelium der Unbeschnittenheit‹ und das ›Evangelium der Beschneidung‹ (Gal 2,7) sind nicht einfach identisch, es handelt sich bei dieser singulären Gegenüberstellung nicht um das ›eine‹ paulinische Evangelium. Die Gleichrangigkeit, nicht aber die Identität beider Evangelien (der Beschneidung/der Unbeschnittenheit) wurde auf dem Apostelkonvent festgestellt![23] Für Paulus legitimierte der Apostelkonvent ohne Einschränkung die beschneidungsfreie Völkermission und seine Sonderstellung als gleichberechtigten Partner

---

21 John M. G. Barclay, Jews in the Mediterranean Diaspora. From Alexander to Trajan (323 BCE–117 CE), Edinburgh 1996, 384 f., bezeichnet Röm 14,14 zu Recht als ein »radical principle«, das andere Diaspora-Juden als »deeply corrosive to the Jewish way of life« ansehen mussten. Demgegenüber versucht Neil Elliott, The Question of Politics: Paul as a Diaspora Jew under Roman Rule, in: Mark D. Nanos/Magnus Zetterholm (Hrsg.), Paul within Judaism (s. Anm. 6), (203–243) 233, diesen Vers als »expedient or ›tactical‹« zu relativieren.

22 Vgl. Hermut Löhr, Speisenfrage und Tora im Judentum des Zweiten Tempels und im entstehenden Christentum, ZNW 94 (2003), (17–37) 25: »Die Diskussion ist deutlich in einem durch die pagane Umwelt konstituierten Problemfeld situiert; der Rekurs auf die jüdische Speisehalacha, ihre Unterscheidung reiner und unreiner Speisen, spielt keine Rolle, auch für Paulus nicht.« Anders Christina Eschner, Essen im antiken Judentum und Urchristentum, AGJU 108, Leiden 2019, die bei Paulus keine grundsätzliche Auflösung der jüdischen Speisegebote für Judenchristen sieht, wohl aber eine »bedingungslose Öffnung des Gemeinschaftsmahls für Heidenchristen durch eine Neudefinition der Kinder Gottes« (642).

23 Jürgen Wehnert, Reinheit (s. Anm. 15), 120, spricht sogar von einem »Trennungsbeschluss«.

der Jerusalemer ›Säulen‹. Diese Interpretation des Apostelkonvents war aber keineswegs unumstritten; es gab auch nach dem Apostelkonvent zumindest drei verschiedene Positionen zu der Frage der Geltung der Tora auch für Heidenchristen: 1) Beschneidungsfreiheit und damit faktische Torafreiheit mit Ausnahme des ethischen Kernbestandes (Paulus, Teile der antiochenischen Gemeinde?, Apollos?); 2) begrenzte Toraobservanz ohne Beschneidung (Apostekdekret); 3) umfassende Geltung der Tora einschließlich der Beschneidung auch für Heidenchristen (judenchristliche Gegenmissionare in Galatien und Philippi; Teile der Urgemeinde). Fazit: Der Apostelkonvent löste die Grundprobleme des frühen Christentums nicht, vor allem nicht die unterschiedlichen Konzepte des Paulus und der Jerusalemer Gemeinde. Im Gegenteil, der Konflikt schwelte weiter, er verschärfte sich und ist auch im 2Korintherbrief und dann vor allem im Galaterbrief deutlich sichtbar.[24]

Im 1Thessalonicherbrief (50/51 n. Chr.) spielt diese Auseinandersetzung noch keine Rolle. Es dominiert eine eschatologische Perspektive, wobei das Alte Testament ebenso unerwähnt bleibt wie die Tora. Das Verhältnis des Apostels zur Gemeinde ist gut, ›die Juden‹ hingegen erscheinen als Feinde Gottes und der Evangeliumsverkündigung (1Thess 2,14–16).[25] Bereits im 1Korintherbrief muss Paulus dann aber die Legitimität seines Apostolats verteidigen (vgl. 1Kor 9,1; 15,8-11). Zwei Einwände konnten gegen ihn vorgebracht werden:[26] 1) Anders als Petrus, die ›Zwölf‹ und Jakobus (vgl. 1Kor 15,5.7) kannte er den irdischen Jesus nicht und war – wie Jakobus – auch nicht sein Nachfolger und 2) er hatte die früheste Gemeinde verfolgt (vgl. 1Kor 15,9; Gal 1,13). Eine gesteigerte Agitation gegen Paulus dokumentiert der 2. Korintherbrief. Es gab

---

24 Vgl. J. Louis Martyn, Galatians, AncB 33A, New York 1997, 220–222 (betont die auf dem Konvent ungelösten Fragen).

25 Vgl. dazu Udo Schnelle, Der Paulus des 1Thessalonicherbriefes, in: Ulrich Mell/ Michael Tilly (Hrsg.), Der 1. Thessalonicherbrief und die frühe Völkermission des Paulus, WUNT 479, Tübingen 2022, 383–405.

26 Zum Apostolatsbegriff vgl. Ferdinand Hahn, Das Apostolat im Urchristentum, KuD 20 (1974), 54–77; Jürgen Roloff, Art. Apostel I, TRE 3, Berlin 1979, 430–445; Monika Lohmeyer, Der Apostelbegriff im Neuen Testament, Stuttgart 1995; Jörg Frey, Apostelbegriff, Apostelamt und Apostolizität, in: Theodor Schneider/Gunther Wenz (Hrsg.), Das kirchliche Amt in apostolischer Nachfolge I, Freiburg/Göttingen 2004, 91–188; Dietrich-Alex Koch, Die Entwicklung der Ämter in frühchristlichen Gemeinden Kleinasiens, in: Thomas Schmeller/Martin Ebner/Rudolf Hoppe (Hrsg.), Neutestamentliche Ämtermodelle im Kontext, Freiburg 2010, 166–206.

offenbar eine starke und erfolgreiche Bewegung, die die Legitimität des paulinischen Apostolats infrage stellte.[27] Die von Paulus ironisch so genannten ›Überapostel‹ (vgl. 2Kor 11,5; 12,11) beriefen sich auf ihre rhetorischen und ekstatischen Fähigkeiten und ihre besondere Qualifikation als Apostel. Paulus hingegen wurde als äußerlich schwächlich wahrgenommen (2Kor 10,10 ff.), er verweist nicht auf seine Vorzüge (vgl. 2Kor 11,22 f.) und vermag die ›Zeichen der Apostel‹ (vgl. 2Kor 12,12 f.), d. h. eine spektakuläre Selbstdarstellung und Wunder, nicht zu vollbringen. Die anderen Apostel argumentierten vor allem mit Mose und Abraham. Sie beriefen sich auf den exklusiven Bund Gottes mit Mose (vgl. Ex 34), den Paulus durch den ›neuen Bund‹ (2Kor 3,6) in der Kraft des Geistes überbieten will. Außerdem stellten sie ihre jüdische Herkunft und Identität heraus (vgl. 2Kor 11,22: »Hebräer sind sie? Ich auch! Israeliten sind sie? Ich auch! Nachkommen Abrahams sind sie? Ich auch!«) und verstanden sich als alleinige legitime Erben der Verheißungen Abrahams. Allerdings lässt sich trotz des jüdischen Profils der konkurrierenden Apostel im 2Kor nicht die Beschneidungsforderung nachweisen und die Tora wird nicht ausdrücklich erwähnt.

Dies änderte sich grundlegend mit der galatischen Krise. Der (zumindest teilweise) erfolgreiche Versuch streng judenchristlicher Fremdmissionare, die galatischen Völkerchristen (vgl. Gal 4,8–10)[28] nachträglich zu beschneiden (vgl. Gal 4,21; 5,3; 6,12 f.)[29] und zu jüdischer Kalen-derobservanz zu bewegen (vgl. Gal 4,3.9.10), führte zu einem tiefgreifenden Konflikt, den Paulus im Gal theologisch bearbeitet.

3 Die Selbstautorisierung des Paulus im Galaterbrief

Bereits das Präskript (Gal 1,1–5) weist drei Besonderheiten auf und signalisiert den Anspruch des Gal: 1) Nur in Gal 1,1 und im verwandten Römerbrief erscheint Paulus allein als Verfasser und nennt keine Mitarbeiter als Mitverfasser (so aber in 1Thess; 1.2Kor; Phil, Phlm). Der Galater-

---

27 Vgl. ausführlich Udo Schnelle, Der 2. Korintherbrief und die Mission gegen Paulus, in: Dieter Sänger (Hrsg.), Der zweite Korintherbrief (FS D.-A. Koch), FRLANT 250, Göttingen 2012, 300–322.
28 Gal 4,8 f.: »Aber damals, als ihr Gott nicht kanntet, dientet ihr (Wesen), die von Natur aus keine Götter sind. (9) Nun aber, da ihr Gott erkannt habt ...«.
29 Dieter Sänger, Plurale Konfliktlinien, in: Michael Tilly/Ulrich Mell (Hrsg.), Gegenspieler, WUNT 428, Tübingen 2019, (101–136) 113, bemerkt zutreffend: »Die in V. 12 f.

brief ist *sein* Brief; was im Folgenden entfaltet wird, ist *seine* Theologie. 2) Wie in 1.2Kor steht das paulinische Apostolat zur Debatte, dessen Ursprung, Wesen und Legitimation aber nicht mit positiven Wendungen, sondern mit zwei negativen, abgrenzenden Setzungen bestimmt wird:[30] Nicht ›von Menschen‹ und nicht ›durch einen Menschen‹ wurde er berufen, vielmehr ›durch Jesus Christus und Gott den Vater, der ihn auferweckt hat von den Toten‹. Damit installiert Paulus bereits hier eine unumkehrbare heilsgeschichtliche Linie: Gottes Handeln an Jesus Christus führt unmittelbar zu seinem Apostolat, das in keiner Weise durch menschliche Leistungen oder Entscheidungen (in Antiochia oder Jerusalem) begründet und legitimiert ist, sondern allein im Willen Gottes gründet. 3) Paulus nennt in Gal 1,2 keine einzelnen Mitarbeiter; er spricht von ›allen Brüdern mit mir‹, d. h. er ist keineswegs isoliert und ›alle Brüder‹ stehen hinter der Botschaft des Gal.

In Gal 1,6–9 folgt keine übliche Danksagung (vgl. 1Thess 1,2–10), sondern eine in Schärfe und Anspruch nicht überbietbare Legitimation des *paulinischen* Evangeliums, womit zugleich das Thema des gesamten Briefes gesetzt ist: die sachgemäße Füllung des ›Evangeliums Christi‹ (Gal 1,7). Die Galater schenkten offenbar sehr schnell einem ›anderen Evangelium‹ Glauben (Gal 1,6), wahrscheinlich dem in Gal 2,7 erwähnten ›Evangelium der Beschneidung‹. Dies entspricht aber nicht dem einen wirklichen ›Evangelium Christi‹, das von Paulus verkündet wird. So wie er nicht von Menschen berufen wurde (Gal 1,1), ist auch sein Evangelium nicht ›von menschlicher Art‹ (Gal 1,11). Selbst wenn ein himmlisches Wesen ein anderes als sein Evangelium verkündigen sollte: »der sei verflucht« (Gal 1,8.9). Die Fluchformel knüpft an die LXX an (vgl. Dtn. 7,26) und unterstreicht einen Exklusivanspruch: Wer ein von der paulinischen Fassung abweichendes Evangelium verkündet, ruft den berechtigten Zorn Gottes hervor. Damit erhebt Paulus einen einzigarti-

---

Erwähnten haben einen jüdischen Hintergrund, genauer: sie sind judenchristliche Prediger. Wären sie Juden, könnte Paulus ihnen nicht entgegenhalten, sie nötigten die Galater nur zur Beschneidung, um nicht des Kreuzes Christi wegen verfolgt zu werden.« Auch Gal 1,6 f. verweist deutlich auf militante Judenchristen, denn sie wollen das Evangelium *Jesu Christi* verkehren. Gegen Mark D. Nanos, The Irony of Galatians, Minneapolis 2002, 203–283, der von jüdischen ›influencers‹ spricht und in ihnen Vertreter der örtlichen Synagogen sehen will, die die galatischen Christusgläubigen aus den Völkern in das Judentum integrieren sollen.

30 Vgl. Martin Meiser, Der Brief des Paulus an die Galater, ThHK 9, Leipzig 2022, 44 f.

3 Die Selbstautorisierung des Paulus im Galaterbrief

gen, kanonischen Anspruch (vgl. Gal 6,16):[31] Nur sein Evangelium ist unmittelbar von Gott legitimiert und gerade nicht von Menschen beeinflusst (Gal 1,10).[32]

Auch die bereits erwähnten biographischen und chronologischen Angaben in Gal 1,10–2,14 dienen der Legitimation, denn Paulus wurde offenbar vorgeworfen, zu lügen (Gal 1,20). Sein Lebensweg hingegen demonstriert die Freiheit und Unabhängigkeit des Apostels, der allein seiner von Gott selbst festgelegten Bestimmung zu den Völkern folgt: »Als es aber Gott gefiel, der mich von meiner Mutter Schoß an ausgesondert und durch seine Gnade berufen hat, in mir seinen Sohn zu offenbaren, damit ich ihn unter den Völkern verkündige ...« (Gal 1,15 f.). Deutlich erkennbar sind die Anklänge an alttestamentliche Prophetenberufungen (vgl. Gal 1,15b mit Jer 1,5; Jes 49,1.5; Gal 1,16b mit Jes 49,6), möglicherweise greift Paulus hier sogar ein alttestamentliches Berufungsschema auf.[33] Offenbar versteht Paulus seine Einsetzung, Berufung und Beauftragung in Analogie zu den großen alttestamentlichen Propheten, wobei eine große Affinität zu Deuterojesaja besteht (vgl. Jes 49,1–6). Wie der Gottesknecht bei Deuterojesaja vom Mutterleibe an zur Evangeliumsverkündigung ausgesondert und als Licht für die Heiden eingesetzt wurde (vgl. Jes 49,1.6), sieht sich Paulus als von Gott selbst

---

31 Vgl. dazu Friedrich Wilhelm Horn, Wollte Paulus ›kanonisch‹ wirken?, in: Eve-Marie Becker/Stefan Scholz (Hrsg.), Kanon in Konstruktion und Dekonstruktion, Berlin 2011, 400–422.

32 Mark D. Nanos, The Irony of Galatians (s. Anm. 29), 71, bemerkt zu Gal 1,6–9: »Letter body: ironic rebuke and theme applied to exigence.« Nanos fasst ›irony‹ als rhetorisches Verfremdungselement auf (a. a. O., 34–61), mit dem Paulus ›seine Kinder‹ lediglich zu richtigen Einsichten führen will, ohne die Basis des Judentums zu verlassen. Damit werden die rhetorischen Elemente des Briefes zu reinen Sprachspielen und sind nicht mehr Ausdruck einer sachlichen Position, die Paulus aber zweifellos theologisch einnimmt. Eindeutig unterbewertet wird die theologisch-historische Position des Paulus auch bei Michael Rydryck, Paulus als kontroverser Mediator, in: Stefan Alkier (Hrsg.), Antagonismen in neutestamentlichen Schriften, Paderborn 2021, (75–102) 83, der Paulus postmoderne moralische Vorwürfe macht: »... er delegitimiert das Handeln seiner Konfliktpartner und nutzt Eskalationsstrategien zur Legitimation seiner eigenen Positionen und Praktiken. ... Welche Rolle spielt Paulus in diesem Konfliktraum? Sicher nicht die eines Mediators. Vielmehr agiert er als Konfliktpartei unter Anwendung problematischer Konfliktpraktiken.«

33 Vgl. Werner Stenger, Biographisches und Idealbiographisches in Gal 1,11–2,14, in: Paul-Gerhard Müller/Werner Stenger (Hrsg.), Kontinuität und Einheit (FS F. Mußner), Freiburg 1981, 123–140.

berufener Völkerapostel (vgl. auch Röm 1,1 f.). Eine höhere Legitimation ist nicht möglich!

In Gal 4,13 f.19 bringt Paulus subtil seine Autorität als Gemeindegründer ins Spiel. Die Galater nahmen den kranken und möglicherweise gezeichneten Apostel (vgl. 2Kor 12,7–10) auf und deuteten die körperliche Schwäche nicht als Defizit der Botschaft. In Gal 4,19 (»meine Kinder, um die ich abermals Geburtswehen leide, bis dass Christus in euch Gestalt gewinne«) präsentiert sich Paulus als alleiniger Vater der Gemeinde und fordert damit indirekt Gehorsam.[34]

Wie in keinem anderen Brief definiert Paulus seine unmittelbare Legitimation durch Gott so nachdrücklich wie im Gal. Es kann kein anderes Evangelium geben, als das ihm offenbarte und von ihm verkündigte.

4 Die Beschneidung im Galaterbrief

Zu dieser massiven Positionierung veranlasste ihn die aktuelle Gemeindesituation in Galatien, durch die er seine Arbeit als Völkerapostel und die Wahrheit des Evangeliums gefährdet sah. Judenchristliche Gegenmissionare drangen in die galatischen Gemeinden ein und zerstörten das gute Verhältnis zwischen Gemeinde und Apostel (vgl. Gal 5,7; 4,13–15). Um drohenden Verfolgungen durch Juden zu entgehen (vgl. Gal 6,12), forderten die Gegner[35] die Praktizierung der Beschneidung (vgl. Gal 5,3; 6,12.13; ferner 2,2; 6,15)[36] und die Beachtung kultischer Zeiten (vgl. Gal 4,3.9.10).[37] Insbesondere die Qumrantexte bezeugen die große Be-

---

34 Gal 4,19 verweist auf eine späte Abfassung des Gal (vor dem Röm), denn Paulus erhebt damit (wie im gesamten Brief) den Anspruch, alleiniger Gemeindegründer zu sein. Nimmt man hingegen eine frühe Gründung auf der 1. Missionsreise an, dann wären Barnabas und Paulus (in dieser Reihenfolge!) die Gründer (vgl. Apg 13,1–14,27).

35 Zur Terminologie: Neuerdings wird nicht mehr von ›Gegnern‹ gesprochen, sondern von ›Fremdmissionaren‹, ›konkurrierenden Missionaren‹, ›Widersachern‹, ›influencers‹, ›Konflikten‹ oder von ›Antagonismen‹. An der damit signalisierten Vorsicht ist zutreffend, dass auch Paulus tendenziell darstellt und argumentiert, so dass die Gefahr des ›mirror reading‹ besteht. Auf der anderen Seite war die Antike eine agonale Gesellschaft und der Gal enthält genügend sprachliche Signale, um weiterhin von Gegnern zu sprechen.

36 Vgl. in diesem Sinn u. a. Dieter Lührmann, Der Brief an die Galater, ZBK 7, Zürich 1978, 104–108; Hans Hübner, Art. Galaterbrief, TRE 12, Berlin 1984, (5–14) 7 f.; Hans

deutung von Kalenderfragen im antiken Judentum und den festen Zusammenhang zwischen Tora und Zeitordnung (vgl. z. B. 1QS 1,13–15; 9,26–10,8; 1QM 2,4; 10,15; CD 3,12–16; 16,2–4; 1QH 1,24; 12,4–9, ferner Jub 6,32.36.37; äthHen 72,1; 75,3 f.; 79,2; 82,4.7–10). Die Beobachtung der Elemente, Tage, Monate, Zeiten und Jahre in Gal 4,3.9.10 spricht somit für die Annahme, in den Gegnern Judenchristen zu sehen.[38] Zugleich erlaubt der komplexe Zusammenhang von Stoicheia-Dienst, Kalenderfrömmigkeit und Toraobservanz eine Präzisierung, denn speziell die Bedeutung der Elemente verweist auf einen hellenistischen Einfluss, d. h. die Gegner sind hellenistische Judenchristen. Auch die Abrahamsthematik (Gal 3; 4) spricht für diese Interpretation; die Gegner beriefen sich auf Abraham und überzeugten die Galater mit Hinweis auf Gen 17, dass sie nur als Beschnittene ›Kinder Abrahams‹ sind. Große Teile der galatischen Gemeinde akzeptierten anscheinend die Forderungen der judenchristlichen Missionare (vgl. Gal 1,6–9; 4,9.17.21; 5,4; 6,12 f.), was die scharfe Kritik auf Seiten des Apostels hervorrief. Die Konversion zum christlichen Glauben hatte für die Galater wohl eine Entwurzelung aus ihrer bisherigen Umwelt zur Folge; für sie war fraglich, wie die neue Identität des auserwählten Gottesvolkes zu definieren sei. Sie waren empfänglich für die Argumente der Gegner, von denen offenbar vier überzeugten: 1) Die Person des Abraham zeigt, dass die Zugehörigkeit zum Bund Gottes mit seinem Volk nur durch die Beschneidung vermittelt wird (vgl. Gen 17). 2) Der Glaube an den Gott Israels schließt die Zugehörigkeit zum real existierenden Volk Israel mit ein. 3) Sowohl Jesus als auch Paulus haben sich der Beschneidung unterzogen. 4) Die Zugehörigkeit zum Juden(christen)tum sichert den Beschnittenen soziale Identität und Stabilität, zumal die gerade erst entstehenden Gemeinden großem sozialen und politischen Druck von mehreren Seiten

---

Dieter Betz, Der Galaterbrief, München 1988, 43; Martinus C. de Boer, Galatians, NTL, Louisville 2011, 50–61; Martin Meiser, Gal (s. Anm. 30), 23.

37 Zum möglichen religionsgeschichtlichen Hintergrund von στοιχεῖα τοῦ κόσμου vgl. Eduard Schweizer, Die »Elemente der Welt« Gal 4,3.9; Kol 2,8.20, in: ders., Beiträge zur Theologie des Neuen Testaments, Zürich 1970, 147–163; Michael Wolter, Der Brief an die Kolosser, ÖTK 12, Gütersloh 1993, 122–124; Dietrich Rusam, Neue Belege zu den στοιχεῖα τοῦ κόσμου, ZNW 83 (1992), 119–125.

38 Vgl. den umfassenden Nachweis bei Dieter Lührmann, Tage, Monate, Jahreszeiten, Jahre (Gal 4,10), in: Rainer Albertz u. a. (Hrsg.), Werden und Wirken des Alten Testaments (FS C. Westermann), Göttingen 1980, 428–445.

ausgesetzt waren. Trotz der Attraktivität dieser Argumente hofft Paulus, die Gemeinde durch seine Beweisführung wieder zurückzugewinnen (vgl. Gal 3,4; 4,11 f.19 f.). Die Aufbewahrung und Weitergabe des Galaterbriefes zeigen, dass diese Hoffnung nicht unbegründet war.

Gal 2,3 f. zeigt, dass es innerhalb des Judenchristentums einflussreiche Gruppen gab, die programmatisch für die Beschneidung von Völkerchristen eintraten. Ihr Auftreten auf dem Apostelkonvent signalisiert einen über Palästina/Syrien hinausgehenden Anspruch. Auch wenn direkte literarische Zeugnisse fehlen, wird man von einer wie auch immer gearteten Verbindung zwischen den Jerusalemer Autoritäten und den Paulusgegnern in Galatien ausgehen müssen. Es ist kaum vorstellbar, dass die Aktionen der Gegner ohne Kenntnis und Billigung der Jerusalemer Gemeinde stattfinden konnten. Sie geriet durch die Erfolge der beschneidungsfreien und damit aus jüdischer Sicht faktisch torafreien Völkermission sowohl theologisch als auch politisch immer mehr unter Druck. Theologisch musste sie begründen, weshalb sich die Christusgläubigen auf der einen Seite noch als Teil des Judentums betrachteten, andererseits ein expandierender Flügel der neuen Bewegung auf die Beschneidung von Heiden verzichtete und den Gedanken des wahren Gottesvolkes exklusiv auf sich bezog. Politisch zeigen die Aktionen Agrippa I. (Apg 12,1-4) und das Claudius-Edikt, dass dem Judentum daran gelegen sein musste, die neue Bewegung von der Synagoge fernzuhalten und als eigenständig erscheinen zu lassen. Wahrscheinlich versuchte die Urgemeinde dieser gefährlichen Entwicklung durch eine Verstärkung bzw. Reaktivierung jüdischen Selbstverständnisses zu entgegnen. Dies schloss Modifikationen ihrer bisherigen Haltung zu den Beschlüssen des Apostelkonvents ein. Zumindest billigte sie deshalb das Wirken judenchristlicher Missionare (aus Palästina) innerhalb des paulinischen Missionsgebietes, die in der beschneidungsfreien Völkermission des Paulus einen eklatanten Verstoß gegen den in der Tora geoffenbarten Heilswillen Gottes sahen. Ihre Aktionen müssen im Rahmen einer der paulinischen Mission nachfolgenden Bewegung gesehen werden.

Bei der Beschneidung handelte es sich keineswegs um ein Adiaphoron,[39] denn sie war die Präambel und das Eingangstor zum Gesetz (vgl.

---

39 Einen vollgültigen Übertritt zum Judentum ohne Beschneidung hat es wahrscheinlich nie gegeben; vgl. die Analyse der Texte bei Wolfgang Kraus, Das Volk Gottes, WUNT 85, Tübingen 1996, 96–107.

Philo, De Specialibus Legibus I 1 ff.), das Zeichen des ewigen Bundes mit Abraham und mit ganz Israel (Gen 17,7.13). Wer die Beschneidung unterlässt,[40] bricht den Bund und muss ausgeschlossen werden (Gen 17,14). Zudem dokumentierte die Beschneidung Israels Sonderstellung unter den Völkern, sicherte seine Identität (vgl. Jub 15,25–34) und trennte es zugleich von allen Völkern (vgl. Josephus, Antiquitates 1,192; Tacitus, Historien V. 5,2). Wurde man aus jüdischer Perspektive nur durch Beschneidung und rituelles Tauchbad zum Proselyten und damit zum Glied des erwählten Gottesvolkes, so lag für Christusgläubige aus dem Judentum die Folgerung nahe, dass nur Taufe auf den Namen Jesu Christi *und* Beschneidung den neuen Heilsstatus vermittelten. Damit wäre allerdings die Völkermission unmöglich und Gottes universales Handeln in Jesus Christus nicht umgesetzt. Erschwert wurde die Lösung dieser Probleme durch den Umstand, dass in der Tora keine eindeutigen Aussagen für das Zusammenleben von Juden und Nichtjuden außerhalb Israels zu finden sind. Die jungen Gemeinden aus Juden- und Völkerchristen waren eine Größe *sui generis*, die Tora sah eine solche

---

40 Immer wieder wird die Erzählung des Übertritts des Izates von Adiabene zum Judentum (Josephus, Antiquitates 20,17–53) als Beleg für eine vollwertige Zugehörigkeit zum Gottesvolk ohne Beschneidung gewertet; so wieder Mark D. Nanos, The Question of Conceptualization: Qualifying Paul's Position on Circumcision in Dialogue with Josephus's Advisors to King Izates, in: Mark D. Nanos/Magnus Zetterholm, Paul within Judaism, Minneapolis 2015, (105–143) 136: »As we saw in the Izates narrative, Josephus describes a way of living according to the customs of the Jews, which a non-Jew can also practice, but he differentiates that from ethnic transformation whereby a male non-Jew becomes a Jew through circumcision.« Die Lehr-Erzählung des Josephus zielt freilich genau auf das Gegenteil, denn am Ende lässt Izates sich beschneiden (Antiquitates 20,46), weil er sich überzeugen ließ, dass man erst dadurch Jude wird. Viele männliche Sympathisanten des Judentums schreckten vor diesem letzten Schritt zurück, Izates dagegen war dazu von Anfang an bereit und wurde nur durch falsche Informationen über das Judentum davon abgehalten (Antiquitates 20,41: er »könne Gott auch ohne Beschneidung verehren, wenn er nur die gottesdienstlichen Gebräuche der Juden befolgen wolle, die viel wichtiger als die Beschneidung seien«). Jetzt aber lässt er sich beschneiden und wird so zum Vorbild für all jene, die noch zögern. Philo, Migr 89–93, steht den ›Allegoristen‹ zwar sachlich nahe, kritisiert aber dennoch ihre Vernachlässigung der wortwörtlichen Befolgung der Gesetze: »Auch weil die Beschneidung darauf hinweist, dass wir alle Lust und Begierde aus uns ›herausschneiden‹ sollen und gottlosen Wahn entfernen müssen, als ob der Nus aus sich heraus Eigenes zu zeugen verstände, dürfen wir nicht das über sie gegebene Gesetz aufheben« (Migr 92).

Situation nicht vor. Als Weisung für Israel galt die Tora nicht für Nichtjuden (vgl. Ex 34,10–17; Lev 20,2–7); an keiner Stelle fordert sie die Beschneidung oder die Einhaltung des Sabbats von Nichtjuden, zumal die Götter anderer Völker als von Jahwe eingesetzt akzeptiert werden (vgl. Dtn 4,19).

Damit ergab sich für Paulus eine völlig neue Situation. Die Vereinbarungen des Apostelkonvents schienen für die judenchristlichen Gegner nicht zu gelten, auch Völkerchristen sollten sich umfassend den Bestimmungen der Tora unterwerfen. Damit stellten die judenchristlichen Missionare das gesamte bisherige paulinische Missionswerk infrage. Die vom Apostel inaugurierte weltweite Mission im Horizont des kommenden Christus wäre unter dem Vorzeichen der Beschneidung von Völkerchristen unmöglich. Die beschneidungsfreie Völkermission betrieb Paulus aber nicht primär aus missionsstrategischen Gründen, sondern sie war Ausdruck einer theologischen Grundposition: Gott rettet auch die Heiden durch den Glauben an Jesus Christus. Die Beschneidung ist kein unabdingbarer Bestandteil der Selbstdefinition der neuen Bewegung.

Letztlich geht es in der Auseinandersetzung zwischen Paulus und seinen judenchristlichen Gegnern um die sachgemäße Erfassung der Heilstat in Jesus Christus. Gilt sie wirklich vorbehaltlos allen Menschen oder ist sie an bestimmte Vorbedingungen gebunden? In diesem Kontext sind die Aussagen des Apostels über Gesetz und Rechtfertigung im Gal zu lesen; es geht um einen *theologischen* Konflikt![41]

5 Gesetz und Gerechtigkeit im Galaterbrief

Auffallend ist zunächst der Sprachgebrauch, denn νόμος erscheint im Gal fast ausschließlich negativ (Gal 2,16.19; 3,12.13.18.19 f.23; 4,5.21; 5,4.18; sprachlich angezeigt durch οὐ, οὐκ, die Herkunfts- (ἐκ) und Versklavungsmetaphorik (ὑπό) sowie durch Antithesen (Gerechtigkeit – Nomos; Geist – Nomos; Charis – Nomos). Ein positiver Gebrauch liegt lediglich in Gal 5,14; 6,2 vor; in Gal 3,17.21; 4,4; 5,3 kann man von einer neutralen Verwendung sprechen. Auch die Wendung ›Werke des Gesetzes‹ (ἔργα νόμου) wird in Gal 2,16; 3,2.5.10 negativ verwendet. Faktisch füh-

---

41 Vgl. auch Jörg Frey, Galaterbrief, in: Oda Wischmeyer/Eve-Marie Becker (Hrsg.), Paulus, Tübingen ³2021, (369–396) 388.

ren die ἔργα νόμου unter der Perspektive des Torafluches immer in den Bereich der Sünde, weil niemand das in der Tora Geschriebene (Gal 3,10b) wirklich befolgt. Die Ebene des menschlichen Tuns (vgl. ποιεῖν in Gal 3,10.12!) ist für die paulinische Argumentation konstitutiv, denn erst sie ermöglicht den Angriff der Sünde. Deshalb können die ἔργα auch nicht von der Tora getrennt werden, als ob Paulus lediglich eine bestimmte Art von Toragehorsam kritisieren würde.[42] Es geht Paulus nicht nur um einzelne Vorschriften (der Tora), sondern um die Gesamtausrichtung menschlicher Existenz, wie die sinngebenden Präpositionen ἐκ und διά, der unmittelbare Kontext von Gal 2,16 und das gesamte Argumentationsgefälle des Briefes zeigen. In dem von Paulus kritisierten Identitätskonzept wird das Verhältnis zu Gott »aus« einem mit Privilegien verbundenen Tun realisiert, während er selbst für ein Konzept votiert, das die Vermittlung des Gottesverhältnisses »durch« den Glauben Jesus Christus bzw. Gott selbst überlässt.

Das theologische Programm des Gal wird ziemlich unvermittelt und thetisch erstmals in Gal 2,16 formuliert. Paulus rekapituliert in V. 15 den traditionellen jüdischen bzw. judenchristlichen Standpunkt, um von der Negativwertung der Heiden auf die Hauptaussage in V. 16 – ἡμεῖς aus V. 15 durch καὶ ἡμεῖς aufnehmend – zuzusteuern. Die hamartiologische Differenzierung zwischen Juden und Heiden gilt nun als aufgehoben, insofern im Lichte der Rechtfertigung in Christus das Nicht-Sünder-Sein der ehemaligen Juden gegenüber den ehemaligen Heiden nicht mehr existiert. Es gilt: »Wir wissen, dass ein Mensch aus Werken des Gesetzes nicht gerechtfertigt wird, sondern durch den Glauben an Jesus Christus; auch wir sind zum Glauben an Christus Jesus gekommen, damit wir gerechtfertigt werden aus dem Glauben an Christus und nicht aus Werken des Gesetzes; weil aus Werken des Gesetzes kein Fleisch gerechtfertigt wird.« (Gal 2,16) Paulus geht mit Gal 2,16 einen entscheidenden Schritt über die Vereinbarung des Apostelkonvents und

---

[42] So aber z. B. Christoph Burchard, Nicht aus Werken des Gesetzes gerecht, sondern aus Glauben an Jesus Christus – seit wann, in: ders., Studien zur Theologie, Sprache und Umwelt des Neuen Testaments, WUNT 107, Tübingen 1998, (230–240) 236; vgl. dagegen Ulrich Luz, Paul's Gospel of Justification in Construction and Development, in: J. M. Gavaldà Ribot u. a. (Hrsg.), Pau, Fructuós I el cristianisme primitiu a Tarragona, Tarragona 2010, (27–43) 33: »Paul speaks generally about ὁ νομός in the following text 2,19–5,18. He never makes clear that he means only specific boundary-marking laws.«

den Streitpunkt des antiochenischen Zwischenfalls hinaus. Hatte er dort noch das Miteinander von Christusglauben und Toratreue für Judenchristen anerkannt, so behauptet er nun, dass niemand aus Werken des Gesetzes/der Tora vor Gott gerechtfertigt werden kann. Damit sind die Juden ihres Erwählungsvorteils enthoben, gibt es keine Möglichkeit des Gerechtseins vor Gott jenseits des Glaubens an Jesus Christus. Juden- und Völkerchristen befinden sich somit in der gleichen hamartiologischen und soteriologischen Situation. Die in Gal 2,1–10.11–15 virulente heilsgeschichtliche Differenzierung zwischen Juden(christen) und Völker(christen) wird in Gal 2,16 zugleich durch eine Individualisierung (ἄνθρωπος) und eine Universalisierung (πᾶσα σάρξ) entschränkt, Paulus eröffnet eine neue Argumentationsebene. Soteriologie, Nomologie und Hamartiologie werden in ein Koordinatensystem eingeführt, dessen Sachebene die Anthropologie und dessen Basis die Christologie ist. Am Kreuz hat Christus den Fluch des Gesetzes auf sich genommen und die Glaubenden von diesem Fluch losgekauft (Gal 3,13). Nach Dtn 21,23LXX steht der ›am Holz Aufgehängte‹ unter dem Fluch Gottes; in 11QTa 64,15–20 wird dieser Fluch auch auf die durch eine Kreuzigung Hingerichteten übertragen.[43] In Gal 3,13 nimmt Paulus diese Tradition auf und bestimmt sie in bewusst provozierender Weise neu: Das Kreuz wird vom Unheils- zum Heilsort und der Fluch richtet sich letztlich gegen das Gesetz selbst.

Die sich nun unabwendbar aufdrängende Frage nach der Funktion der Tora beantwortet Paulus erstmals in Gal 3,19. Der Pharisäer Paulus lebte mit der jüdischen Grundüberzeugung, dass die Tora von Gott gegeben wurde (vgl. z. B. Sir 45,5). Diese klare Position vertritt er hier nicht, sondern er behauptet in einer sprachlich wie gedanklich sehr komplexen und gewundenen Argumentation, die Tora sei lediglich um

---

43 Vgl. 11QTa 64,19 f.: »Verfluchte(r) Gottes und der Menschen ist einer, der auf dem Holze hängt; und du sollst nicht den Erdboden verunreinigen, den ich dir als Erbbesitz gebe.« (Übersetzung nach Annette Steudel, Die Texte aus Qumran II, Darmstadt 2001, 147) Zweifellos waren aus jüdischer Perspektive nicht alle Gekreuzigten zugleich von Gott Verfluchte (so mit Recht Gerhard Friedrich, Die Verkündigung des Todes Jesu im Neuen Testament, BThSt 6, Neukirchen 1982, 122–130), denn auch jüdische Märtyrer wurden gekreuzigt (vgl. z. B. Philo, Flacc 72.83–85). Allerdings dürfte die Vorstellung eines gekreuzigten Messias außerhalb der Perspektive des Judentums gelegen haben, wie noch der Dialog Justins mit Tryphon belegt (Justin, Dial 90,1).

der Übertretungen willen hinzugefügt worden.⁴⁴ Der Tora komme keine positive Offenbarungsfunktion zu, sie gehöre in den Bereich der Übertretungen, um sie aufzudecken oder zu provozieren.⁴⁵ Sie sei ja auch nur von Engeln⁴⁶ angeordnet worden (Gal 3,19b)⁴⁷ und durch den Mittler Mose⁴⁸ zu den Menschen gelangt (Gal 3,20). Paulus will Gott offenbar aus dem Vorgang der Toragebung heraushalten,⁴⁹ denn nur so ist die Differenzierung in V. 20 zu verstehen, wonach Mose eine Vielzahl (= die Engel) und nicht Gott vertritt. V. 20b ist die Antithese zu V. 20a, sprachlich markiert durch ... οὐκ ἔστιν, ὁ δέ .... Mose ist hier nicht der Diener des einen Gottes, sondern der vielen Engel. Die Engel sind eben

---

44 Eine vergleichbare Argumentation findet sich bei Seneca, Ep 90,5–14: Nach dem Ende des Goldenen Zeitalters mussten Gesetze eingeführt werden, um den Verfall einzudämmen.

45 Χάριν (»um – willen«) ist wahrscheinlich final zu übersetzen, vgl. Hans Hübner, Das Gesetz bei Paulus, FRLANT 119, Göttingen 1978, 27; Ed Parish Sanders, Paulus. Eine Einführung, Stuttgart 1995, 120. Auf jeden Fall gehört das Gesetz für Paulus an dieser Stelle einem defizitären Bereich an.

46 Διά (»durch«) mit Genitiv kann den Urheber einer Sache bezeichnen (vgl. Gal 1,1); Belege bietet Albrecht Oepke, ThWNT II, Stuttgart 1935, 66 f. Natürlich werden weder die Engel noch die Tora ausdrücklich als minderwertig bezeichnet, aber genau dies ergibt sich aus der auffälligen Struktur der paulinischen Argumentation.

47 Vgl. dazu Dtn 33,2LXX; Josephus, Ant XV 136; Jub 1,29; TestDan 6,2 u. a.; rabbinische Belege bietet Billerbeck III 554 ff. J. Louis Martyn, Galatians (s. Anm. 24), 354–356. 364 f., weist darauf hin, dass in der Septuaginta nie διατάσσειν mit νόμος verbunden wird. Paulus zeigt somit auch semantisch den besonderen Ursprung des Gesetzes an, faktisch wertet er die ursprünglich positive Tradition von den Engeln als Überbringer der Tora negativ!

48 Vgl. bes. Lev 26,46 LXX, ferner Albrecht Oepke, ThWNT IV, Stuttgart 1942, 602–629.

49 De facto bestreitet Paulus in Gal 3,19 den unmittelbaren göttlichen Ursprung der Tora, denn nur unter dieser Voraussetzung ist die Differenzierung in V. 20 sinnvoll (vgl. Albert Schweitzer, Die Mystik des Apostels Paulus, Tübingen ²1954, 71; Albrecht Oepke, Der Brief des Paulus an die Galater, ThHK 9, Berlin ³1973, 116; Ulrich Luz, Das Geschichtsverständnis des Paulus, BEvTh 49, München 1968, 190; Hans Hübner, Gesetz bei Paulus (s. Anm. 45), 28; Heikki Räisänen, Paul and the Law, Tübingen ²1987, 130 f.; Ed Parish Sanders, Paul, the Law and the Jewish People, Minneapolis 1983, 68; J. Louis Martyn, Galatians (s. Anm. 24), 357. Die Gegenposition vertreten z. B. Eckhard J. Schnabel, Law and Wisdom from Ben Sira to Paul, Tübingen 1985, 271 ff.; Peter Stuhlmacher, Biblische Theologie I, Göttingen 1992, 265; James D. G. Dunn, Theology of Paul (s. Anm. 3), 139 f., die sich durchgängig auf die positiven Engeltraditionen im antiken Judentum berufen, um den uneingeschränkten göttlichen Ursprung der Tora auch hier sehen zu können.

nicht nur Träger bzw. Überbringer des Gesetzes, sie werden vielmehr als dämonische Mächte (vgl. Gal 1,8!) zu Urhebern der Tora gemacht, um so ihre Inferiorität zu erweisen und zu erklären, wodurch ihre ursprünglich gute Intention verkehrt wurde.[50] Eine Parallele bietet Gal 3,22, denn für das dort ausgesprochene Faktizitätsurteil ist ebenfalls nicht Gott, sondern ›die Schrift‹ verantwortlich (»Aber die Schrift hat alles unter die Sünde eingeschlossen«). Dieser Halbvers ist die sachliche Voraussetzung der gesamten Argumentation im Gal, denn er bestimmt die (negative) anthropologische und soteriologische Grundsituation des Menschen. Das Subjekt des Geschehens ist die ›Schrift‹, die Sünde lediglich ihr Instrument und Gott wird nicht erwähnt. Die Tora bleibt unter dem Aspekt der Lebensverheißung hinter ihren eigenen Verheißungen zurück, die Stärke der Sünde offenbart auch eine Schwäche der Tora.

Auch die Form der Bekanntmachung erweist die Tora als sekundäre Größe gegenüber der Verheißung. Sie wurde Abraham direkt von Gott geschenkt (Gal 3,18), der demgegenüber bei der Tora durch die Engel nur mittelbar am Werk war.[51] Paulus nimmt klare semantische Differenzierungen vor:[52] Während Gott mit Abraham direkt verkehrt, mit ihm »spricht« (Gal 3,16; vgl. zuvor 3.6.8), wird die Tora »hinzugefügt« und von Engeln »angeordnet« (Gal 3,19). Die Verheißungen an Abraham werden direkt von Gott bestätigt (Gal 3,17a: ὑπὸ τοῦ θεοῦ), die Tora hingegen ist erst 430 Jahre später »geworden« (Gal 3,17b: γεγονώς). Das Argumentationsziel ist offenkundig: Die Verheißungen an Abraham und seine wahren Nachfahren gehen unmittelbar auf Gott zurück, das Gesetz/die Tora hingegen ist lediglich hinzugekommen. Schließlich bestätigt ein Vergleich mit Gal 1,8.11 ff. die polemische Stoßrichtung der Argumenta-

---

50 Vgl. die dreifache Unterscheidung (Intention Gottes, immanente Intention des Gesetzes, Intention der Gesetzgeber) bei Hans Hübner, Das Gesetz bei Paulus (s. Anm. 45), 31 f.

51 Mit dieser Differenzierung wendet sich Paulus gegen eine Fundamentalüberzeugung des antiken Judentums; vgl. nur Avot 1,1 f.: »Mose empfing das Gesetz vom Sinai und überlieferte es dem Josua, Josua den Ältesten und die Ältesten den Propheten, und die Propheten überlieferten es den Männern der Großen Synagoge. Diese sagten dreierlei: Seid vorsichtig beim Richten! Stellt viele Schüler heraus! Macht einen Zaun um das Gesetz! Simeon der Gerechte gehörte zu den Überresten der Großen Synagoge. Er pflegte zu sagen: Auf drei Säulen ruht die Welt: auf dem Gesetz, auf dem Gottesdienst und auf der Liebestätigkeit.«

52 Vgl. J. Louis Martyn, Galatians (s. Anm. 24), 364 f.

tion: Das Evangelium wurde Paulus ohne jegliche Vermittlung unmittelbar von Gott geoffenbart, weder ein Apostel noch Engel dürfen es ändern.

Neben der Provozierung von Übertretungen kommt der Tora eine zweite Hauptfunktion zu: Sie versklavt den Menschen. Vor der Christusoffenbarung gab es für den Menschen nur ein Sein unter dem Gesetz/der Tora und den Mächten. Allein Christus hat die Menschen von dieser Versklavung befreit, der Status der Knechtschaft (ὑπὸ ἁμαρτίαν: 3,22; ὑπὸ νόμον: 3,23; 4,21; 5,18; ὑπὸ παιδαγωγόν: 3,25; ὑπὸ κατάραν: 3,10; ὑπὸ ἐπιτρόπους ... οἰκονόμους; ὑπὸ τὰ στοιχεῖα: 4,3) wurde von ihm in den Status der Partizipation (πνεῦμα; ἐν Χριστῷ) und Freiheit (Gal 5,1.13) überführt. Die Getauften und Glaubenden sehen sich als πνευματικοί (Gal 6,1) der Macht der Sünde, aber auch allen religiösen, ethnischen und ökonomischen Unterschieden enthoben; die Gemeinde ist eins in Christus Jesus (Gal 3,26–28).

Wie sind die beiden einzigen deutlich positiven νόμος-Belege zu bewerten? Unter Rückgriff auf Lev 19,18 konstatiert Paulus in Gal 5,14: »Denn das ganze Gesetz (ὁ γὰρ πᾶς νόμος) wird in dem einen Satz erfüllt, in dem ›Liebe deinen Nächsten wie dich selbst‹.« Paulus konzentriert das ganze Gesetz/die Tora auf das Liebesgebot, was inhaltlich einer radikalen Reduktion und gerade dadurch einer bewussten Abrogation der mosaischen Tora gleichkommt.[53] Nun wird mit νόμος bezeichnet, was die πνευματικοί in ihrem neuen Status als Gerechtfertigte ohnehin auszeichnet: die Liebe (vgl. Gal 5,22). In der Liebe hat sich längst ereignet, was das Gesetz/die Tora fordert. In Gal 6,2 spielt Paulus mit dem Begriff νόμος: »Tragt gegenseitig die Lasten, und so werdet ihr das Gesetz Christi erfüllen«. Hier verwendet Paulus νόμος bewusst im Sinn von ›Anordnung‹, ›Norm‹.[54] Für diese Interpretation sprechen vor allem die hellenistischen Parallelen, die Gal 6,2 in den Kontext antiker Freundschaftsethik stellen.[55] Νόμος wird gänzlich durch Χριστοῦ determiniert (*genitivus*

---

53 Vgl. Hans Hübner, Das Gesetz bei Paulus (s. Anm. 45), 37 ff.

54 Gegen Ferdinand Hahn, Das Gesetzesverständnis im Römer- und Galaterbrief, ZNW 67 (1976), 29–63, 57 Anm. 89, der für Gal 6,2 wie auch für Röm 3,27; 8,2 die Bedeutung ›Regel, Grundsatz‹ oder ›Norm‹ ausschließt, denn nach seinem Verständnis ist das Gesetz durch Christus seiner wahren Bestimmung zugeführt worden. Michael Wolter, Paulus, Neukirchen 2011, 374 f., versteht Gal 6,2 als neue, eigene Identitätsbeschreibung, die davon befreit, sich fremden Gesetzen zu unterwerfen, zugleich aber keineswegs Gesetzlosigkeit bedeutet.

55 Vgl. Xenophon, Memorabilia II 7,1, wo Sokrates zu seinem missmutigen Freund Aristarch sagt: »Du solltest aber von deiner Last etwas deinen Freunden abgeben. Denn vielleicht könnten auch wir dir irgendwie Erleichterung verschaffen.« Menander, Sententiae 534: »Sieh die Lasten der Freunde alle als gemeinsam (zu tragende) an.«

auctoris), erhält von dort seine Bestimmung. Auch der unmittelbare Kontext verdeutlicht,[56] dass Paulus νόμος Χριστοῦ in einem ethischen Sinn versteht; wer sich ganz vom Geist leiten lässt und sich am Maßstab der Liebe orientiert, erfüllt den Willen Christi. Paulus signalisiert damit den Galatern auch, dass er trotz seiner scharfen Torakritik nicht ohne Gesetz ist, denn er weiß sich der Norm Christi verpflichtet.

Insgesamt sind die Aussagen des Paulus über das Gesetz und die Gerechtigkeit im Gal sowohl für einen Juden als auch für einen konservativen Judenchristen völlig unannehmbar,[57] für die Christen aus den Völkern nur schwer verstehbar: Paulus trennt faktisch die Tora von Gott und bestreitet die erwählungsgeschichtliche Vorrangstellung Israels (vgl. Gal 3,19–22; 4,21–31). Dabei führt er besonders in Gal 3,10–22; 4,21–31 einen christologischen Gesetzes-Diskurs, der sich in seiner kaum zu übertreffenden Komplexität an die beschneidungswilligen Galater, aber sicherlich auch an die streng judenchristlichen Gegner wendet, denen er theologisch den Boden entziehen will. Die Demontage der Tora, die erwählungsgeschichtliche Destruktion Israels und die Bestimmung der Gerechtigkeit als exklusive Glaubensgabe sind so scharf und umfassend, dass sie theologisch wenig Raum für Verständigung lassen.[58] Schon gar nicht argumentiert Paulus von einem innerjüdischen Standpunkt her,[59] denn dafür gibt es keine einzige Parallele! Paulus verlässt mit dem Galaterbrief die Grundlagen der jüdischen Überlieferung.

---

56 Vgl. Michael Winger, The Law of Christ, NTS 46 (2000), 537–546.
57 Jens Schröter, Was Paul a Jew within Judaism? The Apostle to the Gentiles and His Communities in their Historical Context, in: Jens Schröter u. a. (Hrsg.), Jews and Christians – Parting Ways in the first two Centuries CE?, BZNW 253, Berlin 2021, (89–119) 105, versucht diese Bruchlinie zu minimieren, indem er unter Bezug auf 1Kor 9,20 f. behauptet: »The law is not abolished but has to be redefined on the basis of God's revelation in Christ.« Es ist keine Re-Definition, sondern eine inhaltliche Neubestimmung, die für Juden und militante Judenchristen unannehmbar war.
58 Einen möglicherweise weiterführenden Vorschlag zum Verständnis der disparaten Aussagen zum Gesetz im Gal legt Martinus C. de Boer, Galatians (s. Anm. 36), 343–350.378–381, vor, wonach Paulus unterscheidet »between the law as legal code and the law as divine promise as attested in Scripture. For Paul, these are two different laws« (a. a. O., 380 f.). Gal 5,14; 6,2 wären dann als ›law as divine promise‹, alle anderen Texte als ›law as legal code‹ zu verstehen. Die Probleme von Gal 3,19 f. sind damit allerdings nicht gelöst, denn hier wird das Gesetz insgesamt von Gott getrennt.
59 Dagegen behauptet Mark D. Nanos, The Irony of Galatians (s. Anm. 29), 7, ohne exegetische Begründung zu den galatischen Auseinandersetzungen: »Rather, they are the result of *intra-* and *inter-*Jewish communal disputes regarding the legitimacy of

6 Der Geist im Galaterbrief

Der Glaube und die Gerechtigkeit erwachsen nicht aus einer rituell und heilsgeschichtlich begründeten privilegierten Volkszugehörigkeit, sondern es gilt: »Wir erwarten nämlich im Geist aus Glauben die Hoffnung der Gerechtigkeit.« (Gal 5,5) Die neue Realität des Geistwirkens[60] führt Paulus in Gal 3,1–5 mit rhetorischen Fragen und einer markanten Antithese ein: Aus der Verkündigung *des Glaubens an den gekreuzigten Christus* und nicht aus Gesetzeswerken haben die Galater den Geist empfangen. An diese Erfahrung appelliert Paulus, um den Galatern die Widersinnigkeit (ἀνόητος V. 1.3) ihres Tuns vor Augen zu stellen. Im Geist sind sie bereits Söhne Gottes und somit die wahren Erben (Gal 3,26; 4,6 f.); in der Taufe hat sich der grundlegende Statuswechsel bereits vollzogen, was Paulus mit der Tauftradition Gal 3,26–28 illustriert.[61] Sie definiert das neue Sein der Getauften vor Gott; das unmittelbare, geistgewirkte und in der Taufe zugeeignete neue Gottesverhältnis begründet den neuen Status der Glaubenden: »Denn alle seid ihr [durch den Glauben] Söhne Gottes (υἱοὶ θεοῦ) in Christus Jesus« (V. 26). In der Taufe konstituiert sich das neue Sein in Christus (εἶναι ἐν Χριστῷ). Ἐν Χριστῷ Ἰησοῦ bezeichnet den Raum, in dem sich die Sohnschaft realisiert, es benennt prägnant die in der Taufe geschenkte seinshafte Beziehung zwischen Christus und dem Getauften. Auch in V. 27 dominieren räumliche Aspekte, der Täufling zieht Christus wie ein Kleid an: »Denn alle, die ihr auf Christus getauft wurdet, habt Christus angezogen.« Die Gewandmetaphorik veranschaulicht die Initiationserfahrung der Getauften; sie sind gänzlich umschlossen von Christus und gerade dadurch in Christus. Gal 3,28 beschreibt die Taufe in ihren heilsgeschichtlichen und politisch-sozialen Wirkungen: »Da gibt es nicht Jude oder Grieche, nicht Sklave oder Freier, nicht männlich und weiblich, denn alle seid ihr einer in Christus Jesus.« Dabei handelt es sich auch im

---

this status claim predicated upon the meaning of Jesus Christ for these Gentiles, a claim that appeals to the dawning of the awaited age to come in the midst of the present age.«

60 Zum Pneuma im Gal vgl. Friedrich Wilhelm Horn, Das Angeld des Geistes, FRLANT 154, Göttingen 1992, 346–374

61 Zur Analyse des Textes vgl. Udo Schnelle, Gerechtigkeit und Christusgegenwart, GTA 24, Göttingen ²1986, 57–62; Christian Strecker, Die liminale Theologie des Paulus, FRLANT 185, Göttingen 1999, 351–359.

Galaterbrief keineswegs nur um Vorstellungen oder Ideen, sondern der Geist besitzt Materialität und Körperlichkeit; er ist eine supranaturale Kraft.[62] Die durch die Taufe gewährte Statusveränderung schließt eine Transformation der realen Sozialbeziehungen mit ein, die sich in der Kraft der Liebe vollzieht.

Die Liebe als zentrale inhaltliche Bestimmung der durch Christus erworbenen Freiheit verpflichtet die Galater zu einem Wandel, der sich nicht mehr am Fleisch, sondern am Geist orientiert.[63] Es gibt nur ein Leben ›nach Maßgabe des Fleisches‹ oder ›nach Maßgabe des Geistes‹ (Gal 5,16f.). Klassisch formuliert Paulus die ethische Dimension der neuen Wirklichkeit des Getauften in Gal 5,25: εἰ ζῶμεν πνεύματι, πνεύματι καὶ στοιχῶμεν (»wenn wir im Geist leben, lasst uns auch im Einklang mit dem Geist sein«). Der Geist ist somit Grund und Norm christlichen Seins und Handelns, er schafft das neue Sein des Christen und bewirkt zugleich dessen Erhaltung. Die Christen sind in das vom Geist bestimmte Leben eingegangen, nun sollen sie sich vom Geist leiten lassen. Zugleich wird deutlich: Es gibt keinen neuen Wandel ohne ein neues Handeln! Der sich verschenkende Geist will in der Liebe ergriffen sein. Gerade weil der Geist den Glaubenden und den Getauften in die Sphäre Gottes und in den Bereich der Gemeinde eingliedert, befindet er sich nicht mehr im Vakuum eines herrschaftsfreien Raumes, sondern steht unter der Forderung des durch den Geist ermöglichten neuen Gehorsams. Folgerichtig kann Paulus die Kennzeichen des neuen Lebens als Frucht des Geistes bezeichnen (Gal 5,22): Liebe, Freude, Friede, Geduld, Freundlichkeit, Güte, Glaube. Das περιπατεῖν κατὰ πνεῦμα (»wandeln nach dem Geist«) trennt von den Begierden des Fleisches (Gal 5,16) und findet sein Ziel in der Liebe, in der auch das Gesetz/die

---

62 Hans Böhlig, Die Geisteskultur von Tarsos im augusteischen Zeitalter mit Berücksichtigung der paulinischen Schriften, FRLANT 19, Göttingen 1913, 98, spricht von einem »himmlischen Kraftstoff«.

63 Zur Ethik des Galaterbriefes vgl. neben den Kommentaren bes. Otto Merk, Handeln aus Glauben. Die Motivierungen der paulinischen Ethik, MThSt 5, Marburg 1968, 66–80; John M. G. Barclay, Obeying the Truth. Paul's Ethics in Galatians, Edinburgh 1988; Wolfgang Harnisch, Einübung des neuen Seins. Paulinische Paränese am Beispiel des Galaterbriefes, in: ders., Die Zumutung der Liebe, FRLANT 187, Göttingen 1999, 149–168; Hans Weder, Die Normativität der Freiheit, in: Michael Trowitzsch (Hrsg.), Paulus, der Apostel Jesu Christi (FS G. Klein), Tübingen 1998, 129–145.

Tora erfüllt ist (vgl. Gal 5,14). An die im Wirkungsfeld des Geistes Lebenden tritt Gott nicht mehr von außen mit Forderungen heran.⁶⁴

Deshalb ist die eigentliche Antithese des Gal: ›Geist – Gesetz‹ (vgl. Gal 5,18: εἰ δὲ πνεύματι ἄγεσθε, οὐκ ἐστὲ ὑπὸ νόμον = »Wenn ihr euch vom Geist leiten lasst, seid ihr nicht unter dem Gesetz«; vgl. Röm 6,14b). Die Galater sind πνευματικοί (Gal 6,1: »Geistbegabte«) und als solche dem Fleisch nicht mehr unterworfen (Gal 6,8), sie sind καινὴ κτίσις (Gal 6,15: »neue Schöpfung«), weder Beschnitten- noch Unbeschnittensein kommt eine Bedeutung zu (Gal 6,15). In ihnen gewinnt Christus Gestalt (Gal 4,19), sie haben Christus angezogen (Gal 3,27) und sind schließlich in Christus allen ethischen, religiösen und sozialen Unterscheidungen enthoben (Gal 3,28). All dies bedeutet Berufung zur Freiheit als einem neuen Lebensraum, der sich in der Liebe realisiert (Gal 5,13) und die Befreiung von jeglicher Knechtschaft bedeutet (Gal 5,1). Die Praktizierung der Beschneidung und die Einhaltung kultischer Zeiten als *pars pro toto legis* würden all dies wieder rückgängig machen. Aus Freiheit würde wieder Knechtschaft werden, aus dem Wandel nach dem Geist wieder ein Wandel nach dem Fleisch. Alle Äußerungen Pauli im Galaterbrief über das Gesetz/die Tora und die Gerechtigkeit aus Glauben sind auf dem Hintergrund der in der Taufe begründeten, durch den Geist und die Freiheit bestimmten neuen Existenz der Galater ›in Christus‹.⁶⁵ Dabei ist an keiner Stelle erkennbar, dass nur die Heiden angesprochen

---

64 Treffend weist Wolfgang Harnisch, Einübung des neuen Seins (s. Anm. 63), 163, auf den Plural »Werke des Fleisches« in Gal 5,19 und den Singular »Frucht des Geistes« in 5,22 hin: »Und weil die pneumatischen Wirkungen im Brennpunkt der ἀγάπη versammelt sind, kann singularisch von der einen ›Frucht‹ des Geistes die Rede sein.«

65 Zu ἐν Χριστῷ vgl. Adolf Deissmann, Die neutestamentliche Formel ›in Christo Jesu‹, Marburg 1892; Fritz Neugebauer, In Christus, Berlin 1961; Udo Schnelle, Gerechtigkeit und Christusgegenwart (s. Anm. 61), 106–123.225–235; Christian Strecker, Die liminale Theologie des Paulus (s. Anm. 61), 189–211; Emmanuel L. Rehfeld, Relationale Ontologie bei Paulus, WUNT 2.326, Tübingen 2012, 222–315; Simon-Martin Schäfer, Gegenwart in Relation, WMANT 152, Göttingen 2018, 440–501; Teresa Morgan, Being ›in Christ‹ in the Letters of Paul, WUNT 449, Tübingen 2020. Ἐν Χριστῷ heißt in 1Thess 2,14; 4,16; 1Kor 1,2; 3,1; 2Kor 5,17; Gal 1,22; 3,26.28; Röm 6,11; 8,1; 16,7.11.13; Phil 1,1 nichts anderes als »Christsein« und ist somit eine identifizierende und abgrenzende Selbstbezeichnung! Vgl. Martin Hengel/Anna Maria Schwemer, Die Urgemeinde und das Judenchristentum. Geschichte des frühen Christentums II, Tübingen 2019, 341, über frühe Selbstbezeichnungen der Christusgläubigen: »Vermutlich nannten sie sich selbst, wie es bei Paulus belegt ist: οἱ ἐν Χριστῷ.«

werden sollen, sondern die paulinische Argumentation ist grundsätzlich und schließt von ihrer theologischen Tragweite her alle Menschen ein; sprachlich klar angezeigt durch zahlreiche Formen von πᾶς.[66] Die Schrift hat ›alles‹ unter die Sünde eingeschlossen (Gal 3,22; vgl. Röm 3,9) und deshalb bedürfen alle der Geist-Gabe aus dem Glauben an Jesus Christus (Gal 3,2), auch die Juden.[67]

7 Identität im Galaterbrief

Mit den Erfahrungen des Geistes verbinden sich alle Aspekte des paulinischen Identitätskonzeptes im Galaterbrief. Identität als Bewusstsein vom eigenen Selbst und damit als Schlüssel zur Wirklichkeit entsteht im ständigen Wechselspiel zwischen Differenzerfahrungen und positiven Bestimmungen des Selbst.[68] Auch kollektive Identitäten bilden sich aus der Bearbeitung von Differenzerfahrungen und Gemeinsamkeitsgefühl. Dabei sind kollektive Identitäten immer auch instabile Größen, die von der andauernden Identifizierung der Mitglieder mit der neuen Gruppe leben.[69] Gemeinsame Erfahrungen, eine eigene Gruppensprache, neue Symbole, eigenständige Rituale, eigene Traditionen, überraschende Rollenzuschreibungen, veränderte Normen und Verhaltensweisen, Provokationen, gezielte gemeinsame Projekte/Interaktionen und besonders von allen geteilte Ziele bzw. Hoffnungen spielen hier eine entscheidende Rolle, denn erst mit ihrer Hilfe können kollektive Identitäten hergestellt und erhalten werden. Es müssen von einem bestimmten Gesche-

---

66 Vgl. Gal 2,16; 3,8.10.13.22.26.28; 5,3.14; 6,10.
67 Das paulinische Evangelium gilt allen Menschen, somit Juden und Heiden (vgl. nur die fünfmalige Formel ›Juden [zuerst] und Griechen‹ in Röm 1,16; 2,9.10; 3,9; 10,12), zwischen denen es keinen Unterschied mehr gibt (Röm 2,6–11; 3,22–23; 10,12–13) und in Röm 11,13–15 wird der Völkermissionar auch zum Missionar der Juden (V. 14: »damit ich vielleicht meine Volksgenossen eifersüchtig mache und einige von ihnen rette [σώσω]«).
68 Zum Begriff der Identität vgl. Bernd Estel, Art. Identität, in: HRWG III, Stuttgart 1993, 193–210; Eine brauchbare Definition von Identität findet sich bei Karl-Heinz Hillmann, Wörterbuch der Soziologie, Stuttgart ⁴1994, 350; danach verweist Identität auf »die Übereinstimmung einer Person, eines soz. Gebildes, einer kult. Objektivation oder einer bestimmten Naturgegebenheit mit dem, was sie bzw. es tatsächlich ist, also mit sich selbst (›Selbigkeit‹)«.
69 Vgl. Jürgen Straub, Personale und kollektive Identität, in: Aleida Assmann/Heidrun Friese (Hrsg.), Identitäten, Frankfurt ²1999, (73–104) 102 f.

hen aus Sinnwelten als kommunizierbare Vorstellungen von Wirklichkeit entworfen werden, die sich dann artikulieren können und ihre Inhalte weitergeben.[70]

Die Basis der neuen Sinnwelt und Identität ist für Paulus die Gottestat der Auferstehung Jesu Christi von den Toten (Gal 1,1b). Sie leitete eine Zeitenwende ein, denn Gott sandte seinen Sohn, damit er die, »die unter dem Gesetz waren, loskaufte, damit wir die Sohnschaft empfingen« (Gal 4,4 f.). Das entscheidende Kennzeichen der Sohnschaft ist die vom Vater gewährte Teilhabe am Christusgeschehen in der Geistgabe (Gal 4,6) und damit die Teilhabe an Gottes Lebenskraft (Gal 2,19 f.; 5,25; 6,8b). Das Gottesverhältnis wird neu definiert und zwar exklusiv über Jesus Christus und die Geistgabe: Die Glaubenden und Getauften haben den neuen Status der ›Söhne‹ (Gal 3,26; 4,7); sie sind keine Knechte mehr, sondern ›Erben‹ (Gal 4,7). Dass es nicht nur um eine erneuerte, sondern um eine wirklich neue Identität, ein neues ›Ich‹ geht, veranschaulicht Gal 2,19 f.: »Ich bin nämlich durch das Gesetz dem Gesetz gestorben, damit ich für Gott lebe. Ich bin mit Christus gekreuzigt. (20) ich lebe, aber nicht mehr ich, sondern Christus lebt in mir.«[71] Mit der Kontrastierung von ›Einst‹ und ›Jetzt‹, Diskontinuität und Kontinuität sowie der Metaphorik des ›Sterbens‹ und ›Lebens‹ unterstreicht der Apostel die Dramatik und den Bruchcharakter des Geschehens, denn wenn man einer Sache ›gestorben‹ ist, dann ist sie erledigt und existiert nicht mehr. Das Gesetz ist keine Lebenskraft mehr, es gehört in den Bereich des Todes (vgl. Gal 3,13). Demgegenüber hat das exemplarische ›Ich‹ teil an der im Kreuz offenbar gewordenen Lebenskraft Gottes/ Christi, die sich als ein radikaler Subjektwechsel vollzieht, sprachlich deutlich angezeigt durch das neue Subjekt Χριστός. Die Glaubenden und Getauften befinden sich im Bereich des Christus, Paulus spricht pointiert mit einem Neologismus von einer καινὴ κτίσις (»neuen Schöpfung/Existenz«), die sich für die Christen durch die Gabe des Geistes im Glauben bereits vollzogen hat (Gal 6,15; vgl. 2Kor 5,17).[72] Dabei

---

70 Zum Begriff der Sinnwelten vgl. Peter L. Berger/Thomas Luckmann, Die gesellschaftliche Konstruktion der Wirklichkeit, Frankfurt [17]2000, 98–138.
71 Vgl. zur ausführlichen Exegese Friederike Portenhauser, Personale Identität bei Paulus (HUTh 79), Tübingen 2020, 435–450, die zutreffend betont: »Christliche Identität ist nach Paulus etwas radikal Neues« (a. a. O., 481).
72 Zum religionsgeschichtlichen Hintergrund von καινὴ κτίσις bei Paulus vgl. Ulrich Mell, Neue Schöpfung, BZNW 56, Berlin 1989, 47–257; zum theologischen Gehalt vgl.

wird der Leib/die Körperlichkeit in die Neuschöpfung der Glaubenden miteinbezogen, der Mensch wird zu einem geistbestimmten Leib, denn die ›neue Schöpfung‹ vollzieht sich im konkreten Liebeshandeln (Gal 5,14.22–25; 6,2; Röm 12,1–2) und gewinnt so in leiblichen Vollzügen Gestalt. Das ›Israel Gottes‹ in Gal 6,16 (»Und all jene, die nach diesem Maßstab wandeln werden: Friede über sie und Erbarmen, und über das Israel Gottes«) fügt sich in diese Interpretation ein. Von dem vorangehenden V. 15 her handelt es sich dabei um eine Größe jenseits von Beschneidung und Unbeschnittenheit; es ist eine ›neue Schöpfung‹, zu der gerade die unbeschnittenen galatischen Christen gehören. Diese Interpretation stimmt mit dem Aussageduktus des gesamten Briefes überein, denn die Auseinandersetzung mit den Judaisten beinhaltet auch eine scharfe Trennung vom nichtgläubigen Judentum. In Gal 4,25 repräsentiert das irdische Jerusalem das Volk Israel, das nicht nur zum Bereich der Knechtschaft gehört, sondern vom Apostel auf Hagar und Ismael zurückgeführt wird, so dass Abraham und Sara mit dem empirischen Israel in keinem Zusammenhang stehen. Eine schärfere Abgrenzung ist kaum vorstellbar! Schließlich formuliert Paulus als Ertrag der Sara-Hagar-Allegorese in Gal 4,30 f. seine Sicht des Heilshandelns Gottes: Die Juden wurden von Gott verworfen, und allein die Christen sind Erben der Verheißung.[73] Schließlich sind nach Gal 3,28 die Glaubenden und Getauften ›weder Jude noch Grieche‹, d. h. sie gehören *einer dritten, neuen* Gruppe an, sind ein eigenständiges Subjekt (vgl. 1Kor 1,23: »ἡμεῖς δέ ...«; 9,20 f.; 10,32) jenseits geläufiger kultureller oder religiöser Traditionen.[74]

Christina Hoegen-Rohls, Gottes rekreatorisches Handeln bei Paulus und Johannes II, in: Veronika Burz-Tropper (Hrsg.), Studien zum Gottesbild im Johannesevangelium, WUNT 2.483, Tübingen 2019, 187–225.

73 Vgl. dazu Gerhard Sellin, Hagar und Sara. Religionsgeschichtliche Hintergründe der Schriftallegorese Gal 4,21–31, in: ders., Studien zu Paulus und zum Epheserbrief, hrsg. v. Dieter Sänger, FRLANT 229, Göttingen 2009, 116–137.

74 Anders Troels Engberg-Pedersen, Paul on Identity, Minneapolis (Mn) 2021, für den Paulus eine Art Judentum ›höherer Ordnung‹ konzipiert: Die Glaubenden aus den Völkern sind nun »honorary Jews« (a. a. O., 97); für die Glaubenden aus dem Judentum gilt, »that the *only* thing that matters for their salvation and identity as Jews is the Christ faith (itself a Jewish matter), which they completely share with their non-Jewish brothers. In other words, when one asks about their identity in relation to their non-Jewish brothers in Christ, their special, traditional, ethnic identity mark-

Für Paulus kann es kein Nebeneinander von Christusglauben und Beschneidung mehr geben, weil der Tora keine konstitutive Bedeutung für die Gottesbeziehung mehr zukommt. Zudem ist sie in dem einen Gebot der Nächstenliebe bereits erfüllt (Gal 5,14). Was Paulus in seiner Völkermission partiell schon immer voraussetzte, wird nun zu einer grundsätzlichen Aussage erhoben: Freiheit von der Beschneidung und damit auch Freiheit von den Einzelgeboten der Tora für alle Glaubenden, weil alle Menschen unter der Macht der Sünde stehen, die von der Tora nicht überwunden werden kann. Die δικαιοσύνη kann deshalb nicht durch die Tora gewonnen werden, andernfalls wäre Christus umsonst gestorben (Gal 2,21). Paulus hebt damit den durch die Tora vermittelten Sonderstatus der Juden als Gerechte auf. Die Heiden sind nicht per se Sünder, und die Juden haben nicht qua Geburt den Status der Gerechten. Vielmehr ordnet Paulus in dem neuen Paradigma Juden und Menschen aus den Völkern gleichermaßen dem Status der Sünder zu, den sie nur durch den Glauben an Jesus Christus verlassen können.

Zudem verbinden sich für Paulus nun mit dem Glauben an Jesus Christus und einem Leben nach der Maßgabe der Tora zwei verschiedene anthropologische Ansätze. Der an der Tora orientierte Heilsweg weist dem Menschen in seiner Gottesbeziehung eine aktive Rolle zu: Er bewegt sich in seinem Leben immer auf den richtenden Gott zu, und das Tun des Menschen erscheint als grundlegender positiver Bestandteil der Gottesbeziehung. Unzweifelhaft bestand im antiken Judentum die Grundüberzeugung, dass der Mensch als Sünder auf die Barmherzigkeit, Güte und Liebe Gottes angewiesen ist (vgl. z. B. 1QS XI 9–12; 4Esr 8,32.36). Die Bundesvorstellung als eine zentrale Ausdrucksform der Gottesbeziehung Israels geht von einer vorgängigen Erwählung durch Gott aus. Dennoch blieb die Heilsfrage mit der menschlichen Aktivität verbunden, insofern von Gott als dem gerechten Richter erwartet wurde, dass er sich der Gerechten erbarmt und die Gesetzesbrecher bestraft.[75] Die Gerechtigkeit Gottes zeigt sich in seinem gerechten Gerichtshandeln (vgl. z. B. PsSal 14; 4Esr 7,70–74.105). Dieses Gerichtshandeln wiederum vollzieht sich als Barmherzigkeit gegenüber den Gerechten und als Verwerfung der Gottlosen, wobei die Beobachtung der Tora das inhaltliche Kriterium für das erhoffte Handeln

---

ers become completely irrelevant« (a. a. O., 101). Was ist daran – außer der bloßen Behauptung des Exegeten – noch Judentum?

75 Vgl. Friedrich Avemarie, Tora und Leben, TSAJ 55, Tübingen 1996, 578: »Das Vergeltungsprinzip gilt ungebrochen; nirgends wird in Zweifel gezogen, daß die Gebotserfüllung belohnt und die Übertretung bestraft wird, und doch wird immer wieder betont, daß der bessere Gehorsam nicht durch die Aussicht auf Lohn motiviert ist, sondern um Gottes willen oder um der Gebote selbst willen geschieht; selbst da, wo ein Handeln um der Belohnung willen ausdrücklich gebilligt wird.«

Gottes bildet. So definiert das Tun des Menschen zwar nicht in einem ausschließlichen Sinn die Gottesbeziehung, es behält aber sowohl in positiver als auch in negativer Hinsicht konstitutive Bedeutung.

8 Folgerungen

Durch das Auftreten streng judenchristlicher Gegen-Missionare in Galatien wurde das nie problemlose, aber offenbar über lange Zeit praktikable Nebeneinander von Völker- und Judenchristen sowohl in den paulinischen Gemeinden als auch im frühen Christentum insgesamt, zu einem Gegeneinander. Ihre Forderung nach Beschneidung auch für Völkerchristen nötigte Paulus, die Toraproblematik von der Peripherie in das Zentrum seiner Theologie zu rücken. Offenbar konnten die streng judenchristlichen Missionare zumindest Teile der Galater davon überzeugen, dass die Abrahamskindschaft und damit die Zugehörigkeit zum Volk Gottes die Praktizierung der Beschneidung, die Beachtung kultischer Zeiten und die umfassende Rezeption des Alten Testaments miteinschließen. Paulus reagiert auf diesen Versuch der Statusveränderung für Völkerchristen, indem er seinerseits den bisherigen Status der Judenchristen relativiert. Paulus schließt jede Möglichkeit der Mitwirkung des Nomos im Rechtfertigungsgeschehen aus. Ebenso schließt er nun aus, dass Juden(christen) eine heilsgeschichtlich begründete hamartiologische Sonderstellung einnehmen. Auch sie sind der Sünde unterworfen und bedürfen der Gabe des Geistes, um den neuen Status der Freiheit zu erlangen und darin zu leben (Gal 5,18). Die Beschneidungsforderung der Judaisten auch für Völkerchristen nötigte Paulus, den Kompromiss des Apostelkonvents aufzukündigen und im Gegenzug die Bedeutung der Tora auch für Judenchristen grundsätzlich infrage zu stellen. Durch neue äußere Anforderungen setzte ein innerer Durchdringungsprozess ein, der zur Präzisierung und Ausformulierung der Gesetzesthematik führte. Die Rechtfertigungslehre des Galaterbriefes ist somit eine neue Antwort auf eine neue Situation![76]

Dabei ist das beschneidungsfreie Evangelium für Paulus die oberste Norm; es wurde ihm von Gott direkt offenbart (Gal 1,1), während die Tora nur indirekt mit Gott verbunden ist (Gal 3,19). Vom neuen Diskurs-

---

76 Zu dieser seit William Wrede bedeutsamen These vgl. Udo Schnelle, Wandlungen im paulinischen Denken, SBS 137, Stuttgart 1989, 49–76.

gründer Jesus Christus her herrscht im Gal eine neue theologische Logik vor, die von juridischen und mystischen Elementen bestimmt wird: Die Glaubenden haben bereits in der Gegenwart umfassend teil an einem universalen, den gesamten Kosmos betreffenden effektiven Transformationsprozess (Gal 1,4: »... damit er uns herausreiße aus dem gegenwärtigen bösen Äon nach dem Willen Gottes«), der mit der Auferstehung des gekreuzigten Jesus Christus von den Toten einsetzte und sich gegenwärtig im macht- und heilvollen Wirken des Geistes fortsetzt. Die Glaubenden und Getauften haben als ›Kinder Gottes‹ und ›neue Schöpfung‹ bereits unmittelbaren Zugang zu ihrem Vater (Gal 4,6; 6,15) und bedürfen der Beschneidung und des Gesetzes nicht. Auch die Rechtfertigung des Sünders vollzieht sich nicht ›aus Werken des Gesetzes‹, sondern exklusiv durch den Glauben und aus dem Glauben (Gal 2,16). Diese theologische Agenda ist mit keiner Form des zeitgenössischen Judentums kompatibel; der paulinische Verzicht auf die Beschneidung, seine Kritik am Gesetz, seine Kreuzes- und Geisttheologie und vor allem seine erfolgreiche Völkermission leiten faktisch eine unumkehrbare Entwicklung weg vom Judentum ein.[77]

Als geborener Jude und ausgebildeter Pharisäer (Gal 1,13 f.) lebte Paulus selbstverständlich weiterhin in den Traditionswelten des Judentums, bewertete sie aber vom Christusgeschehen her neu (Phil 3,8) und führte gerade im Galaterbrief Argumentationslinien ein, die notwendigerweise vom Judentum wegführen mussten. Hierin liegt eine zentrale methodische Differenz zur Argumentation der ›Paul within perspective‹. Dort wird die Traditionsbedingtheit des Paulus zu einer Traditionsbestimmtheit, d. h. allein die Aufnahme und Verarbeitung jüdischer Traditionen gelten als Ausweis für die bleibende jüdische Identität des Völkerapostels innerhalb eines pluralen Judentums. Die äußere Traditionsverarbeitung wird so im Sinne einer Traditionsbestimmtheit zum inneren Maßstab der paulinischen Theologie erhoben; Herkunft und Tradition sollen relativ ungebrochen und vollständig das paulinische Denken bestimmen. Man integriert das Eigengewicht der theologischen Aussagen in einen postulierten ›mosaischen Diskurs‹ und

---

77 Es handelt sich um neue Begründungsstrukturen und Denkkonzepte, so dass es unangemessen ist, hier nur von unterschiedlichen ›identity markers‹ zu sprechen (so z. B. Markus Tiwald, Das Frühjudentum und die Anfänge des Christentums, BWANT 208, Stuttgart 2016, 49).

minimiert sie so zu reinen rhetorischen Stilmitteln.[78] Alles erscheint nun als eine mögliche Form von ›Judentum‹, das als rein ethnische Größe theologisch und damit auch kulturell beliebig wird. Dem widerspricht zunächst einmal der werkgeschichtliche Befund: Allein im Galater- und Römerbrief spielen – aus erkennbaren historischen Gründen – die Gesetzes- und Israelproblematik eine dominierende Rolle, sonst nicht! Dem widerspricht aber auch entschieden der Textbefund des Gal selbst; klar zu unterscheidende Identitätskonzepte stehen hier zur Debatte. Paulus führt keinen mosaischen, sondern einen Christus-Diskurs (Gal 2,19 f.; 3,1: »denen doch Christus vor Augen gestellt wurde als der Gekreuzigte«)! Es geht ihm nicht um eine lediglich erneuerte oder nur leicht variierte Identitätsbestimmung, sondern um eine neue christusbestimmte staurologische Existenz in der Kraft des Geistes, aus dem Glauben und in der durch Christus erworbenen und zugeeigneten Freiheit (Gal 2,16.19 f.; 3,1–5.26–28; 4,19; 5,1.6.18; 6,15). Diese substantielle und fundamentale Neubestimmung arbeitet Paulus auf hohem intellektuellem Niveau mit seiner Rechtfertigungslehre im Galaterbrief erstmals so aus. Dafür entwickelt er eine neue Sprache und eine Argumentationslogik, die es zuvor nirgendwo gab, auch nicht im Judentum! Natürlich knüpft diese Rechtfertigungslehre an bestehende Traditionen an, ist aber dennoch in kein anderes religiöses System der Antike integrierbar, weil in ihm alle Bereiche zeitgenössischen religiösen Lebens exklusiv christologisch und damit vor allem soteriologisch neu definiert werden. Nicht mehr die Tora, sondern – von Christus neu bestimmt – prägen χάρις, πίστις und πνεῦμα in exklusiver Weise das Gottesverhältnis; eine Position, die Paulus trotz Modifikationen[79] in aller Deutlichkeit auch im Röm vertritt (Röm 6,14b: »denn ihr seid nicht unter dem Gesetz, sondern unter der Gnade«; vgl. dazu Gal 5,18). Hinzu kommen die vielfältigen organisatorischen Formierungsprozesse in den paulinischen

---

78 Vgl. Mark D. Nanos, The Irony of Galatians (s. Anm. 29), 317: »This reevaluation of the evidence suggests that the Galatian influencers were not believers in Jesus Christ, nor was their message good news of Christ. Their concerns did not arise from an inter-Christian opposition to Paul or his supposed Law-free gospel, and they did not arrive suddenly from outside Galatia. All of these would have raised a level of suspicion among the addressees that is not indicated in Paul's rhetoric.«

79 Vgl. Udo Schnelle, Gibt es eine Entwicklung in der Rechtfertigungslehre vom Galater- zum Römerbrief?, in: Paulus – Werk und Wirkung (FS A. Lindemann), hrsg. v. Paul-Gerhard Klumbies/David S. du Toit, Tübingen 2013, 289–309.

Gemeinden, die sich auch im Gal zeigen und die von den Gegnern rückgängig gemacht werden sollten. Vor allem die Taufe als exklusives Zugangsritual, Ort der Geistverleihung und Überwindung geläufiger kultureller Zuschreibungen begründete das Bewusstsein einer eigenen Gemeinschaft jenseits von Judentum und Hellenismus (Gal 3,28; 6,15). Das von Paulus im Galaterbrief erstmals in dieser Prägnanz ausgearbeitete theologische Gesamtkonzept wirkte in seinen entscheidenden Punkten nach, denn alle neutestamentlichen Autoren[80] bewerteten die Tora grundlegend neu und verzichteten vor allem auf die Beschneidung sowie die Befolgung der Speisegebote für Völkerchristen, was neben der sich ausbildenden frühchristlichen Selbstorganisation nicht zufällig, sondern folgerichtig zu einem Trennungsprozess der neuen Bewegung vom Judentum führte.

---

80 Vgl. Udo Schnelle, Die ersten 100 Jahre des Christentums, Göttingen ³2019, 519–536.

IV
Das Johannesevangelium
als autonome Erzählung

1 Einleitung

Das deutsche Wort ›autonom‹ leitet sich vom griechischen αὐτόνομος ab und meint ›nach eigenen Gesetzen lebend, selbständig, unabhängig, frei‹.[1] Das Johannesevangelium ist eine ›autonome Erzählung‹, weil es die Freiheit und Selbständigkeit hat, die Jesus-Christus-Geschichte auf einem neuen literarischen und theologischen Niveau zu erzählen. Dabei meint ›autonom‹ nicht absolute Unabhängigkeit, die es nie geben kann. Vielmehr soll damit die Eigenständigkeit und Kreativität des 4. Evangelisten betont werden, der sein Material souverän bearbeitet, seinem Gestaltungswillen unterwirft und so eine semantische, kompositorische und theologische Autonomie erreicht. ›Autonom‹ bezieht sich also auf die oberste theologische und literarische Ebene, die allein der Evangelist gestaltet und verantwortet. Nicht die Traditionen oder vermutete historische Konflikte bestimmen primär das johanneische Denken oder erklären die vorliegende literarische Gestalt des Evangeliums. Die grundlegende methodisch-hermeneutische Frage, wie und vor allem als was das 4. Evangelium verstanden und interpretiert werden will, beantwortet es vielmehr eindeutig: 1) Zuallererst aus sich selbst, 2) in seinem eigenen Kontext und 3) aus seinen Beziehungen zu den Johannesbriefen.[2] Erst wenn diese Schritte abgeschlossen sind, kommen weitere Aspekte hinzu: Der vermutete historische Ort, die Stellung im sich bildenden frühen Christentum, die Verbindung zu anderen frühchristlichen Autoren bzw. Schriften, die für möglich gehaltenen traditions-

---

1 Vgl. Franz Passow, Handwörterbuch der Griechischen Sprache I/1, Leipzig ⁵1841, 450.
2 Dies gilt unabhängig davon, ob die Johannesbriefe vor, nach oder gleichzeitig zum Evangelium datiert werden; sie stehen in jedem Fall in einem engen Verhältnis zum Evangelium, sei es als Vor-, sei es als Nachgeschichte. Zu den hier nicht zu behandelnden intensiven theologischen Beziehungen zwischen Evangelium und den Briefen vgl. Udo Schnelle, Die Johannesbriefe, ThHK 17, Leipzig ²2023, 188–196.

1 Einleitung

und religionsgeschichtlichen Einflüsse, die Prägungen und Konflikte durch Religion, Philosophie und politische Kultur der Umwelt. All diese Einflüsse existieren in unterschiedlicher Dichte, aber das Johannesevangelium ist primär eine ›autonome Erzählung‹, denn es entfaltet seine Jesus-Christus-Erzählung aus einem eigenen, genuin theologischen Ansatz heraus und folgt durchgehend dessen Logik.[3] Das 4. Evangelium ist nicht als Reaktions-Geschichte, sondern als Gestaltungs-Geschichte zu lesen.

Freiheit, Kreativität und Unabhängigkeit zeigen sich bei Johannes zunächst in dem genuin theologischen Ansatz. Der Evangelist geht das Wagnis einer sprachlichen, gedanklichen und narrativen Neuformulierung des Christusgeschehens ein.[4] Diese Neuerschließung vollzieht er als produktive und weiterführende Aneignung der Jesus-Christus-Offenbarung unter der Führung des Parakleten (vgl. Joh 14,26: »Der Paraklet aber, der Heilige Geist, den mein Vater senden wird in meinem Namen, der wird euch alles lehren und euch an alles erinnern, was ich euch gesagt habe«). Johannes war sich der Grundfragen der Repräsentation von Vergangenheit durch Geschichtsschreibung sehr wohl bewusst, er bearbeitete sie und setzte sie literarisch und theologisch in seiner Jesus-Christus-Geschichte um. Er thematisiert die Perspektivität historischen Erkennens, weiß um das unauflösliche Ineinander von Ereignissen und ihrer kreativen Aneignung (durch den Parakleten) im und durch Erzählen und er erweitert die sprachliche und theologische

---

3 Vgl. dazu auch Udo Schnelle, The Person of Jesus Christ in the Gospel of John, in: Judith M. Lieu/Martinus C. de Boer (Hrsg.), The Oxford Handbook of Johannine Studies, Oxford 2018, 311–330. Diese Skizze wird hier bewusst aufgenommen und unter neuen Fragestellungen weitergeführt.

4 Rudolf Bultmann hat in seinem epochalen Kommentar aus dem Jahr 1941 (Rudolf Bultmann, Das Evangelium des Johannes, KEK 2, Göttingen [10]1968) die johanneische Jesus-Christus-Erzählung gerade nicht interpretiert, was sich an den zahlreichen und nicht nachvollziehbaren Textumstellungen zeigt; er interpretierte gewissermaßen sein eigenes Johannesevangelium! Vgl. Ulrich Luz, Der frühchristliche Christusmythos, in: Peter Lampe/Helmut Schwier (Hrsg.), Neutestamentliche Grenzgänge, Göttingen 2011, (31–50) 37: »Bultmann hat gerade deswegen das Wesentliche am Mythos verfehlt, weil er den ›Mythos‹ und das ›Mythologische‹ identifizierte und darunter eine bestimmte Denkweise verstand, welche er aus theologischen Gründen nicht nachvollziehen wollte. Indem er das Mythologische existential interpretierte, hat er auch die Erzählung vom Gottessohn Jesus ins Abseits geschoben, was sich an seiner Johannesdeutung besonders eindrücklich zeigen lässt.«

Präsentation des Christusgeschehens, um durch den so ermöglichten neuen Blick die gefährdete Identität seiner Gemeinde zu festigen.[5]

Als selbständiger theologischer Denker und Erzähler erweist sich der 4. Evangelist auch im Umgang mit seinen Traditionen, denn nicht vollständige Übernahme des Stoffes, sondern die gezielte Aufnahme einzelner Überlieferungen kennzeichnen die Arbeitsweise des Evangelisten. Er nahm bei seiner Evangeliumschreibung zahlreiche Traditionen der johanneischen Schule auf, selbstverständlich fand er im Alten Testament Zeugnis und Bestätigung für das Christusgeschehen,[6] er rezipierte in unterschiedlicher Intensität das Markus- und Lukasevangelium[7] und griff Gedanken der paulinischen Theologie auf. Die Vielfalt des Materials veranlasste ihn zu einer Auswahl (vgl. Joh 20,30), wobei er das Kriterium für seine Vorgehensweise in Joh 20,31 nennt: Glauben an den Gottessohn Jesus Christus zu wecken. Hierin erweist sich das Evangelium als Zeugnis einer dezidiert christlichen Theologie, denn es orientiert sich in einer kaum zu überbietenden Art und Weise an der Person des Jesus Christus und entfaltet von ihr her seine literarischen und theologischen Strategien. Das gesamte Evangelium kann als eine ›Strategie des Glaubens‹ verstanden werden,[8] wobei die Einheit von Vater und Sohn die Basis (Joh 10,30) und das glaubende Erkennen des rettenden Gotteshandelns in der Sendung des Sohnes (Joh 3,16.17) das Ziel der Darstellung ist. Alle hermeneutischen Perspektiven, literarischen und inhaltlichen Strategien haben die Absicht, Glauben hervorzurufen, zu stärken und zu neuen Einsichten zu führen. Entfaltet wird dieses Grundkonzept auf sechs Ebenen, die vielfältig untereinander vernetzt sind, wohl aber unterschieden werden können: 1) der Ebene der Legitimation; 2) der Ebene der Erzählung; 3) der Ebene der begrifflichen Verdichtung in den chris-

---

5 Zur Forschungsgeschichte vgl. Udo Schnelle, Aus der Literatur zum Johannesevangelium 1994-2010, I: ThR 75 (2010), 265-303; II: ThR 78 (2013), 462-504; III: ThR 82 (2017), 97-161.
6 Zum Verhältnis Altes Testament – Johannes vgl. Bruce C. Schuchard, Scripture within Scripture, SBL.DS 133, Atlanta 1992; Maarten J. J. Menken, Old Testament Quotations in the Fourth Gospel, BET 15, Kampen 1996; Andreas Obermann, Die christologische Erfüllung der Schrift im Johannesevangelium, WUNT 2.83, Tübingen 1996.
7 Vgl. hier zuletzt: Eve-Marie Becker/Helen K. Bond/Catrin H. Williams (Hrsg.), John's Transformation of Mark, London 2021.
8 Vgl. Jean Zumstein, Das Johannesevangelium: Eine Strategie des Glaubens, in: ders., Kreative Erinnerung, Zürich 2004, 31-45.

tologischen Titeln; 4) der Ebene der theologischen Programme; 5) der Ebene der Konfliktbewältigung und 6) der Ebene der Identitätsbildung und -sicherung. Auf all diesen Ebenen zeigt Johannes eine außergewöhnliche Freiheit, Kreativität und Souveränität im Umgang mit überkommenen Traditionen und Anschauungen, die er seinem theologischen und literarischen Gestaltungswillen unterwirft und mit neuen theologischen Konzeptionen verbindet.

2 Die Ebenen der Legitimation

Ein solch neuer Ansatz bedarf der Legitimation, die Johannes in zweifacher Weise durchführt: 1) mit dem Parakleten und 2) mit dem Lieblingsjünger. Mit der Figur des Parakleten[9] bearbeitet der 4. Evangelist Jesu andauernden Fortgang zum Vater (vgl. Joh 16,7; ferner 7,39; 20,22) und die dadurch entstandene Leerstelle, indem sich nun die Entfaltung und das Verstehen des Christusgeschehens im Johannesevangelium als geistgewirkte nachösterliche Anamnese vollziehen (vgl. Joh 2,17.22; 12,16; 13,7; 20,9).[10] Der Paraklet erscheint in der nachösterlichen Situation der Gemeinde als der Christus praesens, als die Vergegenwärtigung des verherrlichten Jesus Christus in seiner Gemeinde. Der ausdrücklich mit dem πνεῦμα ἅγιον (»Heiliger Geist«) bzw. πνεῦμα τῆς ἀληθείας (»Geist der Wahrheit«, vgl. Joh 14,17.26; 15,26; 16,13) identifizierte Paraklet weilt und wirkt in der Gemeinde bis in Ewigkeit (vgl. Joh 14,16 f.). Er lehrt und erinnert die Gemeinde an das, was Jesus sagte (vgl. Joh 14,26) und ist so das *Gedächtnis der Gemeinde*. Der Paraklet zeugt von Jesus (vgl. Joh 16,13 f.). Er nimmt aus der Offenbarungsfülle Jesu und gibt es der Gemeinde weiter: »Alles, was der Vater hat, ist mein. Deshalb habe ich gesagt, dass er (sc. der Paraklet) aus dem Meinigen nimmt und es euch

---

9 Vgl. dazu Günther Bornkamm, Der Paraklet im Johannes-Evangelium, in: ders., Geschichte und Glaube I, BEvTh 48, München 1968, 68–89; Franz Mussner, Die johanneischen Parakletsprüche und die apostolische Tradition, BZ 5 (1961), 56–70; Otto Betz, Der Paraklet, AGSU 2, Leiden 1963; Ulrich B. Müller, Die Parakletvorstellung im Johannesevangelium, ZThK 71 (1974), 31–77; Yu Ibuki, Der andere Paraklet, BSU 13 (1977), 19–43; Christian Dietzfelbinger, Paraklet und theologischer Anspruch im Johannesevangelium, ZThK 82 (1985), 389–408; Hans-Christian Kammler, Jesus Christus und der Geistparaklet, in: O. Hofius/H.-Chr. Kammler, Johannesstudien, WUNT 2.88, Tübingen 1996, 87–190.
10 Vgl. Franz Mussner, Die johanneische Sehweise, QD 28, Freiburg 1965, 45 ff.

verkündigen wird« (Joh 16,15). Der Paraklet ist somit der Ermöglichungsgrund der geistgewirkten Auslegung des Christusgeschehens, wie sie im Johannesevangelium als umfassende Vergegenwärtigung dieses Heilsgeschehens entfaltet wird. Der Paraklet markiert einerseits ein ›zuvor‹ und ein ›danach‹ des Handelns des Vaters und des Sohnes an den Glaubenden; andererseits schiebt Johannes beide Perspektiven konsequent ineinander. Die vorösterlichen Zeichen und Reden Jesu und sein nachösterliches Wirken im Parakleten verschmelzen zu einer erzählerischen und theologischen Einheit und erhellen einander. Letztlich macht der Paraklet eine Trennung zwischen dem verkündigenden Jesus und dem verkündigten Christus unmöglich. Durch den Parakleten spricht der verherrlichte Christus selbst, so dass im Parakleten der Abstand zwischen Vergangenheit und Gegenwart aufgehoben ist. Das gesamte Johannesevangelium ist nichts anderes als eine Auslegung des Christusgeschehens durch den Parakleten, in dem wiederum der verherrlichte Christus als Hermeneut Gottes (Joh 1,18) spricht und die johanneische Tradition legitimiert.

So wie der Paraklet die Gegenwart der Gemeinde bestimmt und ihre Zukunft erschließt, verbindet der Lieblingsjünger[11] die Gemeinde in einzigartiger Weise mit der Vergangenheit des Erdenwirkens Jesu. Mit dem Lieblingsjünger verbindet Johannes literarische, theologische und historische Strategien. Literarisch erscheint der Lieblingsjünger als ein Modell-Jünger, der im Text Bewegungen vollzieht, innerhalb derer sich die Hörer/Leser selbst konstituieren können. In Joh 1,37–40 und 18,15–18 muss der Lieblingsjünger in den Text eingetragen werden, er fungiert als ›Leerstelle‹, die besetzt werden muss, damit der Text funktioniert.[12]

---

11 Zum Lieblingsjünger vgl. Alf Kragerud, Der Lieblingsjünger im Johannesevangelium, Oslo 1959; Jürgen Roloff, Der johanneische ›Lieblingsjünger‹ und der Lehrer der Gerechtigkeit, NTS 15 (1968/69), 129–151; Thorwald Lorenzen, Der Lieblingsjünger im Johannesevangelium, SBS 55, Stuttgart 1971; Joachim Kügler, Der Jünger, den Jesus liebte, SBB 16, Stuttgart 1988, Richard Bauckham, The Beloved Disciple as Ideal Author, JSNT 49 (1993), 21–44; R. Alan Culpepper, John. The Son of Zebedee. The Life of a Legend, Columbia 1994; Michael Theobald, Der Jünger, den Jesus liebte, in: Geschichte – Tradition – Reflexion III (FS M. Hengel), hrsg. v. H. Lichtenberger u. a., Tübingen 1996, 219–255; James L. Resseguie, The Beloved Disciple: The Ideal Point of View, in: St. A. Hunt/D. F. Tolmie/R. Zimmermann (Hrsg.), Character Studies in the Fourth Gospel, Grand Rapids 2016, 537–549.

12 Vgl. dazu Udo Schnelle, Der ungenannte Jünger in Johannes 1:40, in: R. Alan Culpep-

Theologisch ist der Lieblingsjünger vor allem Traditionsgarant und idealer Zeuge des Christusgeschehens. Der Lieblingsjünger wurde vor Petrus berufen (Joh 1,37-40), er ist der Hermeneut Jesu und der Sprecher des Jüngerkreises (Joh 13,23-26a). In der Stunde der Anfechtung bleibt er seinem Herrn treu (Joh 18,15-18) und wird so zum wahren Zeugen unter dem Kreuz und zum exemplarischen Nachfolger Jesu (Joh 19,25-27). Die Szene unter dem Kreuz ist die Gründungslegende der johanneischen Gemeinde: Maria repräsentiert die Glaubenden aller Zeiten, die wie sie selbst an den Lieblingsjünger gewiesen sind. Vom Kreuz herab setzt Jesus seine Gemeinde ein, die sich wie Maria in die Obhut des Lieblingsjüngers begeben darf. *Die Stunde der Kreuzigung wird so bei Johannes zur Stunde der Geburt der Kirche!* Der Lieblingsjünger bestätigt den wirklichen Tod Jesu am Kreuz (Joh 19,34b.35) und erkennt als erster die eschatologische Dimension des Ostergeschehens (Joh 20,2-10). In der durchgehend vom Evangelisten Johannes eingeführten Gestalt des Lieblingsjüngers verdichten sich typologische und individuelle Züge. Paraklet und Lieblingsjünger verbinden die Jetztzeit der Gemeinde mit dem Ursprungsgeschehen und verbürgen so die Einzigartigkeit der johanneischen Jesus-Christus-Geschichte.

3 Die Ebenen der Erzählung

Ein geschichtliches Ereignis ist an sich noch nicht sinnträchtig, sondern sein Sinnpotential muss erst erschlossen und aufrechterhalten werden. Dies leistet die Erzählung als grundlegende narrative Sinnbildungsleistung, denn sie baut jene Sinnstruktur auf, die eine Bewältigung historischer Einmaligkeit ermöglicht. Die Erzählung konstituiert Zeit und verleiht dem Einmaligen Dauer und Verständnis, sie ordnet und teilt mit, gewährt Welt- und Lebenserschließung, wodurch Rezeption und Traditionsbildung überhaupt erst ermöglicht werden. Im Johannesevangelium[13] ist die Erzählung von zwei Fragestellungen durchgängig

---

per/Jörg Frey (Hrsg.), The Opening of John's Narrative (John 1:19-2:22), WUNT 385, Tübingen 2017, 97-117.

13 Zur Erzählstruktur des 4. Evangeliums vgl. R. Alan Culpepper, Anatomy of the Fourth Gospel. A Study in Literary Design. Philadelphia 1983; Mark W. G. Stibbe, John as Storyteller. Narrative Criticism and the Fourth Gospel, Cambridge 1994; Jörg Frey, The Gospel of John as a Narrative Memory of Jesus, in: Simon Butticaz/ Enrico

bestimmt: 1) Der Frage nach dem Wesen der Person Jesu Christi (John 5,12: τίς ἐστιν ὁ ἄνθρωπος = »Wer ist der Mensch?«). Der Glaube weiß um die doppelte Herkunft Jesu, denn er ist nicht nur der Sohn Josefs (vgl. Joh 6,42), sondern der Sohn Gottes (vgl. Joh 1,34 u. ö.). Diese Einsicht will das gesamte Evangelium fördern. Zugleich weiß Johannes aber, dass nicht nur der Glaube, sondern auch der Unglaube eine mögliche Reaktion auf Jesus ist. Deshalb ist 2) in der Auseinandersetzung zwischen Glauben und Unglauben das zweite große Thema des Evangeliums zu sehen, das die Erzählstruktur prägt und das Geschehen gleichermaßen vorantreibt und ausgestaltet.

3.1 Der Prolog

Jesus Christus ist im 4. Evangelium von Anfang an immer präsent und kommt dennoch innerhalb der Erzählung erst sukzessive ins Bild. Der Prolog Joh 1,1–18 stellt Jesus zunächst als Logos vor (λόγος = »Wort, Rede«).[14] Damit wird er entschieden der göttlichen Sphäre zugeordnet, denn er ist präexistent, bereits ›im Anfang‹ bei Gott und Schöpfungsmittler. Eine weitere Steigerung stellt John 1,14 dar: Der präexistente und göttliche Logos geht umfassend in die geschöpfliche Wirklichkeit, in die Welt ein und wird ein Teil von ihr. Im Logos Jesus Christus wurde der ewige und allmächtige Gott wirklich Mensch; er begibt sich in die Niedrigkeit, die Leiblichkeit und damit in die Vergänglichkeit und das Leid. Die Weltzugewandtheit wird somit zu einem herausragenden Element des christlichen Gottesbildes; Gott öffnet sich der Welt, er geht in sie ein und als Schöpfer des Lebens teilt er mit den Menschen das Leben in all seinen Dimensionen. Die Wahrheit Gottes (vgl. Joh 1,14.17) ist somit eine ›eingefleischte‹ und nur als solche für die Menschen zugänglich.[15] Gleichzeitig gilt aber: Der Logos gibt mit der Inkarnation seine Göttlichkeit nicht auf, denn gerade in dem Menschgewordenen leuch-

---

Norelli (Hrsg.), Memory and Memories in Early Christianity, WUNT 398, Tübingen 2018, 261–284.

14 Zum Prolog vgl. Jan van der Watt/R. Alan Culpepper/Udo Schnelle (Hrsg.), The Prologue of the Gospel of John, WUNT 359, Tübingen 2016.

15 Bewusst unklar in dieser zentralen Frage ist Rudolf Bultmann, Johannes (s. Anm. 4), 41, der mit Blick auf die σάρξ formuliert: »Die Offenbarung ist also in einer eigentümlichen Verhülltheit da.« Die σάρξ ist gerade keine Verhüllung, sondern die eine Seite eines paradoxen Sachverhaltes, was insbesondere die Zeichen/Wunder Jesu zum Ausdruck bringen.

ten die Herrlichkeit, Gnade und Wahrheit auf (Joh 1,14–17). Jesus wurde wahrhaft Mensch und blieb zugleich wahrhaft göttlich. Diese bleibende Doppelstruktur des Göttlichen und Menschlichen erweist sich ebenso als bestimmend für die gesamte johanneische Jesus-Christus-Geschichte wie die Auseinandersetzung zwischen Glauben und Unglauben. Der Prolog berichtet von beidem; in Joh 1,11 von der Ablehnung des Logos und damit vom Unglauben. Er kam in ›das Eigene‹ und ›die Seinen‹ nahmen ihn nicht auf. Zugleich betont aber 1,12 den neuen Status derer, die glauben: Sie sind geliebte Kinder Gottes. Alle theologischen Bestimmungen des Prologs werden im gesamten Evangelium vorausgesetzt, immer wieder nimmt der Evangelist direkt oder indirekt Bezug auf seinen Basistext, der deshalb als ein *mitgehender Anfang* bezeichnet werden kann. Der Prolog formuliert die zentrale christologische Agenda des gesamten Evangeliums: Im präexistenten Logos Jesus Christus ist Gott Mensch geworden und zugleich Gott geblieben; Gott im Modus der Inkarnation. Er erscheint als der Exeget Gottes (Joh 1,18), der die Liebe Gottes zur Welt und die rettende Kraft des Glaubens verkündigt und verkörpert.

3.2 Der erste Hauptteil des Evangeliums
Im ersten Hauptteil des Evangeliums (Joh 1,19–12,50) wird in Joh 1,19–34 ein sukzessives Ins-Bild-Kommen Jesu gezeichnet. Zunächst zeigt sich der Unglaube im Verhalten der Jerusalemer Gesandtschaft (Joh 1,19–28); der Täufer hingegen erfüllt seine Rolle (vgl. Joh 1,6–8) als ein der Wahrheit verpflichteter Zeuge des Christusgeschehens. Genau an der Stelle, wo der johanneische Jesus ausdrücklich zum ersten Mal in den Blick kommt, erscheint er als der Gekreuzigte; der Täufer spricht: »Siehe das Lamm Gottes, das die Sünde der Welt trägt« (Joh 1,29b). Die erzählerische Wiederaufnahme der Metaphorik des ›Tragens‹ in John 19,17 verdeutlicht die Zusammenhänge: Jesus trägt selbst sein Kreuz zur Hinrichtungsstätte. Es ist das Kreuz, das als Ort des Leben schaffenden Todes Jesu der gesamten Jesus-Christus-Geschichte bei Johannes die Perspektive gibt. Bereits am Anfang ist damit das Ende präsent, die Hörer/Leser wissen, dass der Weg des präexistenten und inkarnierten Logos ans Kreuz führt. Jesus betritt zwar als Schweigender die Erzählbühne, der aber in Joh 1,38 die entscheidende Frage stellt: »Was sucht ihr?« Man kann das gesamte Evangelium als Antwort auf diese Frage verstehen; die Suche nach Rettung und ewigem Leben ist nun an ein Ende gekommen.

Mit den Jüngerberufungen hingegen tritt der Glaube in den Vordergrund, denn die Jünger haben den Sohn Gottes und König Israels gefunden (John 1,35–51).

Mit Joh 2,1–11 tritt Jesus als selbständiger Akteur vollständig in den Vordergrund. Nicht zufällig mit einem Wunder, das bei Johannes ›Zeichen‹ (σημεῖον; Plural: σημεῖα) heißt, weil Wunder auf den verweisen, der sie vollbringt: den Gottessohn Jesus Christus. Die Wundererzählungen bilden ein narratologisches und theologisches Zentrum des Johannesevangeliums.[16] *Narratologisches Zentrum*: Johannes integrierte sieben Wundergeschichten in den ersten Hauptteil seines Evangeliums, wobei die Zahl Sieben nach Gen 2,2 als Zahl der Fülle und Vollendung gilt. Man kann im 1. Hauptteil des Evangeliums von einer Zeichen-Kette sprechen. Die Wunder bilden zusammen mit den Reden Jesu den erzählerischen Grundstock des 4. Evangeliums, denn sie klären gleichermaßen die Frage nach der Herkunft und damit der Identität Jesu. Jede Art von Wunder kommt bei Johannes nur einmal vor und die einzelnen Wunder sind planmäßig über das öffentliche Wirken Jesu verteilt (vgl. Joh 2,1–11; 4,46–54; 5,1–9a.b; 6,1–15; 6,16–25; 9,1–41; 11,1–44). Dabei folgen die johanneischen Wunder in ihrem Ablauf einem sukzessiven Verdichtungsprinzip, indem die traditionellen Wundergeschichten im Laufe des Evangeliums immer stärker mit theologischen Themen verschränkt werden und so eine theologische Steigerung inszeniert wird: vom relativ kurzen Weinwunder in Kana bis hin zur barocken Erzählung von der Auferweckung des Lazarus. Innerhalb dieses Konzeptes leisten die Wundergeschichten vor allem zweierlei: die Verstärkung des dramatischen Elementes und die Verbindung mit der Passionsgeschichte. Die Wunder

---

16 Vgl. dazu Wolfgang J. Bittner, Jesu Zeichen im Johannesevangelium, WUNT 2.26, Tübingen 1987; Christian Welck, Erzählte Zeichen, WUNT 2.69, Tübingen 1994; Michael Labahn, Jesus als Lebensspender. Untersuchungen zu einer Geschichte der johanneischen Tradition anhand ihrer Wundergeschichten, BZNW 98, Berlin 1999; Franz Zeilinger, Die sieben Zeichenhandlungen Jesu im Johannesevangelium, Stuttgart 2011; Udo Schnelle, The Signs in the Gospel of John, in: Paul N. Anderson/Felix Just/Tom Thatcher (Hrsg.), John, Jesus, and History, Volume 3, Atlanta 2016, 231–243. Treffend Uta Poplutz, Die johanneischen σημεῖα und ihre Funktion im Plot des vierten Evangeliums, in: Uta Poplutz/Jörg Frey (Hrsg.), Erzählung und Briefe im johanneischen Kreis, WUNT 2.420, Tübingen 2016, (1–23) 3: »Die σημεῖα im Johannesevangelium sind als zentrale Schlüsseltexte des Plots zu identifizieren und fügen sich in die Grundfrage, die der Evangelist mit seiner Erzählung verfolgt, als richtungsweisende Marker ein. Diese Grundfrage lautet: *Wer ist Jesus?*«

3 Die Ebenen der Erzählung

bilden das erzählerische Fundament, das in den Selbstoffenbarungen Jesu zur Erkenntnis führen will, dass er seinen Ursprung und seine Herkunft bei Gott hat, dass er Gottes Wort, Gottes Sohn, der vom Vater gesandte Menschensohn und Bringer des göttlichen Lebens ist. *Theologisches Zentrum*: Den Menschen wendet sich Jesus vor allem in seinen Wundern zu, das Konzept der erkennbaren Zeichen ist ein herausragendes Element der Inkarnationschristologie des 4. Evangelisten. Die Wunder verdeutlichen einen zentralen Aspekt des johanneischen Christusverständnisses: Die heilvolle Nähe des Göttlichen im Inkarnierten, der als Schöpfungsmittler das Leben schuf (Joh 1,3), das Leben ist (Joh 1,4) und Leben spendet. Der Evangelist relativiert nicht die Zeichen, sondern integriert sie als sichtbare Taten des Lebensspenders Jesus Christus in seine gesamte theologische Konzeption. Dabei sind fünf Motive besonders bedeutsam: 1) Wunder und Offenbarung der Doxa (vgl. Joh 2,11; 11,4.40); 2) Wunder und die Einheit von Vater und Sohn (vgl. Joh 5,20–36; 6,29.30; 3) Wunder und Glaube (vgl. Joh 2,11; 10,40–42); 4) Wunder und Unglaube (vgl. Joh 11,45; 12,37); 5) Wunder und Passion (vgl. Joh 2,4c; 11,53).

Ein überraschender Erzählzug ist die Voranstellung der Tempelreinigung Joh 2,13–22 (vgl. Mark 11:15–19).[17] Damit stellt Johannes Jesu Wirken noch deutlicher unter die Perspektive von Kreuz und Auferstehung. Der Erzählfaden von Joh 1,29.36; 2,1a.4c wird aufgenommen und verstärkt. Ein vergleichbares Erzählverfahren zeigt sich in Joh 1,33; 3,1–21: Zunächst wird Jesus als Geistträger vorgestellt, dann erscheint im Gespräch mit Nikodemus die Taufe als der Ort, wo die Glaubenden durch die Geistgabe Anteil an der durch Jesus geöffneten himmlischen Welt bekommen (vgl. Joh 3,5). Im weiteren Verlauf bestehen deutliche strukturelle Übereinstimmungen zwischen den Begegnungsgeschichten Joh 3,1–21 und 4,1–42:[18] In beiden Fällen werden Menschen durch Jesus schrittweise in den Glauben eingeführt. Dabei verbindet Johannes beide Erzählungen durch einen antithetischen Parallelismus (Mann – Frau; Jude – Samaritanerin; Mitglied des Synedriums – gesellschaftliche Außenseiterin).

---

17 Vgl. dazu Udo Schnelle, Die Tempelreinigung und die Christologie des Johannesevangeliums, NTS 42 (1996), 359–373; Johanna Rahner, »Er aber sprach vom Tempel seines Leibes«. Jesus von Nazareth als Ort der Offenbarung Gottes im vierten Evangelium, BBB 117, Bodenheim 1998. 176–340.

18 Ausführliche Behandlung der Texte in: R. Alan Culpepper/Jörg Frey (Hrsg.), Expressions of the Johannine Kerygma in John 2:23–5:18, WUNT 423, Tübingen 2019.

Mit Joh 5 setzt der sich ständig steigernde Konflikt Jesu mit den Juden ein (vgl. Joh 5,16.18; 7,1.25.40 ff.; 8,44),[19] der im Todesbeschluss des Hohen Rates seinen Höhepunkt findet (Joh 11,53). Kennzeichnend für den Erzählstil sind nun Reden Jesu,[20] in denen er sich in zunehmendem Maß mit Einwänden gegen seine Person und seine Sendung auseinandersetzen muss. Zugleich wird aber für die Hörer/Leser des Evangeliums immer klarer, dass der Vater und der Sohn eins sind und der Sohn allein aus der Vollmacht des Vaters heraus handelt (vgl. Joh 5,18–20). Die Reden dienen der Dramatisierung des Geschehens; dazu gehören vor allem Joh 5,17–47; 6,26–58.59; 8,12–59; 10,1–39, wobei in Joh 5; 6 und 10 jeweils eine Wundererzählung (Joh 5,1–9; 6,1–15.16–25; 9,1–41) der Ausgangspunkt ist. Literarisch dient diese Verzahnung von Wunder und Rede der Themenangabe und der Dramatisierung; theologisch dominiert der Gedanke der inneren Verbundenheit und gegenseitigen Auslegung von Zeichen und Wort. Die Tat illustriert das Wort und das Wort die Tat. In den Reden geht es vor allem um die Legitimation des Anspruchs Jesu Christi, der von Gott gesandte Sohn zu sein (Joh 5,19.37.43; 6,29.39.46; 8,42). Nur er hat Gott gesehen (John 6,46) und ist das vom Himmel herabgekommene Brot des Lebens (Joh 6,35.38.48.51). Dies kollidiert mit dem Anspruch der Juden auf Gott (John 8,41), auf die Schrift (Joh 6,31) und auf die legitime Abrahamskindschaft (Joh 8,30–59). Sie ›murren‹ (Joh 6,41 f.) und wollen Jesus töten (Joh 5,18; 7,1.19 f.; 8,37.40.59; 10,31.32.39), wobei sich die Pharisäer besonders feindlich verhalten (vgl. Joh 7,32.45.47 f.; 8,13). Die Vorwürfe der Gegner lauten: a) Sabbatbruch und Ditheismus (Joh 5,18); b) Jesus ist ein Mensch, er lästert Gott (Blasphemie) und macht sich selbst zu Gott (Joh 10,33.36). c) Jesu irdische Abstammung als Sohn Josefs (Joh 6,42); d) seine Herkunft aus Galiläa (Joh 7,27.52); e) die uneheliche Geburt (Joh 8,41) und f) seine fehlende Bildung (Joh 7,15) sprechen gegen seinen Anspruch. g) Er ist ein Samaritaner, hat einen bösen Geist (Joh 8,48.52; 10,20) und h) scheint verrückt zu sein (Joh 7,20; 10,20). i) Jesus zeugt von sich selbst (Joh 8:13) und j) maßt sich an, größer als Abraham zu sein (Joh 8,53). Die fast gleichlautenden Formulierungen in Joh 5,18 und 10,33 (›Du machst dich Gott gleich‹)

---

19 Vgl. hier die Beiträge in: Jörg Frey/Craig R. Köster (Hrsg.), Signs and Discourses in John 5 und 6, WUNT 463, Tübingen 2021.
20 Zu den Reden vgl. Udo Schnelle, Das Evangelium nach Johannes, ThHK 4, Leipzig ⁵2016, 153–157.

bilden eine Klammer und lassen den zentralen Streitpunkt aus der Sicht der Gegner deutlich erkennen: die illegitime Selbstermächtigung Jesu. Dem steht die entscheidende johanneische Glaubenseinsicht gegenüber: ›Ich und der Vater sind eins‹ (Joh 10,30). Der Sohn handelt nicht von sich aus, sondern im Auftrag des Vaters.

3.3 Der zweite Hauptteil des Evangeliums

Im 2. Hauptteil des Evangeliums Joh 13,1–20,31 dominiert der lehrende und der leidende Jesus. Joh 13,1–20 kommt eine Schlüsselstellung im Aufbau des 4. Evangeliums zu. Als Prolog des 2. Hauptteils und Portal zur Leidensgeschichte nimmt die Fußwaschung[21] als symbolische Erzählung die vorangegangenen Passionsverweise auf und richtet den Blick endgültig auf das bevorstehende Geschick Jesu. Auch das zentrale Thema der Abschiedsreden ist in Joh 13,1–20 bereits präsent: das bevorstehende Weggehen zum Vater (vgl. Joh 13,1.3), das in der Fußwaschung von Jesus für die textexterne Gemeinde eine Deutung erfährt. Die Fußwaschung als Vorabbildung des Geschickes Jesu soll die Gemeinde motivieren, in der Zeit der Abwesenheit Jesu ebenso wie dieser zu handeln: aus Liebe. Ein besonderer theologischer und literarischer Kunstgriff des 4. Evangelisten sind die beiden Abschiedsreden (Joh 13,31–14,31; 15,1–16,33).[22] Innerhalb der Gesamtkomposition des Evangeliums erscheint die Thematik der Abschiedsreden keineswegs überraschend, sie wird vielmehr durch das zentrale Stichwort ›fortgehen‹ vorbereitet (ὑπάγειν; vgl. Joh 3,8; 7,33 f.; 8,14.21; 13,3; 14,4 f.28; 16,5.10.17; ferner 3,14 f.; 12,32). Die Abschiedsreden behandeln eine Fülle verschiedener Aspekte: Unter der Perspektive des Wegganges Jesu zum Vater werden die zukünftige Verherrlichung des Sohnes, das Gebot der Liebe, die Offenbarung des Vaters

---

21 Zur Fußwaschung vgl. R. Alan Culpepper, The Johannine Hypodeigma: A Reading of John 13, Semeia 53 (1991), 133–152; Otfried Hofius, Die Erzählung von der Fußwaschung Jesu, ZThK 106 (2009), 156–176.

22 Vgl. zu den Abschiedsreden: Udo Schnelle, Die Abschiedsreden im Johannesevangelium, ZNW 80 (1989), 64–79; Martin Winter, Das Vermächtnis Jesu und die Abschiedsworte der Väter, FRLANT 161, Göttingen 1994; Andreas Dettwiler, Die Gegenwart des Erhöhten. FRLANT 169, Göttingen 1995; George L. Parsenios, Departure and Consolation. The Johannine Farewell Discourses in Light of Greco-Roman Literature, NT.S 117, Leiden 2005; Christina Hoegen-Rohls, Der nachösterliche Johannes, WUNT 2.84, Tübingen 1996; D. Francois Tolmie, Jesus' Farewell to the Disciples, BIS 12, Leiden 1995.

im Sohn, die Spannung von Nicht-Sehen und Glauben, die bleibende Präsenz Jesu im Parakleten, der Hass der Welt, die drohenden Verfolgungen und schließlich das Wiedersehen und die damit verbundene Freude behandelt. Vor allem aber wird die Frage beantwortet, warum Jesus fortgehen musste: Weil sonst der Paraklet, der Heilige Geist nicht kommen würde (vgl. Joh 16,7). In den fünf Parakletsprüchen (Joh 14,16.26; 15,26; 16,7–11.13–15) wird wie in den Abschiedsreden insgesamt verdeutlicht, dass trotz aller Gefährdungen die Zukunft den Glaubenden gehört, weil sie die Zukunft des Vaters, Sohnes und des Geistes ist. In Joh 17 wendet sich Jesus im Gebet dem Vater zu. Hier ist für den Evangelisten und seine Gemeinde der geeignete Ort, um grundlegende Aussagen ihres Glaubens und ihres Weltverhältnisses im Munde Jesu zu Gehör zu bringen. Dabei bilden Fußwaschung (speziell Joh 13,1–3) und das große Gebet Jesu zum Vater in Joh 17 eine ›inclusio‹ um die Abschiedsszene, denn hier wie dort bildet die einsetzende ›Stunde‹ den Ausgangspunkt und steht Jesu Eintreten für die Seinen im Mittelpunkt. Er bittet den Vater, sowohl die gefährdete innere Einheit als auch die bedrohte äußere Existenz der Gemeinde zu bewahren.

Die Hörer bzw. Leser des Evangeliums trifft das *Passionsgeschehen* nicht unvorbereitet,[23] denn die zahlreichen Passionsverweise (vgl. Joh 1,29.36; 2,1a.4c; 3,14; 6,51; 7,6; 8,21; 10,11.15.17; 11,13; 12,16; 15,13) und die wiederholten Hinweise auf die Tötungsabsichten der Juden (vgl. Joh 5,18; 7,32; 8,59; 10,31; 11,46–53) richten das gesamte Auftreten Jesu auf die Passion aus. Zudem schuf der Evangelist durch das Vorziehen der Tempelreinigung (Joh 2,14–22), den Verweis auf Gethsemane (Joh 12,27 f.) und die Fußwaschung (Joh 13,1–20) als Vorabbildung des Geschickes Jesu einen umfassenden expliziten theologischen Verstehenshorizont für die Passion Jesu als das Ziel seines Wirkens. Eine eigentümliche Doppelstruktur bestimmt die johanneische Passionsgeschichte: Einerseits zeigt sich Jesus als Herr des Geschehens, indem er der Gefangennahme nicht ausweicht (Joh 18,1–11), selbstbewusst den Hohepriestern (Joh 18,12–27) und Pilatus entgegentritt (Joh 18,28–40; 19,6–16a), im Sterben noch seinen Nachfolger einsetzt (Joh 19,25–27). Ihm werden nicht die Beine

---

23 Zur johanneischen Passionsgeschichte vgl. Manfred Lang, Johannes und die Synoptiker, FRLANT 182, Göttingen 1999; Jean Zumstein, Story, Plot, and History in the Johannine Passion Narrative, in: Paul N. Anderson/Felix Just/Tom Thatcher (Hrsg.), John, Jesus, and History, Volume 3, Atlanta 2016, 109–118.

3 Die Ebenen der Erzählung

gebrochen (Joh 19,33) und er wird als wahrer König beerdigt (Joh 19,38–42). Andererseits kommt gerade in der johanneischen Passionsgeschichte Jesus als Leidender in den Blick: Er wird gegeißelt und erscheint als Spottfigur (Joh 19,1–5), er trägt sein Kreuz selbst (Joh 19,16b.17), leidet Todesqualen (Joh 19,28.29) und spricht am Kreuz ›es ist vollbracht‹ (Joh 19,30). Das Zentrum des Passionsberichtes ist die Verhandlung vor Pilatus. In dramatischen Innen- (Joh 18,33–38a; 19,1–3.8–12) und Außenszenen (Joh 18,29–32.38b–40; 19,4–7.13–16a) wird die Frage nach Jesu wahrem Königtum geklärt, wobei der wiederholte Ortswechsel des Pilatus das Gliederungsprinzip für die sieben Szenen markiert. Die Außenszenen benennen die Anklage und die sich daraus ergebende Argumentation, die Innenszenen haben Jesu Königtum zum Thema. Die Raumstruktur hat somit auch eine symbolische Dimension: Während ›innen‹ Jesus als wahrer König erscheint, fordert ›draußen‹ die Menge seinen Tod. Als Offenbarer, Zeuge und Verkörperung der Wahrheit (Joh 18,36–38) ist Jesus ›König‹. Zu seinem Reich gehören alle, die ihren Ursprung in der Wahrheit haben. Nicht zufällig steht der Wahrheitsbegriff im Zentrum des johanneischen Passionsberichtes. Im Prozess gegen Jesus geht es nicht um machtpolitische Fragen; es wird über die Wahrheit gerichtet, die Welt streitet gegen die Offenbarung Gottes.[24] Ironischerweise erkennen die Juden ihren wahren König nicht (vgl. Joh 19,12) und es ist Pilatus, der mit der Kreuzesinschrift (Joh 19,19) offiziell aller Welt die Wahrheit über Jesus von Nazareth mitteilt. Die Kreuzesinschrift wird so von der Anklagetafel zum Ehrentitel.

Die Erscheinungserzählungen in Joh 20 sind durch eine doppelte Bewegung gekennzeichnet:[25] Unverkennbar ist eine Steigerung der Gegenwart des Auferstandenen in eine neue, unverfügbare Leiblichkeit hinein. War die Leiblichkeit des Inkarnierten ein zentrales Thema des Prologs, so stehen das Sehen/Schauen/Erblicken/Wahrnehmen (und Verstehen) der Leiblichkeit des zum Vater Auffahrenden und der damit verbundene Glaube im letzten Kapitel des Evangeliums im Mittelpunkt. Während Petrus und der Lieblingsjünger nur die Leinenbinden im leeren Grab sehen (Joh 20,1–10), erscheint Jesus bereits Maria Magda-

---

24 Vgl. Thomas Söding, Die Macht der Wahrheit und das Reich der Freiheit, ZThK 93 (1996), 35–58.
25 Vgl. hier: Craig R. Köster/Reimund Bieringer (Hrsg.), The Resurrection of Jesus in the Gospel of John, WUNT 222, Tübingen 2008.

lena, ohne dass sie ihn berühren darf (Joh 20,11–18). Den Jüngern zeigt Jesus als Legitimation seine Wundmale (Joh 20,19–23), und Thomas wird sogar aufgefordert, die Wundmale zu berühren, um so die Identität des Gekreuzigten mit dem Auferstandenen handgreiflich zu erfahren (Joh 20,24–20). Eine gegenläufige Tendenz zeigt sich in der Glaubensgewissheit. Während der Lieblingsjünger glaubt ohne zu sehen, glaubt Maria Magdalena erst auf die direkte Anrede Jesu hin (Joh 20,16). Von den Jüngern heißt es dann, dass sie sich angesichts der Erscheinung Jesu ›freuten‹ (Joh 20,20b), und der Zweifel des Thomas muss durch die Leibhaftigkeit des Auferstandenen überwunden werden. Durch diese gegenläufige Bewegung verkörpert der Lieblingsjünger in idealer Weise das Prinzip, das nun auch für die textexterne Hörer- und Lesergemeinde gilt: ›Selig sind, die nicht sehen und doch glauben‹ (Joh 20,29b).

Mit Joh 21 melden sich die Herausgeber des Evangeliums zu Wort.[26] Sie lassen Jesus ein weiteres Wunder vollbringen (Joh 21,1–14) und korrigieren vor allem das Verhältnis ›Lieblingsjünger‹ – Petrus: In Joh 1–20 ist der ›Lieblingsjünger‹ stets Petrus vorgeordnet, nun aber erhält Petrus dreimal den Auftrag, die ›Lämmer/Schafe Jesu zu weiden‹ (21,15–17). Aus dem Lieblingsjünger als dem Hermeneuten des Christusgeschehens und Garanten der johanneischen Tradition wird nun zudem der Verfasser des gesamten Evangeliums, der schließlich von den Hörern/Lesern des Evangeliums mit dem Zebedaiden Johannes gleichgesetzt werden soll (Joh 21,24–25).

4 Die Ebenen der christologischen Verdichtungen

Die christologischen Titel sind in die Erzählung eingebettet, aber zugleich mit einem traditionsgeschichtlichen und theologischen Eigengewicht versehen. Narrative Christologie und Titelchristologie sind bei Johannes gekoppelt, gleichzeitig kommt aber den christologischen Titeln eine Eigenbedeutung zu, weil sie als Wissensspeicher und Deutungsträger prägnant zum Ausdruck bringen, wer und was Jesus Christus für die Glaubenden ist.

---

26 Die ursprüngliche Zugehörigkeit von Kap. 21 zum Johannesevangelium ist umstritten; dafür plädiert z. B. Hartwig Thyen, Das Johannesevangelium, HNT 6, Tübingen 2005, 771–777; die Gegenargumente finden sich bei Udo Schnelle, Das Evangelium nach Johannes (s. Anm. 20), 396–398.

4 Die Ebenen der christologischen Verdichtungen

Im Prolog (Joh 1,1–18) wird der erstmals in Joh 1,17 erscheinende Name Jesus Christus mit dem Logos (λόγος = ›Wort/Rede/Vernunft‹) identifiziert. Damit beantwortet Johannes die für alle Kulturen und Religionen zentrale Frage der Legitimation durch Abstammung: Der Logos Jesus Christus gehört von Anfang an zu Gott; er ist bei Gott und göttlich (Joh 1,1 f.). Der explizite Hinweis auf Gen 1,1LXX und die Anspielungen auf den jüdischen Weisheitsmythos verweisen die Adressaten auf die grundlegende Bedeutung der alttestamentlich-jüdischen Tradition. Darüber hinaus eröffnet der Logos-Begriff bewusst einen weiteren Kulturraum: die Welt der griechisch-römischen Philosophie und Bildung. Als Schlüsselwort der griechischen Bildungsgeschichte[27] aktiviert der Logos ein umfangreiches Anspielungspotential, das bei der produktiven Mitarbeit der Hörenden/Lesenden in den Verstehensprozess miteinfließt. Der Logos Jesus Christus ist aus der ursprünglichen Einheit mit Gott hervorgegangen, er ist Gottes schöpferische Kraft und der Ursprung und das Ziel allen Seins. Zwar erscheint Logos nur in Joh 1,1.14, aber der Prolog ist ein mitgehender Anfang, dessen theologische Bestimmungen im gesamten Evangelium vorausgesetzt werden.

Der zentrale christologische Titel ist *Sohn Gottes* (υἱὸς τοῦ θεοῦ 38mal im Evangelium; υἱός bzw. υἱὸς τοῦ θεοῦ 22mal im 1Johannesbrief; 2mal im 2Johannesbrief). Er ist besonders geeignet, das einzigartige Verhältnis zwischen Gott und Jesus von Nazareth auszusagen und muss auf der Basis der seinshaften Einheit von Vater und Sohn (vgl. Joh 10,30) verstanden werden.[28] Zum ersten Mal erscheint der Titel im vollen offenbarungstheologischen Sinn in Joh 1,34, um dann im weiteren Verlauf des Werkes mehr und mehr entfaltet zu werden (vgl. Joh 1,49; 11,27).[29] Die Aufnahme des Titels an dieser Stelle lässt die sorgfältige Komposition des Evangelisten erkennen: a) Keiner der in Joh 1,20 f.25 an den Täufer herangetragenen Titel vermag das Wesen Jesu wirklich zu erfassen. b) Johannes verweist mit ὁ υἱὸς (τοῦ θεοῦ) auf den Abschlussvers des Evangeliums (Joh 20,31), so dass der Titel ›Sohn Gottes‹ das Wirken Jesu in seiner Gesamtheit von der Berufung der ersten Jünger bis hin zur Sendung der Jünger umspannt. Inhaltlich umfasst der Titel

---

27 Vgl. die Belege in: Neuer Wettstein I/2: Texte zum Johannesevangelium, hrsg. v. Udo Schnelle u. Mitarb. v. Manfred Lang/Michael Labahn, Berlin 2001, 11–15.
28 Vgl. hier Ferdinand Hahn, Art. υἱός, EWNT III, Stuttgart 1983, 922 f.
29 Vgl. bes. die Bekenntnisse des Nathanael (Joh 1,49) und der Marta (Joh 11,27).

das Offenbarungswirken des Sohnes, dem vom Vater alles übergeben wurde (Joh 3,35; 17,2), der allein Kunde vom Vater bringt (Joh 1,18; 6,46), der den Willen des Vaters tut (Joh 5,19 f.) und dessen Sendung auf die Rettung der Welt zielt. Wer den Sohn sieht und an ihn glaubt, hat das ewige Leben (Joh 3,36; 6,40), besitzt die wahre Freiheit (Joh 8,32.36) und sieht zugleich den Vater (Joh 12,45; 14,9). Es verwundert nicht, dass der Vorwurf des Ditheismus sich am Sohnes-Titel entzündet (Joh 5,17–23; 10,33–39; 19,7). Es geht um die Auslegung des Vaters durch den Sohn und die Legitimation des Sohnes durch den Vater. Der Sohn tut nichts von sich aus, sondern weiß sich umfassend durch den Willen des Vaters legitimiert. Der Sohn-Titel bringt die ausschließliche Offenbarungsvollmacht und die alleinige Heilsmittlerschaft Jesu Christi prägnant zum Ausdruck.

Der Titel-Name *Jesus Christus* (Ἰησοῦς Χριστός) erscheint nur in Joh 1,17 und 17,3 (vgl. aber 1Joh 1,3; 2,1; 3,23; 4,2; 5,5.20), im Mittelpunkt steht das an der atl. Messiaserwartung orientierte absolute (ὁ) Χριστός (= der ›Christus/der Gesalbte‹; 17mal im Evangelium; Transkription ins Griechische in Joh 1,41; 4,25). Der Täufer lehnt diesen Titel für sich ausdrücklich ab (Joh 1,20.25; 3,28). Positiv signalisieren vor allem die Bekenntnisaussagen in Joh 4,29; 7,26.41; 10,24, Joh 11,27 und Joh 20,31 den damit verbundenen Anspruch: Jesus von Nazareth ist der im Alten Testament verheißene Messias. Die damit verbundenen strittigen Fragen werden ausdrücklich thematisiert: die Herkunft (Joh 4,25; 7,27.41 f.), die Wundertätigkeit (Joh 7,31) und die ewige Existenz des Messias (Joh 12,41). Das Nebeneinander von »Sohn Gottes« und »Christus« in Joh 11,27 und 20,31 zeigt deutlich, dass für Johannes Messianität und Gottessohnschaft zusammengehören; der Gottessohn ist der Messias und umgekehrt.

Voll eingebettet in die Gesamtkonzeption der johanneischen Christologie ist der *Menschensohn-Titel* (13mal ὁ υἱὸς τοῦ ἀνθρώπου). Die Verbindung mit dem Präexistenz- und Sendungsmotiv zeigt sich deutlich im ›Hinab- und Hinaufsteigen‹ des Menschensohnes (vgl. Joh 1,51; 3,13 f.; ferner 6,27.53 mit 6,33.38.41 f.50 f.58), wobei in Joh 6,62 ausdrücklich die Präexistenz des Menschensohnes ausgesagt wird. Als der vom Himmel Hinabgestiegene und dorthin wieder Aufsteigende vollzieht der Menschensohn für Johannes bereits in der Gegenwart seine Funktionen als Richter (Joh 5,27), Lebensspender (Joh 6,27.52.62) und Messias (Joh 8, 28; 9,35; 12,23.34; 13,31 f.).[30] Vorausgesetzt ist dabei immer die sachliche

4 Die Ebenen der christologischen Verdichtungen

Priorität des Vaters (vgl. Joh 6,27), dessen Handeln am Menschensohn das Heil der Menschen ermöglicht. Der von Gott herkommende Logos hat auch nach seiner Inkarnation immerwährenden Zugang zur himmlischen Welt, denn er eröffnet nun als gegenwärtig wirkender Menschensohn den Glaubenden den Zugang zur himmlischen Welt und damit zu Gott (Joh 1,51) Die interne Vernetzung verschiedener Motivkomplexe wird auch in Joh 3,13 f. sichtbar, wo die Präexistenz und Sendung mit der Erhöhung und Verherrlichung des Menschensohnes verbunden werden. Wie die Erhöhung der Schlange in der Wüste, so hat auch die Erhöhung Jesu rettende Funktion. Die johanneischen Menschensohnworte erhalten durch ihre Interpretation im Rahmen der Kreuzes- und Erhöhungstheologie ihr besonderes Gepräge. Die Anabasis des Menschensohnes wird in spezifisch johanneischer Weise als ›Erhöhung‹ gedeutet, wobei auch in Joh 8,28; 12,32 ὑψοῦν (= ›erhöhen‹) die Kreuzigung Jesu meint. Nicht erst Jesu Erhöhung in den Himmel, sondern bereits seine Erhöhung an das Kreuz ist rettendes Geschehen.

Der Titel Herr (κύριος) erscheint 43mal im Johannesevangelium, gewinnt aber erst in den Ostererzählungen an Profil. Während zuvor ›Herr‹ zumeist ohne hoheitliches Gewicht gebraucht wird, dient κύριος in Joh 20,2.18.20.25 zur Bezeichnung des Auferstandenen bis hin zum Bekenntnis des Thomas: »Mein Herr und mein Gott« (Joh 20,28). Das ›Sehen des Herrn‹ in Joh 20,18.20.25 verweist auf 1Kor 9,1 und zeigt, dass Kyrios auch im johanneischen Traditionskreis als spezielle Bezeichnung für den Auferstandenen gebraucht wurde.

Neben den christologischen Titeln, die sich jeweils in größerer Zahl über das Evangelium erstrecken, finden sich an einzelnen Stellen *christologische Prädikationen*, die in besonderer Weise Jesu Würde und heilschaffendes Wirken hervorheben: 1) Das gesamte Auftreten Jesu wird vom *Königsmotiv* umrahmt,[31] Jesus Christus ist der ›König Israels/König der Juden‹ (zu βασιλεύς/βασιλεία vgl. Joh 1,49; 12,13.15; 18,33.36.37.39; 19,3. 12.14.15.19.21). Am Anfang steht das Bekenntnis des Nathanael zum König Israels (Joh 1,49), das in der Einzugsakklamation wiederaufgenommen wird (Joh 12,13); am Ende des Evangeliums dominiert das

---

30 Vgl. hier Delbert Burkett, The Son of the Man in the Gospel of John, JSNT.S 56, Sheffield 1991.
31 Zum Königsmotiv bei Johannes vgl. Rosel Baum-Bodenbender, Hoheit in Niedrigkeit, FzB 49, Würzburg 1984.

Motiv der Königswürde Jesu. Damit verbindet sich die Wendung βασιλεία τοῦ θεοῦ (›Reich Gottes‹) in Joh 3,3.5, deren Bezüge zum Pilatusverhör offenkundig sind. So wie Jesu Reich (βασιλεία) nicht von dieser Welt ist (Joh 18,36), müssen die Menschen ›von oben/von neuem‹ geboren werden, um am Heil zu partizipieren. Im Gegensatz zu der vordergründig urteilenden Menge (vgl. Joh 6,15) wissen die Leser/Leserinnen des Evangeliums um Jesu Christi wahres Königtum, das allein in seiner Legitimation durch den Vater besteht. 2) Im Gespräch mit der samaritanischen Frau am Brunnen (Joh 4,4-42) wird Jesus in einer aufsteigenden Linie als Jude (Joh 4,9), bedeutender als Jakob (Joh 4,12), als Prophet (Joh 4,19), Messias (Joh 4,25 f.29) und schließlich in Joh 4,42 als Retter der Welt bezeichnet (ὁ σωτὴρ τοῦ κόσμου).[32] Der Begriff σωτήρ (= ›Retter‹) stammt aus dem hellenistischen Herrscherkult und wurde im Urchristentum auf Jesus übertragen (vgl. Luk 2,11; Apg 5,31; 13,23; Phil 3,20; 1Tim 4,10; 2Tim 1,10; Tit 1,4; 2,13; 3,6; Eph 5,23; 2Petr 1,1.11; 2,20; 3,2.18; 1Joh 4,14). Er weist in neutestamentlicher Zeit auch eine politisch-religiöse Konnotation auf: Der römische Kaiser ist der Wohltäter und Retter der Welt, er garantiert nicht nur die politische Einheit des Reiches, sondern gewährt seinen Bürgern Wohlstand, Heil und Sinn.[33] Demgegenüber betont Johannes, dass allein Jesus Christus rettet, der bereits in der Gegenwart ewiges Leben im Glauben schenkt (vgl. Joh 3,17; 12,47). 3) In der erzählerischen Eröffnung des Evangeliums wird Jesus zweimal (Joh 1,29.36) als das Lamm Gottes (ὁ ἀμνὸς τοῦ θεοῦ) bezeichnet; ihm gilt das Offenbarungswort des Täufers, das als erste positive Würdebezeichnung programmatischen Charakter hat. Das Lamm als Kontrastbild zu vordergründiger Macht und Stärke zeigt, dass Gottes Liebe in Schwachheit und Verborgenheit zu den Menschen kommt. 4) In Joh 6,69 spricht Petrus im Namen der treuen Jünger zu Jesus: ›du bist der Heilige Gottes‹ (σὺ εἶ ὁ ἅγιος τοῦ θεοῦ). Diese im 4. Evangelium einmalige christologische Prädikation, die zugleich eine Variation des markinischen Petrusbekennt-

---

32 Vgl. dazu Craig R. Koester, The Savior of the World, JBL 109 (1990), 665-680; Michael Labahn, ›Heiland der Welt‹. Der gesandte Gottessohn und der römische Kaiser – ein Thema johanneischer Christologie?, in: Michael Labahn/Jürgen Zangenberg (Hrsg.), Zwischen den Reichen: Neues Testament und Römische Herrschaft, TANZ 36, Tübingen 2002, 147-173.

33 Vgl. die Texte in: Neuer Wettstein I/2 (s. Anm. 27), 239-257; ferner Texte und Analysen bei Franz Jung, ΣΩΤΗΡ. Studien zur Rezeption eines hellenistischen Ehrentitels im Neuen Testament, NTA 39, Münster 2002, 45-176.

nisses ist (Mk 8,29), bringt in besonderer Dichte die Einheit von Vater und Sohn zum Ausdruck. Jesus hat als ›Heiliger Gottes‹ Anteil am innersten Wesen Gottes (vgl. Joh 10,30.36; 14,10; 17,17.19).

5 Die Ebenen der theologischen Programme

In die Erzählung eingebettet und mit den christologischen Hoheitstiteln vielfach kombiniert, bestimmen theologische Programme die Struktur des 4. Evangeliums. Die besondere Leistung des Evangelisten Johannes besteht darin, die Frage nach der Göttlichkeit und Menschlichkeit in der Person Jesu Christi weitaus umfassender als alle anderen ntl. Schriften zu erörtern und vor allem präziser zu bestimmen.

5.1 Die Präexistenz und Göttlichkeit Jesu Christi
Die Frage nach dem Wesen der Person Jesu Christi wird bereits im Prolog[34] eindeutig beantwortet: Er ist als präexistenter Logos ›göttlich/vom Wesen Gottes‹ (Joh 1,1c: θεός) und der ›einzig geborene Gott‹ (Joh 1,18: μονογενὴς θεός). Weder ist der Logos einfach mit Gott identisch, noch gibt es neben dem höchsten Gott einen zweiten Gott, sondern der Logos ist vom Wesen Gottes. Damit korrespondiert nicht zufällig am primären Ende des Evangeliums (Joh 20,28) das Bekenntnis des Thomas: »Mein Herr und mein Gott« (ὁ κύριός μου καὶ ὁ θεός μου). Diese Verbindung verweist auf Ps 34,23LXX und hat eine auffallende Parallele in der von Domitian in seiner Spätzeit geforderten Anrede ›Dominus et Deus noster‹.[35] Wenn auf diesem Hintergrund die vom Kaiser beanspruchten Attribute von Johannes auf den gekreuzigten und auferstandenen Jesus Christus übertragen werden, dann beinhaltet dies auch eine deutliche Kritik am Kaiserkult.[36] Eine vergleichbare politische Konnotation findet sich in 1Joh 5,20, wo es im Kontext des römischen Kaiserkultes und lokaler Verfolgungen (vgl. 1Joh 5,21) über den Gottessohn Jesus Christus heißt: »Dieser ist der wahre Gott (οὗτός ἐστιν ὁ ἀληθινὸς θεός) und das ewige Leben.«

---

34 Neben den Kommentaren vgl. Martin Hengel, The Prologue of the Gospel of John as the Gateway to Christological Truth, in: Richard Bauckham/Carl Mosser (Hrsg.), The Gospel of John and Christian Theology, Grand Rapids 2008, 265–294.
35 Sueton, Domitian 13,2.
36 In den Inschriften von Ephesus findet sich das Prädikat θεός für zahlreiche Kaiser; vgl. Sjef van Tilborg, Reading John in Ephesus, NT.S 83, Leiden 1996, 41–47.

Alle Texte wahren die subtile Balance von Identität und Unterschiedenheit zwischen Vater und Sohn. Jesus Christus ist göttlich, weil er umfassend am Wesen des Vaters teilhat. Damit vertritt Johannes (wie zuvor Paulus) einen exklusiven Monotheismus in binitarischer Gestalt. Die Verehrung des einen Gottes wird ausgeweitet auf seinen Sohn. Zugleich bleibt das Verhältnis von Gott-Vater und dem göttlichen Logos/Sohn in einer eigentümlichen und gerade darin sachgemäßen Spannung, die weder durch eine Ontologie der Identität noch durch eine reduktive Subordination aufgelöst werden darf. Ihren sachlichen Grund hat diese Konzeption in der seinshaften Einheit von Vater und Sohn (Joh 10,30). Dies bringen auch die ›Ich-bin-Worte‹ (ἐγώ εἰμι) zum Ausdruck,[37] die als das Zentrum der Selbstverkündigung Jesu und Schlüsselworte der joh. Offenbarungstheologie gelten müssen (Joh 6,35a: Brot des Lebens; 8,12: Licht der Welt; 10,7: die Tür zu den Schafen; 10,11: der gute Hirte; 11,25: die Auferstehung und das Leben; 14,6: der Weg, die Wahrheit und das Leben; 15,1: der wahre Weinstock). In bewusster Aufnahme der Selbstvorstellung des Vaters (Ex 3,14LXX: ›Ich bin der Seiende‹; vgl. auch Ex 3,6.17; Jes 43,10.11LXX; 45,12LXX) wird der Sohn zum Offenbarungsträger. Die ›Ich-bin-Worte‹ sind Summarien der johanneischen Offenbarungstheologie,[38] in denen sich der Sohn wie zuvor der Vater im ›Ich-bin‹ offenbart.

Für die Verhältnisbestimmung von Vater und Sohn sind somit zunächst zwei Extreme auszuschließen: 1) Für Johannes existiert nur ein Gott, der sich als Vater Jesu Christi offenbart hat (vgl. Joh 1,1b; 17,1). Nur der Vater ist der ›eine Gott‹ (εἷς θεός)! Der Vater sendet und ermächtigt den Sohn, der allein aus der ihm verliehenen Vollmacht heraus handelt. Deshalb sagt der Auferstandene zu Maria Magdalena: »Ich steige auf zu meinem Vater und eurem Vater, zu meinem Gott und zu eurem Gott« (Joh 20,17). Der von den Juden erhobene Vorwurf einer ditheistischen Konstruktion (vgl. Joh 5,18; 10,33; 19,7) ist gegenstandslos, denn es handelt sich bei der Gottessohnschaft/der Göttlichkeit des Sohnes nicht um eine Usurpation gottgleicher Würde, sondern um eine präzise Bestim-

---

37 Vgl. Hartwig Thyen, Ich-Bin-Worte, RAC XVII, Stuttgart 1996, 147–213; David Mark Ball, ›I Am‹ in John's Gospel. JSNT.S 124, Sheffield 1996; Catrin H. Williams, I am He, WUNT 2.113, Tübingen 2000.

38 Treffend bezeichnet John Ashton, Understanding the Fourth Gospel, Oxford 1991, 186, die ›Ich-Bin-Worte‹ als »miniature Gospels«.

mung des Wollens des Vaters. 2) Ebenso muss aber festgehalten werden, dass der aus der späteren dogmengeschichtlichen Entwicklung entlehnte Begriff der Subordination nicht geeignet ist, das Ziel der johanneischen Bestimmungen zu erfassen. Der Sohn ist weitaus mehr als ein Agent des Vaters, er ist nicht nur beauftragt und hat nicht nur an dessen Wesen teil, sondern ist vom Wesen des Vaters. Deshalb muss von einer Wesenseinheit von Vater und Sohn bei Johannes gesprochen werden, die sich als Willens- und Wirkeinheit realisiert. Der Gedanke der Einheit von Vater und Sohn ermöglicht es Johannes, in seiner Jesus-Christus-Geschichte uneingeschränkt am Monotheismus festzuhalten und zugleich die für sein Denken charakteristischen Relationierungen vorzunehmen. Johannes denkt nicht statisch, sondern in dynamischen, kommunikativen Relationen: Die Liebe des Vaters zum Sohn ist die Basis ihrer Einheit (vgl. Joh 3,35; 10,17 u. ö.), in der Hinordnung des Sohnes zum Vater sind beide uneingeschränkt aufeinander ausgerichtet. Die Relationierung zielt auf Partizipation, auf die bleibende Einheit in der Differenz.

Von der Göttlichkeit Jesu Christi zeugen auch die Präexistenzaussagen, die von seiner himmlischen Vorgeschichte sprechen; sie bringen sein zeitunbegrenztes und vorschöpferisches Sein sowie seine Teilhabe an der Ewigkeit des Vaters zur Sprache (vgl. Joh 1,1–3.30; 6,62; 8,58 17,5.24).[39] Niemand hat jemals Gott gesehen außer der Logos/der Sohn (vgl. Joh 1,18; 3,11.13.31.32; 5,37 f.; 6,46); es gilt: »Vom Vater bin ich ausgegangen und in die Welt gekommen. Ich verlasse die Welt wieder und gehe zum Vater zurück« (Joh 16,28). Jesus kommt von ›oben‹ (Joh 3,31; 8,14.23), vom Himmel (Joh 3,13; 6,33.38.41 f.46.50.62) und geht wieder zum Vater zurück (Joh 13,33; 14,2.28; 16,5). Auch Mose (Joh 5,45 f.), Abraham (Joh 8,58) und Jesaja (Joh 12,41) bezeugen, dass Jesus als präexistenter Gottessohn schon immer zu Gott gehört. Seine Existenz unterliegt keinen zeitlichen oder sachlichen Grenzen. Nachdem Jesus auf Erden den Willen Gottes getan

---

39 Vgl. dazu Friederike Kunath, Die Präexistenz Jesu im Johannesevangelium, BZNW 212, Berlin 2016, die allerdings Joh 1,1 f. von den anderen Präexistenztexten aus liest (a. a. O., 366): »Es ist deshalb unzutreffend, Joh 1,1 f. als den wichtigsten und zentralen Präexistenztext im Johannesevangelium anzusehen und die Funktion der anderen Stellen nur als Rückbezug auf die schon im Prolog entfaltete Präexistenz zu bestimmen. Das Thema der Präexistenz wird sukzessive, im Verlauf des Evangeliums entwickelt und es kommt im Abschiedsgebet Jesu, im Zusammenhang mit seinem Weggang und seiner Verherrlichung, zum Höhepunkt.«

und dessen Werk vollendet hat (Joh 4,34), kehrt er in die Herrlichkeit des Vaters zurück (Joh 7,33; 13,1.3; 14,12; 12,28; 17,5.11). Die Präexistenz zielt auf die Inkarnation, denn in Jesus Christus kommt Gott auf die Menschenwelt zu und geht vollständig in sie ein.

5.2 Die Menschwerdung und die Menschlichkeit Jesu Christi

Bereits im Prolog wird vom präexistenten Logos gesagt, dass er ›Fleisch‹ (σάρξ), d. h. Mensch wurde (Joh 1,14). Auch im Johannesevangelium bezeichnet Sarx den geschöpflichen Menschen aus Fleisch und Blut (vgl. Joh 1,13; 3,6; 6,51.52. 53.54.55.56.63; 8,15; 17,2), die ›pure Menschlichkeit‹,[40] so dass σὰρξ ἐγένετο (»Fleisch geworden«) in V. 14a nicht nur als ›Berührung mit dem Irdischen‹[41] aufgefasst werden kann. Es benennt vielmehr eine Veränderung des Logos; *er ist nun, was er zuvor nicht war: wahrer und wirklicher Mensch*. Die Menschwerdung sagt die volle Teilhabe Jesu Christi an der Geschöpflichkeit, Geschichtlichkeit und damit auch Vergänglichkeit allen Seins aus. Damit ist Gott selbst Subjekt wirklicher menschlicher Existenz. Zudem ist die Inkarnation für Johannes kein punktuelles Ereignis, sondern Joh 1,14 hat bereits das gesamte Auftreten und Wirken Jesu Christi im Blick. Zugleich gilt aber: Inkarnation bedeutet nicht die Preisgabe der Göttlichkeit Jesu, denn gerade in der Fleischwerdung des präexistenten Logos wird seine ›Herrlichkeit‹ (δόξα) sichtbar (Joh 1,14c). Im 4. Evangelium ist somit Jesu Menschlichkeit ein Prädikat seiner Göttlichkeit. Jesus ist Mensch geworden und zugleich Gott geblieben: Gott im Fleisch. Er wurde Mensch ohne Abstand und Unterschied, Mensch unter Menschen. Zugleich ist er Gottes Sohn, auch zu ihm ohne Abstand und Unterschied.

Diese Doppelstruktur des Göttlichen und Menschlichen wird besonders in den Wundererzählungen deutlich.[42] Sie zeugen mit ihren außergewöhnlichen Dimensionen und der ausdrücklichen Nachprüfbarkeit ihrer Realität (vgl. Joh 2,9 f.; 4,51 ff.; 5,2.5; 6,13; 9,9.20.25.39; 11,18.39. 44) von der Anwesenheit des Göttlichen in der Welt. Zugleich wird in den Wundern und in anderen zentralen Erzählzusammenhängen Jesu Menschsein hervorgehoben. Er feiert eine Hochzeit (Joh 2,1–11); er liebt

---

40 Vgl. Rudolf Bultmann, Johannes (s. Anm. 4), 40.
41 Vgl. Ernst Käsemann, Jesu letzter Wille nach Johannes 17, Tübingen: Mohr, ³1971, 28.
42 Vgl. dazu Udo Schnelle, Antidoketische Christologie im Johannesevangelium, FRLANT 144, Göttingen 1987, 87–151.

5 Die Ebenen der theologischen Programme

seinen Freund Lazarus (Joh 11,3), er ergrimmt über die Trauer der Menge (Joh 11,33 f.) und weint über Lazarus (Joh 11,35). Jesus stammt aus Nazareth in Galiläa (Joh 1,45 f.; 4,44; 7,41.52) und nicht aus Bethlehem (vgl. Joh 7,42); seine Eltern sind ebenso bekannt (Joh 1,45; 2,1.3.12; 6,42; 19,26) wie seine Brüder (Joh 2,12; 7,1–10). Er besitzt einen sterblichen Leib (Joh 2,21) aus Fleisch (Joh 6,51) und Blut (Joh 19,34). In höchster Leidenschaft reinigt er den Tempel (Joh 2,14–22); auf Wanderungen ist er erschöpft und durstig (Joh 4,6 f.). Pilatus lässt ihn von seinen Soldaten durch Geißeln und Dornen foltern (19,1 f.), um dann gewissermaßen amtlich zu bestätigen: »Siehe, der Mensch!« (Joh 19,5). Ein Mitglied des Hinrichtungskommandos stellt eindeutig fest, dass Jesus tatsächlich tot ist (Joh 19,33) und schließlich wird der Leichnam Jesu amtlich freigegeben (Joh 19,38). Bei seiner Bestattung soll der zu erwartende Leichengeruch durch Duftstoffe gebannt werden (Joh 19,39 f.). Die Jünger und zuletzt Thomas dürfen sich schließlich durch Augenschein davon überzeugen, dass der Leib des Auferstandenen mit dem des irdischen und gekreuzigten Jesus identisch ist (vgl. Joh 20,20.27).

Religionsgeschichtlich muss die Inkarnation/Fleischwerdung im Sinne der *realen und bleibenden Menschwerdung* eines Gottes bzw. gottähnlichen Wesens als eine neue frühchristliche Vorstellung angesehen werden, die es zuvor in dieser Form nicht gab.[43] Sie findet sich erstmals bei Paulus bzw. seinen Traditionen (vgl. Gal 4,4; Röm 8,3; 9,5; 2Kor 8,9; Phil 2,7 f.; zur Präexistenzvorstellung vgl. 1Kor 8,6; 10,4; Gal 4,4; Röm 8,3; 2Kor 8,9; Phil 2,6); Johannes nahm sie offenkundig auf und baute sie aus. Weder die Schechina-Vorstellung aus dem jüdischen Bereich[44] noch die temporäre Menschwerdung griechischer Götter/Heroen sind wirkliche Parallelen. Sowohl Gottes ›Wohnen‹ als auch das Herabkommen der göttlichen Weisheit oder einzelner Engel betonen zwar die Welt- und Menschenzugewandtheit Jahwes, aber es gibt keine wirkliche frühjüdische Inkarnationsvorstellung, die das bleibende Kommen Gottes bzw. des Messias ›im Fleisch‹ aussagt. Zudem war gerade für Juden der Ge-

---

43 Vgl. Udo Schnelle, Inkarnation. Theologische und religionsgeschichtliche Überlegungen, in: Im Gespräch mit C. F. Georg Heinrici, hrsg. v. Marco Frenschkowski/Lena Seehausen, WUNT 2.546, Tübingen 2021, 325–350.
44 So aber Bernd Janowski, Die Einwohnung Gottes in Israel, in: Bernd Janowski/Enno Edzard Popkes (Hrsg.), Das Geheimnis der Gegenwart Gottes. Zur Schechina-Vorstellung in Judentum und Christentum, WUNT 318, Tübingen 2014, 3–40.

danke unerträglich, dass Menschen wie der römische Kaiser Caligula sich anmaßten, als Götter zu gelten und verehrt zu werden.[45] Ebenso stellt die temporäre Menschwerdung der griechischen Götter keine wirkliche Inkarnation dar und die Heroen sind zwar ethische Vorbilder, aber ihnen kommt in keiner Weise eine soteriologische Funktion zu. Schließlich ist es für beide kulturellen Systeme undenkbar, einen Gekreuzigten als Sohn Gottes zu verehren (vgl. 1Kor 1,23). Speziell diese Doppelstruktur des wirklich Menschlichen und bleibend Göttlichen ist religionsgeschichtlich nicht ableitbar und bildet das Fundament der in dieser Form theologisch und religionsgeschichtlich neuen Inkarnationsvorstellung.

5.3 Der vom Vater gesandte Sohn
Ein weiteres zentrales Element der johanneischen Christologie sind die Sendungsaussagen.[46] Durchgängig verweist Jesus auf den Vater, der ihn gesandt hat (vgl. Joh 3,16; 5,23.24.30.37; 6,29.38.39.44.57; 7,16.18.28.29.33; 8,16.18.26.29.42; 10,36; 12,44.45.49; 13,16.20; 14,24; 15,21; 16,5; 17,3.8.18.21.23.25; 20,21). Von Jesus soll geglaubt werden, dass der Vater/Gott ihn gesandt hat (Joh 5,36; 11,42; 17,8.21.23.25). Die Erkenntnis der Sendung Jesu ist Inhalt des Glaubens und das Ziel des Lernprozesses beim Hören/Lesen des Evangeliums. Die Sendung des Sohnes hat ihren Grund in der Liebe Gottes und ihr Ziel in der Rettung der Welt (Joh 3,17; 1Joh 4,9 f.). Deshalb kann man die Sendung als Heilsgeschehen in nuce ansehen (Joh 3,17; 17,3), denn mit ihr gibt Gott seinen Sohn der Welt als ein Liebesgeschenk (Joh 3,16; 6,32).[47] Über die alttestamentliche Sendungs- oder Prophetenvorstellung geht dieses Konzept weit hinaus, denn der Gesandte repräsentiert nicht nur den Sendenden, sondern er ist wie der Sendende selbst; er bringt nicht nur eine Botschaft, sondern er ist die Botschaft selbst. Er handelt anstelle des Sendenden, und sein Handeln hat die gleiche Gültigkeit wie das des Sendenden: Jesus redet frei und offen als

---

45 Vgl. Philo, LegGai 118.
46 Vgl. dazu Wayne A. Meeks, The Man from Heaven in Johannine Secretarianism, JBL 91 (1972), 44–72; Jan A. Bühner, Der Gesandte und sein Weg im 4. Evangelium, WUNT 2.2, Tübingen 1977; Andreas J. Köstenberger, The Mission of Jesus and the Disciples according to the Fourth Gospel, Grand Rapids 1998.
47 Vgl. Enno Edzard Popkes, Die Theologie der Liebe Gottes in den johanneischen Schriften, WUNT 2.197, Tübingen 2005; Francis J. Moloney, Love in the Gospel of John, Grand Rapids 2013.

der Gesandte die Worte Gottes (Joh 3,34; 12,49.50; 14,24; vgl. 14,10); seine Lehre stammt nicht von ihm selbst, sondern von dem, der ihn gesandt hat (Joh 7,16); sie ist aus Gott (Joh 7,17). Gleiches gilt von seinem Gericht (Joh 5,30; 8,16). Jesus tut nur die Werke dessen, der ihn gesandt hat (Joh 9,4); er handelt in dessen Namen (Joh 10,25) und nicht aus sich selbst heraus (Joh 5,19.30). Er kann auch gar nichts anderes tun, als der Vater tut (Joh 5,19); dieser zeigt ihm alles, was er tun soll (Joh 5,20.36). Somit gilt: In Jesus wirkt der Vater (Joh 14,10). Als Gesandter hat Jesus auch keinen eigenen Willen, sondern er verbalisiert den Willen des Sendenden (Joh 5,30), setzt ihn durch (Joh 4,34; 6,38 ff.), befolgt sein Gebot (Joh 8,29; 10,18; 14,31) und vollendet sein Werk (Joh 4,34; 17,4). Mit den Sendungsaussagen kommt also zum Ausdruck: In dem Menschen Jesus, der redet, lehrt und wirkt, ist zugleich ein anderer präsent und redet, lehrt und wirkt: Gott selbst.

Damit wird bereits deutlich, dass die johanneische Sendungschristologie nicht isoliert werden darf, sondern als ein organischer Bestandteil des Ganzen der Christologie des 4. Evangeliums angesehen werden muss.[48] Sie setzt die Präexistenz und Inkarnation des Sohnes ebenso wie seinen Tod am Kreuz und seine Erhöhung voraus, denn die Sendung ereignet sich nicht in einem zeitlosen Auf- und Abstieg, sondern sie vollendet sich am Kreuz (Joh 19,30). Das Sein bei und das Kommen von Gott ist die gemeinsame Grundlage der Präexistenz-, Inkarnations- und Sendungsaussagen. In der Sendung durch den Vater liegt Jesu Offenbarungsanspruch begründet. Die Pharisäer fassen Jesu Selbstoffenbarung jedoch als Selbstzeugnis auf, das dem Verdacht der Selbstbegünstigung unterliegt und aus ihrer Perspektive hinterfragt werden muss (vgl. Joh 7,14 ff.). Jesus antwortet auf diesen Einwand, indem er die Wahrhaftigkeit seines Zeugnisses betont: »Meine Lehre ist nicht meine eigene, sondern dessen, der mich gesandt hat« (Joh 7,16b). Im Hintergrund steht der jüdische Rechtsgrundsatz, wonach das übereinstimmende Zeugnis zweier Menschen wahr ist (vgl. Num 35,30; Dtn 17,6; 19,15). Kein anderer als Jesus kann diesen Grundsatz in Anspruch nehmen, denn das Verhältnis von Vater und Sohn zeichnet sich nicht durch eine äußerliche, son-

---

48 Anders Jürgen Becker, Johanneisches Christentum, Tübingen 2004, der Inkarnation und Kreuz zugunsten einer Gesandten-Christologie relativiert; das Entscheidende sind die Sendung des Sohnes, der Sieg über den Teufel und die Rückkehr zum Vater als Erhöhter.

dern eine innere, vollständige Übereinstimmung aus. Nicht nur der Vater, sondern auch weitere Zeugen bestätigen den Anspruch Jesu. Neben dem Täufer (Joh 1,6–8.15.19 ff.) und den ›Werken‹ (Joh 14,11) bezeugt vor allem die Schrift den Offenbarungsanspruch Jesu, denn sowohl Mose (Joh 5,45–47) als auch Abraham (Joh 8,56) und Jesaja (Joh 12,41) haben von ihm geschrieben. Schließlich ist die Sendung des Sohnes durch den Vater das entscheidende Gegenargument der johanneischen Theologie gegen den jüdischen Vorwurf des Ditheismus (vgl. Joh 5,18; 10,33; 19,7). Es handelt sich bei der Gottessohnschaft des Sohnes nicht um die Anmaßung gottgleicher Würde, sondern um eine präzise Benennung des Willens des Vaters. Der Vater legitimiert umfassend den Sohn, der nichts von sich aus tut.

5.4 *Der gekreuzigte Gottessohn*
Die Frage, ob bei Johannes von einer Kreuzestheologie gesprochen werden kann und inwieweit sie ein bestimmendes Element des johanneischen Denkens ist, steht im Mittelpunkt der neueren Diskussion um das 4. Evangelium.[49] Das hinter dieser Debatte stehende Sachproblem lautet, ob die johanneische Rede vom Tod Jesu durch die Einordnung in ein übergeordnetes Interpretationsschema (Dualismus; Gesandtenchristologie; Jesu Weg der Selbstoffenbarung vom Vater her und zum Vater hin) neutralisiert und zum uneigentlichen Geschehen wird oder auch bei Johannes das Kreuz theologisch/christologisch bedacht wird und ihm grundlegende und bleibende Bedeutung zukommt.

Explizit kommt der Tod Jesu erstmals in Joh 1,29.36 (Jesus als ›Lamm Gottes‹) in den Blick, aber bereits Joh 1,11b (»aber die Seinen nahmen ihn nicht auf«) setzt ihn voraus. Dieser Erzählfaden wird in der Kanaerzählung mit Joh 2,1a (›am dritten Tag‹) und Joh 2,4c (»Meine Stunde ist noch nicht gekommen«) aufgenommen und verstärkt. Mit der Voranstellung der Tempelreinigung in Joh 2,14–22 folgt der 4. Evangelist einer *theologischen Chronologie*: Weil die Tempelreinigung historisch Auslöser für

---

[49] Vgl. dazu Herbert Kohler, Kreuz und Menschwerdung im Johannesevangelium, AThANT 72, Zürich 1987; Thomas Knöppler, Die theologia crucis des Johannesevangeliums, WMANT 69, Neukirchen 1994; Martinus C. de Boer, Johannine Perspectives on the Death of Jesus, CBET 17, Kampen 1996; Jörg Frey, Die ›theologia crucifixi‹ des Johannesevangeliums, in: Kreuzestheologie im Neuen Testament, hrsg. v. Andreas Dettwiler/Jean Zumstein, WUNT 151, Tübingen 2002, 169–238.

5 Die Ebenen der theologischen Programme 127

den Kreuzestod Jesu war und das Kreuz von Beginn an die Dramaturgie des 4. Evangeliums inhaltlich und kompositionell bestimmt, muss die Tempelreinigung am Anfang des öffentlichen Wirkens Jesu stehen. Auch der eucharistische Abschnitt in Joh 6,51c–58 mit seiner Betonung des wirklichen Sterbens Jesu als Ermöglichungsgrund der Eucharistie, die Lazaruserzählung (Joh 11,1–45) als Vorabbildung des Schicksals Jesu, der endgültige Todesbeschluss des Synedriums (Joh 11,46–57) und die zahlreichen passionstheologisch konnotierten Verweise (Joh 2,23; 3,14–16; 5,1; 6,4; 7,2.10; 10,15.17 f.; 11,18.55 ff.; 12,1.12) lenken den Blick auf das Kreuz. Mit der Fußwaschung in Joh 13,1–20 rückt das Kreuz vollends in das Zentrum der Erzählung. Für Johannes ist die Fußwaschung die Vorwegnahme des Weges Jesu zum Kreuz, denn hier wie dort dominiert die Bewegung nach unten, dient Jesus den Menschen aus Liebe. Schließlich sind auch die johanneischen Passions- und Ostererzählungen kreuzestheologisch ausgerichtet. Im Pilatusverhör steht das Wesen des Königtums Jesu zur Debatte (Joh 18,28–40), das nicht von dieser Welt ist (Joh 18,36), ihn aber zugleich ans Kreuz bringt, wie die Kreuzesinschrift amtlich bestätigt (Joh 19,19). Der geschundene Jesus von Nazareth trägt sein Kreuz selbst (Joh 19,17; vgl. 1,29) und sitzt als König der Juden nackt auf seinem Thron: dem Kreuz. Vom Kreuz herab setzt Jesus seine Gemeinde ein, die sich wie Maria in die Obhut des Lieblingsjüngers begeben darf (Joh 19,25–27). Im Kreuz vollendet sich die Schrift (Joh 19,28) und am Kreuz sagt der sterbende Jesus τετέλεσθαι (19,30: »es ist vollbracht«). Die augenfällige Realität des Todes Jesu betont Joh 19,34b.35 mit dem Heraustreten von ›Blut und Wasser‹ aus der Seitenwunde Jesu. In der Thomasperikope Joh 20,24–29 gewinnt die Identität des Präexistenten und Inkarnierten mit dem Gekreuzigten und Erhöhten handgreifliche Dimensionen. Hier endet die Erzählung und wird zugleich auf eine neue Verstehensebene gehoben: »Selig sind, die nicht sehen und doch glauben« (Joh 20,29b).

Zu den Besonderheiten der johanneischen Erzähltechnik gehört die theologische *Neukonnotation* von Begriffen, um so zentrale Themen in komprimierter Form zu präsentieren. Im Zusammenhang mit Kreuz und Auferstehung sind dies vor allem die ›Stunde‹ Jesu und seine ›Erhöhung und Verherrlichung‹.[50] Mit dem Begriff der ›Stunde‹ (ὥρα) stellt

---

50 Vgl. dazu Jörg Frey, Edler Tod – wirksamer Tod – stellvertretender Tod – heilvoller Tod. Zur narrativen und theologischen Deutung des Todes Jesu im Johannesevan-

Johannes das gesamte öffentliche Wirken Jesu unter eine kreuzestheologische Perspektive. Der Evangelist spricht von der Stunde der Verherrlichung Jesu (Joh 12,23.27 f.; 17,1.), der Stunde, die für die Sendung Jesu vom Vater zeugt (Joh 13,1; 7,30; 8,20), der Stunde der Annahme der Passion (Joh 12,27) und der Stunde, die da kommt (Joh 4,21.23; 5,25; 16,2.4.25). In Joh 2,4; 7,6.8.30; 8,20 trennt οὔπω (›noch nicht‹) die Zeit vor der Passion und die Passion. Johannes baut so eine erzählerische Spannung auf, die erst durch die Proklamation ›der‹ Stunde in Joh 12,23 aufgelöst wird (»Jesus aber antwortet ihnen und spricht: Die Stunde ist gekommen, dass der Menschensohn verherrlicht wird«). Mit Verherrlichung benennt Johannes die ›Erhöhung‹ Jesu in den göttlichen Bereich, sie ist eine Tat Gottes, die sich in Kreuz und Auferstehung vollzieht (vgl. Joh 3,13 f.; 8,28; 12,27–33). Weil bei Johannes das Leiden Jesu immer schon vom Ostersieg überblendet ist, kann er das Gekreuzigtwerden als ὑψωθῆναι (›erhöht werden‹) und δοξασθῆναι (›verherrlicht werden‹) verstehen. Nicht erst Jesu Erhöhung in den Himmel, sondern bereits seine Erhöhung an das Kreuz ist rettendes Geschehen. Als Gekreuzigter ist Jesus somit in zweifacher Weise ›erhöht‹: Er hängt am Kreuz und ist zugleich beim Vater, das Sitzen zur Rechten Gottes ist das Sitzen am Kreuz! Dies verdeutlicht vor allem Joh 12,27–32, wo sich Erhöhung und Verherrlichung gegenseitig interpretieren. Mit dem Kommentarwort Joh 12,33 (»Dies sagte er aber, um deutlich zu machen, welchen Todes er sterben werde«) deutet der Evangelist sein Verständnis von Kreuz, Erhöhung und Verherrlichung semantisch sehr genau an. Es geht nicht um den Tod Jesu allgemein, sondern um die Art und Weise des Todes/die Todesart, d. h. um das Kreuz. *Die Erhöhung am Kreuz ist die Verherrlichung.* Das Kreuz ist gerade bei Johannes nicht nur Durchgangsstadium im Rahmen einer dominierenden Sendungschristologie, sondern Ziel der Sendung und damit Ort des Heils.

5.5 Jesus Christus als Geistträger
Die Teilhabe Jesu Christi an der himmlischen Welt wird im Johannesevangelium auch mit der Geistvorstellung betont; Jesus Christus erscheint als der Geistträger schlechthin.[51] Jesu Taufe (Joh 1,29–34) weist

---

gelium, in: ders., Die Herrlichkeit des Gekreuzigten, WUNT 307, Tübingen 2013, 555-584.
51 Vgl. dazu: Udo Schnelle, Johannes als Geisttheologe, NT XL (1998), 17–31.

drei Besonderheiten auf: 1) Johannes d. T. bezeugt lediglich die Taufe, die
– nach der Logik des Textes – von Gott vollzogen wird. Kein anderer als
Gott kann den präexistenten und inkarnierten Logos ›taufen‹. 2) Es handelt sich ausschließlich um eine Geisttaufe (vgl. Jes 61,1LXX), die der
Wassertaufe des Täufers qualitativ überlegen ist. 3) Das Bleiben des Geistes auf Jesus Christus wird nachdrücklich betont (Joh 1,32 f.), so dass sein
gesamtes Auftreten, seine Taten und Reden, als ein Geschehen in der
Kraft des Geistes zu verstehen sind. In Joh 7,39 wird die Erhöhung Jesu
ausdrücklich als Voraussetzung für die Geistesgabe genannt: »Das sagte
er aber von dem Geist, den die an ihn Glaubenden empfangen sollten,
denn der Geist war damals noch nicht da, weil Jesus noch nicht verherrlicht war.« Dementsprechend spendet der Auferstandene seinen Jüngern
den Geist: »Friede sei mit euch! Wie der Vater mich gesandt hat, so sende
ich euch. Nach diesen Worten hauchte er sie an und spricht zu ihnen:
Empfanget den Heiligen Geist!« (Joh 20,21b–22). Was in den Abschiedsreden mit dem Kommen des Parakleten verheißen wird (vgl. Joh 14,16 f.26;
15,26; 16,7), erfüllt sich in der Geistgabe des Erhöhten im Sendungsauftrag! Die Geistvorstellung ermöglicht zudem eine interne Vernetzung
der johanneischen Theologie, denn »Gott ist Geist« (Joh 4,24) und die
Glaubenden wurden aus ›Wasser und Geist‹ wiedergeboren (Joh 3,3.5).
Die Einheit der Glaubenden mit dem Vater und dem Sohn ist die Einheit
in der Liebe und im Geist. Schließlich bietet die Pneumatologie Johannes die Möglichkeit zusammenzudenken, was im antiken wie im
modernen Weltbild zumeist getrennt wahrgenommen wird: Himmel
und Erde, Raum und Zeit, Geschichte und Eschaton. Gott als Geist, der
pneumatisch begabte Jesus und die Paraklet-Gemeinde vereinen sich in
ihrer gemeinsamen Herkunft ›von oben‹.

5.6 Jesus Christus als Wahrheit und Leben
Neben dem in allen johanneischen Konzepten explizit oder implizit
gegenwärtigen Liebesgedanken bilden die Wahrheits- und Lebensvorstellung ein weiteres theologisches Zentrum der Erzählung. Im Neuen
Testament ist ›Wahrheit‹ (ἀλήθεια) ein johanneisches Thema![52] Dies
zeigt schon der sprachliche Befund: ἀλήθεια 109mal im NT; 22mal bei

---

52 Vgl. dazu Yu Ibuki, Die Wahrheit im Johannesevangelium, BBB 39, Bonn 1972; Peter
G. Kirchschläger, Nur ich bin die Wahrheit. Der Wahrheitsanspruch des johanneischen Christus und das Gespräch zwischen den Religionen, HBS 63, Freiburg 2010.

Paulus; 45mal im Corpus Johanneum: 25mal JohEv, 9mal 1Joh, 5mal 2Joh, 6mal 3Joh. Dasselbe gilt für die Derivate: ἀληθής (NT insgesamt: 26; Corpus Johanneum: 17); ἀληθινός (NT insgesamt: 28; Corpus Johanneum: 13; Offb: 10); ἀληθῶς (NT insgesamt: 18; Corpus Johanneum: 8). Auch die Verteilung der Belege im Evangelium verweist auf die Bedeutung von ἀλήθεια: Der Prolog (Joh 1,14.17) präludiert nicht nur die Thematik, sondern setzt bereits starke inhaltliche Akzente. Hier erscheint der Logos Jesus Christus als Ort der Doxa, Gnade und Wahrheit Gottes; mit seinem sichtbaren Erscheinen sind auch ›Wahrheit und Gnade‹ in der Welt und können wahrgenommen werden. Dem vernehmenden ›Sehen‹ (ἐθεασάμεθα) kommt eine entscheidende Bedeutung zu, denn ἀλήθεια bedeutet ›wer oder was nicht verborgen ist‹.[53] Nach Joh 1,14 ist die Wahrheit im Sarx gewordenen Logos Jesus Christus 1) sichtbar, d. h. sie wird personal gedacht. 2) Sie ist sodann im und als Logos hörbar, d. h. sie ist untrennbar mit der Lehre Jesu verbunden. 3) Schließlich hat sie als χάρις Widerfahrnischarakter, d. h. Wahrheit ist weitaus mehr als menschliche Erkenntnis, sie kann nicht von Menschen festgelegt werden, sondern ist göttliche Gabe. *Die Wahrheit stammt von Gott, wird sichtbar in Jesus Christus und verbindet im Glauben mit Gott (Joh 1,12).* Diesem Grundansatz entsprechen alle weiteren zentralen Belege: Die Glaubenden haben das Stadium einer Gesetzesreligion längst hinter sich gelassen, denn sie beten ›im Geist und in der Wahrheit‹ an (vgl. Joh 4,20–24). In Joh 8,44 spricht Jesus nicht generell von der Teufelskindschaft ›der‹ Juden, sondern er wendet sich mit der direkten Anrede ὑμεῖς ausschließlich gegen jene Ἰουδαῖοι, die ihn töten wollen. Sie stehen im Nichtglauben und damit nicht in der Wahrheit. Urheber des Unglaubens sind die Ἰουδαῖοι jedoch nicht aus sich selbst heraus, sondern der Unglaube wird auf die übermenschliche Macht des Bösen, auf den Teufel, zurückgeführt, ›in dem nicht die Wahrheit ist‹. Das ›Ich-bin-Wort‹ in Joh 14,6 formuliert einen unüberbietbaren Anspruch; Jesus ist aber nicht nur der Weg zu Gott, er ist die Verkörperung göttlicher Wahrheit und göttlichen Lebens. Jesus ist der Weg, weil er selbst die Wahrheit ist und das Leben spendet. Als »Geist der Wahrheit« (πνεῦμα τῆς ἀληθείας in Joh 14,17; 15,26; 16,13), vermittelt der Paraklet nicht Lehrsätze, sondern

---

53 Vgl. dazu Julius Pokorny, Indogermanisches etymologisches Wörterbuch I, Bern/München 1959, 651; Hjalmar Frisk, Griechisches etymologisches Wörterbuch I, Heidelberg 1960, 71.

gewährt die Begegnung mit Jesus Christus, der die Wahrheit ist. In Joh 17,17–19 ist ›Wahrheit‹ eine Wesensbestimmung Gottes, die mit dem Wort Gottes gleichgesetzt werden kann (vgl. Joh 8,31–32). In Joh 18,37b wird das Ziel der gesamten Sendung Jesu in seinem Zeugnis für die Wahrheit gesehen, was wiederum in Joh 18,38 Pilatus zu seiner berühmten Frage veranlasst: »Was ist Wahrheit?« Damit nimmt der römische Präfekt den Standpunkt der Skepsis ein;[54] ein weiterer Hinweis auf die religionsphilosophische Sub-Ebene des Evangeliums. Pilatus flüchtet nicht in Entscheidungslosigkeit, sondern vertritt bewusst eine philosophische Gegenposition zum Wahrheitsanspruch Jesu. Für Johannes ist die Wahrheit unübersehbar; sie hat Gestalt angenommen, denn sie ist mit Jesus Christus sicht- und hörbar in der Welt erschienen. Angesichts dieser Botschaft entscheidet sich mit der Annahme (›glauben‹) oder der Ablehnung (›nicht glauben‹) das Schicksal der Menschen.

Ein weiteres dominierendes theologisches Motiv ist die Lebensvorstellung;[55] Leben und Tod werden bei Johannes als eschatologische Realitäten neu definiert. Leben ist zuallererst ein Attribut des Vaters, der dem Sohn das Leben gibt: »Denn wie der Vater Leben in sich selbst hat, so hat er auch dem Sohn verliehen, Leben in sich selbst zu haben« (Joh 5, 26; vgl. 5,21; 6,57). Der Sohn wiederum erhielt vom Vater die Macht über alle Menschen, »damit er das ewige Leben allen gebe, die du ihm gegeben hast« (Joh 17,2b). Dies schrieb bereits der Prolog fest, denn der Logos Jesus Christus ist Schöpfungsmittler (Joh 1,3); alles wurde durch ihn und »in ihm war das Leben« (Joh 1,4). Als Voraussetzung für die Rettung des Menschen aus der Todesverfallenheit zielt die gesamte Inkarnation auf die Gabe des ewigen Lebens (vgl. Joh 3,16.36a), das bereits im Glauben gegenwärtig ist. Auch die Wunder Jesu im 4. Evangelium sind Zeichen der Lebensmacht Jesu; sie demonstrieren unübersehbar die körperliche Dimension des Lebens- und Heilshandelns des Gottessohnes. Für Johannes spendet allein Jesus das Wasser, das zu einer Quelle wird, die zum

---

54 Nach Diogenes Laertius IX 74 zeichnet sich der Standpunkt der Skeptiker dadurch aus, dass sie »den Lehrsätzen der Sekten sämtlich den Garaus machen, ohne selbst etwas lehrsatzmäßig festzustellen«.
55 Vgl. umfassend Franz Mussner, ZΩH. Die Anschauung vom Leben im vierten Evangelium, MThS I/5, München 1952; Thomas Popp, Grammatik des Geistes. Literarische Kunst und theologische Konzeption in Johannes 3 und 6, ABG 3, Leipzig 2001; Nadine Ueberschaer, Theologie des Lebens bei Paulus und Johannes, WUNT 389, Tübingen 2017, 191–327.

ewigen Leben sprudelt (Joh 4,14). Während die Väter in der Wüste starben (Joh 6,49), gewährt das vom Himmel herabgekommene Brot das ewige Leben. Die Anspielungen auf das Herrenmahl in der Lebensbrotrede (Joh 6,30–51a.b) und der eucharistische Abschnitt in Joh 6,51c–58 verdeutlichen die sakramentale Dimension des joh. Lebensbegriffes: Im Mahl der Gemeinde erschließt sich der Auferstandene als Inbegriff des Lebens den Glaubenden und gewährt ihnen Anteil an seiner eigenen Lebensfülle. Aus Jesu Leib werden Ströme lebendigen Wassers hervorströmen, nämlich der Geist (Joh 7,37–39), der als göttliches Lebensprinzip die Heilsgabe des ewigen Lebens schenkt. Als Licht der Welt ist Jesus zugleich das Licht des Lebens (Joh 8,12). Er kann von sich sagen, dass er die Auferstehung und das Leben sei (Joh 11,25), und: »Ich bin der Weg, die Wahrheit und das Leben« (Joh 14,6). Jesu lebenspendendes Wirken hält an, denn das Motiv der creatio continua begegnet ausdrücklich in Joh 5,17: »Jesus aber entgegnete ihnen: Mein Vater wirkt bis jetzt, und ich wirke auch.« Die Glaubenden wissen sich deshalb bereits in der Gegenwart dem Bereich des Todes entzogen, denn ihre Existenz als Neuschöpfung aus Wasser und Geist ist ›aus Gott‹ und nicht mehr dem Kosmos verhaftet.

6 Die Ebenen der Konfliktbearbeitung

Drei Konflikte spiegeln sich in der narrativen Entfaltung des Christusgeschehens im Johannesevangelium wider und verleihen ihm eine dramatische Struktur;[56] die Auseinandersetzungen 1) mit der Welt, 2) mit

---

56 Ludger Schenke, Das Johannesevangelium, Stuttgart 1992, 202–223, will das gesamte 4. Evangelium als Drama verstehen. Gegen diese Klassifizierung ist einzuwenden, dass im Johannesevangelium fast durchgehend dramatische und epische Stilelemente zu einer spannungsvollen Einheit verbunden sind. Der Evangelist verfügt über ein reiches Repertoire an Erzählmitteln (z. B. Dialoge, Monologe, berichtende Abschnitte, Kommentare, Rückblicke, dramatische Steigerungen, verschiedene Zeitperspektiven), die er speziell durch das ständige Ineinanderfließen der textinternen und textexternen Perspektive effektvoll einsetzt. Gegen eine einlinige Bestimmung des Johannesevangeliums als Drama spricht vor allem, dass es nicht auf eine Lösung am Ende der Erzählung angelegt ist, sondern vom ersten Vers an die Lösung immer präsent ist. Als ›dramatische Erzählung‹ stuft Michael Theobald, Das Evangelium nach Johannes I, RNT, Regensburg 2009, 14–29, das 4. Evangelium ein; Kennzeichen dieser Mischform ist vor allem, dass die einzelnen Stilelemente immer an die Erzählung als Grundform zurückgebunden sind.

den Juden und 3) mit den Doketen. In allen drei Fällen geht es um eine gegensätzliche Beurteilung des Wesens Jesu Christi: Für die Welt und die Juden ist er nur Mensch (Joh 10,33), für die Doketen nur Gott.

1) Ein qualifizierender Leitbegriff des 4. Evangeliums ist ὁ κόσμος (»die Welt«), der keineswegs durchgehend negativ gebraucht wird.[57] Die Welt Gottes und die Welt des Menschen gehören ursprünglich zusammen. Bereits in der Schöpfung zeigt sich eine Vorzeitigkeit des Guten, sie ist ein Werk des im Anfang bei Gott seienden Logos. Aus Liebe sandte Gott seinen Sohn in die Welt (Joh 3,16; vgl. 10,36; 1Joh 4,9 f.14); Jesus Christus ist der in die Welt gekommene Prophet bzw. Sohn Gottes (Joh 6,14; 11,27). Als das vom Himmel herabgestiegene Brot gibt er dem Kosmos Leben (Joh 6,33; vgl. 6,51), er ist das Licht der Welt (Joh 9,5). Jesus kam, um den Kosmos zu retten (vgl. Joh 3,17; 12,47), er ist der σωτὴρ τοῦ κόσμου (Joh 4,42: »Retter der Welt«; vgl. 1Joh 2,2). Jesus sendet seine Jünger in die Welt (Joh 17,18), und dem Kosmos werden sogar die Fähigkeiten des Erkennens und Glaubens an Jesu Sendung zugesprochen (vgl. Joh 17,21.23). Die Gemeinde lebt im Kosmos, sie ist aber nicht »aus der Welt« (vgl. Joh 15,19; 17,14). Nicht der Kosmos an sich wird negativ bewertet, sondern der Unglaube macht den Kosmos zur widergöttlichen Welt (vgl. Joh 16,9; 1,10; 7,7; 8,23; 9,39; 14,17). Negativ beurteilt wird der Kosmos, weil er Jesus nicht annimmt (Joh 1,10; vgl. 17,25), ihn und die Jünger hasst (vgl. Joh 7,7; 15,18.19; 17,14), als Bereich des Widergöttlichen erscheint (vgl. Joh 8,23; 12,25; 14,17.22.27.30; 15,19; 16,8.20.33; 17,6.11.13 f.16; 18,36) und deshalb das Gericht über ihn ergeht (Joh 9,39; 12,31; 16,11). Die Erzählstrategie des 4. Evangelisten zeigt sich in der Konzentration von κόσμος in den Abschiedsreden; von insgesamt 78 Belegen finden sich allein 38 Belege in Joh 14–17. Dies ist kein Zufall, denn die Abschiedsreden zielen unmittelbar auf die Situation der textexternen Leser- und Hörergemeinde; hier werden die Probleme behandelt, die das johanneische Christentum unmittelbar um 100 n. Chr. bedrängen. Dem stellen die Abschiedsreden grundlegende Erkenntnisse entgegen: Der Abschied Jesu ist nötig, denn nur so gibt es eine Zukunft unter der Führung des Geistes. Es ist eine neue Zeit angebrochen, die vom Heiligen Geist geprägt wird. Kennzeichen des Geistes sind seine Herkunft von Gott, sein göttliches Wesen und damit sein Gegenüber zur Welt. Hier kommt die Außenperspektive

---

57 Vgl. dazu Lars Kierspel, The Jews and the World in the Fourth Gospel, WUNT 200, Tübingen 2006.

deutlich in den Blick. Speziell der vierte und fünfte Parakletspruch Joh 16,7–11.13–15 signalisiert eine Verschärfung des Konfliktes mit der Welt, in dessen Verlauf dem Parakleten immer mehr juridische Funktionen zugeschrieben werden (Joh 15,26; 16,7–11). Für die Gemeinde steht die Furcht im Raum, ohne Beistand und Zuversicht den gegenwärtigen sozialen und rechtlichen Bedrängnissen ausgesetzt zu sein. Der Paraklet tritt in der gegenwärtigen Bedrängnis aktiv für die Glaubenden ein und steht ihnen im Konflikt mit der Welt bei, indem er die feindliche Einstellung der Welt offenbart, Gerechtigkeit einfordert und die gottfeindlichen Mächte als überwunden entlarvt (Joh 16,8–14). Die Gemeinde soll wissen, dass Jesus Christus einen Frieden gibt, den die Welt nicht geben kann (Joh 14,27); dass der Fürst dieser Welt keine Macht über Christus hat (Joh 14,30); dass die Welt die Glaubenden hasst, so wie sie Jesus hasst (Joh 15,18 f.); dass sie in der Welt bewahrt bleiben (Joh 17,6.9) und dass sie nicht aus der Welt sind, wie auch Jesus Christus nicht aus der Welt ist (Joh 17,16). Der Konflikt mit der Welt ist die Auseinandersetzung zwischen Glauben und Unglauben und sie bestimmt maßgeblich die Dynamik und Dramatik der gesamten johanneischen Erzählung und spitzt sich in den Abschiedsreden als Fenster zur Gemeinde zu.

2) Wie beim Kosmos finden sich auch bei den Juden[58] neutrale, negative und positive Aussagen.[59] Die Konzentration auf die Kapitel 5–11 und den Passionsbericht zeigt deutlich, dass die Verwendung von Ἰουδαῖος/Ἰουδαῖοι im Johannesevangelium als dramaturgisches Erzähl-Element verstanden werden muss und keine weitreichenden Rückschlüsse auf die aktuelle Gemeindesituation zulässt. Während der Evangelist mit den Kapiteln 1–4 in die Erzählwelt einführt und die wesentlichen Handlungsträger vorstellt, eskaliert der Konflikt mit den

---

58 Zum johanneischen Verständnis der Ἰουδαῖοι vgl. Hartwig Thyen, ›Das Heil kommt von den Juden‹, in: Kirche (FS G. Bornkamm), hrsg. v. D. Lührmann/G. Strecker, Tübingen 1980, 163–184, Erich Grässer, Die antijüdische Polemik im Johannesevangelium, in: ders., Der Alte Bund im Neuen, Tübingen 1985, 135–153; 163–184; Ekkehard Stegemann, Die Tragödie der Nähe, KuI 4 (1989), 114–122; Udo Schnelle, Die Juden im Johannesevangelium, in: Gedenkt an das Wort (FS W. Vogler), hrsg. v. Chr. Kähler/M. Böhm/Chr. Böttrich, Leipzig 1999, 217–230; Reimund Bieringer/ Didier Pollefeyt/ Frederique Vandecasteele-Vanneuville (Hrsg.), Anti-Judaism and the Fourth Gospel, Assen 2001; Manfred Diefenbach, Der Konflikt Jesu mit den »Juden«, NTA 41, Münster 2002; Raimo Hakola, Identity Matters. John, the Jews and Jewishness, NT.S 118, Leiden 2005.

59 Vgl. die Auflistung in: Udo Schnelle, Johannes (s. Anm. 20), 214 f.

6 Die Ebenen der Konfliktbearbeitung 135

Ἰουδαῖοι in Kapitel 5–11, um dann im Todesbeschluss (Joh 11,45–53) seinen Höhepunkt und in der Passionsgeschichte sein Ziel zu erreichen. Die Auseinandersetzung zwischen Jesus und den Ἰουδαῖοι wird in der Dramaturgie des 4. Evangelisten sorgsam vorbereitet, er platziert sie bewusst in der Mitte und am Ende seiner vita Jesu. Wie beim Kosmos-Begriff entfaltet Johannes den Konflikt zwischen Glauben und Unglauben als hochdramatische Auseinandersetzung, in der die Juden naturgemäß eine zentrale Rolle spielen, weil der Jude Jesus von Nazareth mit Juden sprach und stritt.

Den Schlüssel für die vom 4. Evangelisten intendierte Zuordnung von Ἰουδαῖοι und κόσμος bieten die Abschiedsreden und das mit ihnen unmittelbar verbundene Gebet Jesu für die Glaubenden (Joh 14–17). Dort finden sich 38 der 78 Kosmos-Belege, zugleich erscheint aber Ἰουδαῖοι – bei insgesamt 70 Belegen – nicht! Die Funktion der Ἰουδαῖοι auf der textinternen Ebene der Vita Jesu übernimmt nun der Kosmos für die textexterne Hörer- und Lesergemeinde. Was Jesus in positiver und negativer Weise von ›den Juden‹ widerfuhr, erfährt in der Gegenwart wiederum in positiver und negativer Weise die Gemeinde von ›der Welt‹. Johannes verknüpft die Phänomene des Glaubens und Unglaubens auf der textinternen Ebene der vita Jesu mit den Ἰουδαῖοι, auf der textexternen Ebene der Gemeinde hingegen mit dem κόσμος, um so der Gemeinde eine Deutung ihrer gegenwärtigen Situation zu ermöglichen. Die Johannesbriefe bestätigen diese Perspektivenzuordnung, denn dort fehlt Ἰουδαῖοι (ebenso wie νόμος[60]) und es findet sich kein Zitat aus dem Alten Testament,[61] weil die Auseinandersetzung mit den Juden kein aktuelles Problem in den heidenchristlichen Gemeinden der Briefe darstellt. Demgegenüber kommt aber κόσμος allein 23mal im 1Johannesbrief vor (ferner 2Joh 7), was deutlich zeigt, dass primär die Konflikte mit der paganen Gesellschaft das johanneische Christentum bedrängen. Daraus folgt, dass es einerseits zweifellos Konflikte zwischen den johanneischen Gemeinden und dem Judentum gegeben hat, andererseits diese Konflikte zur Zeit der Abfassung der Johannesbriefe und des vorliegenden Johannesevangeliums nicht mehr bestimmend waren,[62] denn

---

60 ἀνομία in 1Joh 3,4.
61 In 1Joh 3,12 liegt eine Bezugnahme auf Kain vor, aber kein Zitat.
62 Vgl. Jean Zumstein, Das Johannesevangelium, KEK 2, Göttingen 2016, 93: »Der Bruch ist bereits vollzogen.«

nun geht es um das Verhältnis zur sie bedrängenden Welt. Bereits der Prolog Joh 1,1–18 dokumentiert diese Perspektive; auch dort fehlen die Ἰουδαῖοι, während der κόσμος 4mal erscheint. Der Prolog, die Abschiedsreden und die Johannesbriefe dokumentieren somit den aktuellen Abstand des kleinasiatisch-johanneischen Christentums zum Judentum: Es kommt nicht vor.[63]

3) Die Johannesbriefe (vgl. 2Joh 7; 1Joh 2,22 f.; 4,1–3; 5,6 f.), vor allem aber das Johannesevangelium zeigt, dass die theologische Grundfrage des frühen Christentums um 100 n. Chr. heftig umstritten war: Wie verhalten sich die Göttlichkeit und das Menschsein Jesu Christi zueinander? Weder das Markus- noch das Lukasevangelium gaben auf diese Problematik eine hinreichende Antwort, so dass ein neues, eigenes Evangelium aus der Sicht des 4. Evangelisten notwendig wurde. Die Gegner bestritten die wirkliche Fleischwerdung und den wahren Tod Jesu Christi und stuften seine irdische Existenz zu einem nur scheinbaren Ereignis herab (Doketismus). Johannes hingegen unternimmt in seinem Evangelium den Versuch, in der/durch die Narration das Wesen des Gottessohnes Jesus Christus in Hoheit und Niedrigkeit umfassend zu bestimmen. Dabei zeigt die gegenüber den Synoptikern sehr starke Betonung der Hoheit und Göttlichkeit Jesu Christi, dass Johannes bemüht ist, ein auch von vielen seiner Gemeindeglieder und ihm selbst geteiltes Grundanliegen aufzunehmen, zugleich aber inkarnatorisch und kreuzestheologisch zu begrenzen und zu präzisieren: Die Göttlichkeit des Sohnes (vgl. 1Joh 5,20) zeigt sich am Anfang der Erzählung in seinem uranfänglichen Sein bei Gott, seiner Schöpfungsmittlerschaft (Joh 1,1–5) und der anhaltenden Doxa auch nach seiner Inkarnation (vgl. Joh 1,14b; 2,11). Zugleich betont Johannes aber die wirkliche und bleibende

---

63 Gegen Wally V. Cirafesi, John within Judaism. Religion, Ethnicity, and the Shaping of Jesus-Oriented Jewishness in the Fourth Gospel, AJEC 112, Leiden, 2021, 279: »›... John can be read as a work ›within Judaism‹, that is, as an expression of a diasporic Jewish identity. There is certainly conflict built into John's composition, perhaps even some type of separation at work, but I have argued that this conflict and separation can be read as occurring between different modes of interpreting Jewishness. In other words, John does not envision a parting of ways between Jews and those who consider themselves Jews no longer; there is no break intended between ›Judaism‹ and something other than Judaism.« Zur Kritik am Konzept ›John within Judaism‹ vgl. auch Jörg Frey, John within Judaism? Textual, Historical, and Hermeneutical Considerations, in: Jens Schröter u. a. (Hrsg.), Jews and Christians – Parting Ways in the First Two Centuries CE?, BZNW 252, Berlin 2021, 185–215.

Inkarnation des Sohnes (Joh 1,14a),⁶⁴ indem er seine Menschlichkeit durchgängig herausstellt. Am Ende des 1. Hauptteils des Evangeliums schließt Joh 11,1–44 nicht nur die vorangehenden überragenden und nachprüfbaren Wundertaten ab, sondern die nachprüfbare Auferweckung eines schon 4 Tagen Toten bezeugt noch einmal die Göttlichkeit und das Menschsein Jesu Christi, der über seinen Freund Lazarus weint. Zuvor betonen die Lebensbrotrede (Joh 6,30–51ab) und vor allem der eucharistische Abschnitt (Joh 6,51c–58), dass der himmlische Lebensbrotgeber in der Eucharistie in seinem Fleisch und Blut heilvoll gegenwärtig ist. Am Ende des Evangeliums dürfen sich schließlich die Jünger und zuletzt Thomas durch Augenschein davon überzeugen, dass der Leib des Auferstandenen mit dem des irdischen und gekreuzigten Jesus identisch ist (Joh 20,20.27). Schließlich ist das Bekenntnis des Thomas zum Auferstandenen zugleich das Bekenntnis der Gemeinde: »Mein Herr und mein Gott« (Joh 20,28). Die nachhaltige und gleichzeitige Betonung der Göttlichkeit und der Inkarnation, des Menschseins/der Leiblichkeit Jesu ergibt sich zum einen aus dem theologischen Grundansatz des johanneischen Denkens, zugleich ist er aber auch die erzählerisch-theologische Antwort auf die christologische Kontroverse in der johanneischen Schule (vgl. 1Joh 2,19 mit Joh 6,60–71).⁶⁵

7 Die Ebene der Identitätssicherung

Erzählungen sind ein hervorragendes Mittel der Identitätsbildung und -sicherung. Johannes entfaltet seine Jesus-Christus Erzählung aus einem genuin theologischen Ansatz heraus, der zugleich die Identität seiner Gemeinden sichern sollte: Es gibt nur einen Gott, der sich selbst umfassend und einmalig in Jesus Christus offenbarte und mit ihm in

---

64 Vgl. dazu Hans Weder, Die Menschwerdung Gottes, in: ders., Einblicke in das Evangelium, Göttingen 1992, 363–400; Marianne M. Thompson, The Humanity of Jesus in the Fourth Gospel, Philadelphia 1988.
65 Zu Doketismus und verwandten Vorstellungen vgl. zuletzt mit unterschiedlichen Positionen: Jörg Frey, Die johanneische Theologie zwischen ›Doketismus‹ und ›Antidoketismus‹, in: Uta Poplutz/Jörg Frey (Hrsg.), Erzählung und Briefe im johanneischen Kreis, WUNT 2.420, Tübingen 2016, 129–156; Joseph Verheyden u. a. (Hrsg.), Docetism in the Early Church, WUNT 402, Tübingen 2018; Udo Schnelle, Johannes 6:60–71 und die Genese der johanneischen Theologie, in: Jörg Frey/Craig R. Koester (Hrsg.), Signs and Discourses in John 5 and 6, WUNT 463, Tübingen 2021, 249–273.

der Einheit des Wesens, des Willens und des Wirkens ist. Dieser Grundgedanke wird mit erzählerischen Strategien, Würdetiteln, theologischen Programmen und Konfliktbewältigungskonzepten immer wieder aus verschiedenen Perspektiven neu bedacht und gezielt auf die aktuelle Gemeindesituation mit ihren Fragen und Gefährdungen bezogen. Das Christusbild der johanneischen Gemeinden zeichnet sich innerhalb des entstehenden Christentums dadurch aus, dass es die Göttlichkeit Jesu Christi mehr als andere betont, ohne sein Menschsein zu vernachlässigen. Diese theologischen Grundanschauungen prägen auch die Rezeption der hellenistischen und jüdischen Traditionswelten im 4. Evangelium. Die Aufnahme des Logos- (Joh 1,1.14), Wahrheits- (Joh 1,17; 14,6; 18,37 f.), Geist- (Joh 1,32 f.; 3,5; 4,24; 6,63) und Freiheitsbegriffes (Joh 8, 32.36) öffnet zudem das frühe Christentum für die griechisch-römische Geistesgeschichte und bereitet dadurch zugleich den Übergang zur Alten Kirche vor. Das Evangelium verfügt über eine religionsphilosophische Sub-Ebene und versucht, sich durch wirkmächtige Begriffe, Bilder und Symbole in die Diskurse seiner Zeit einzuschreiben. Zugleich werden aber die antiken Schlüsselbegriffe durch die Christologie völlig neu geformt und zu einer eigenständigen Konzeption weitergeführt: Der präexistente, inkarnierte, gekreuzigte und erhöhte göttliche Logos Jesus Christus verkörpert die Wahrheit, schenkt wahre Freiheit und ist im Pneuma bei den Glaubenden. Ebenso werden jüdische Traditionen in die Erzählung integriert, was bei einer Lebens- und Sterbensgeschichte des Juden Jesus von Nazareth nicht überrascht. Entscheidend ist ihre Funktion, denn wie beim Römer Pilatus (Joh 19,11) hat ihnen Gott-Vater die Aufgabe zugedacht, für den Sohn zu zeugen. Die aufgenommenen Traditionen sind für die Erzählwelt des Evangeliums natürlich von Bedeutung, aber ihre Integration in die Denkwelt erfolgt durchgängig als tiefgreifende Neuinterpretation. Wiederum ist die Christologie bestimmend, denn sie fügt alle Überlieferungen in eine neue, für Juden unannehmbare theologische Grund-Bestimmung ein (Joh 19,7): ein Gekreuzigter wird zum Gott (Joh 20,28).

Das 4. Evangelium ist nicht nur der Abschluss und Höhepunkt johanneischer Theologie, sondern als ›Meistererzählung‹ vereinigt es zwei Hauptlinien frühchristlicher Theologiebildung:[66] Während Paulus

---

66 Vgl. Gerd Theißen, Die Religion der ersten Christen, Gütersloh 2000, 255: »Es bildet eine Synthese aus zwei Entwicklungen, die aufeinander zuliefen. Auf der einen Seite

eine kerygmatisch ausgerichtete Jesus-Christus-Geschichte präsentiert, entfaltet Markus eine narrative Jesus-Christus-Geschichte. Johannes verbindet beide Tendenzen, indem er die Erinnerungen an den Irdischen konsequent aus der Perspektive des Erhöhten gestaltet. Er übernimmt die Gattung Evangelium, erweitert sie in Kontinuität zu Paulus um die Präexistenzchristologie und intensiviert (anders als Matthäus und Lukas) die bei Markus und vor allem bei Paulus vorherrschende kreuzestheologische Ausrichtung. Stärker als bei Markus durchdringt die Hoheit des Erhöhten beim vierten Evangelisten das Bild des Irdischen. Anders als bei Paulus bleibt Johannes nicht bei einer vornehmlich begrifflich strukturierten hohen Christologie stehen, sondern überführt sie in eine dramatische Erzählung, die einer eigenen theologischen Logik folgt. Damit etabliert sich das Johannesevangelium im Spektrum frühchristlicher Theologiebildung als ›autonome Erzählung‹; d. h. es erklärt sich zuallererst aus seinem genuin theologischen Ansatz, der die Erkenntnis Gottes in Jesus Christus zum umfassenden Programm macht und erzählerisch in einzigartiger Weise umsetzt. Dabei basiert das johanneische Denken auf einer grundlegenden Einsicht, die alles bestimmt, mit der alles verbunden ist und zu der alles immer wieder zurückkehrt: Die uneingeschränkte Seins- und Wirkeinheit von Vater und Sohn (vgl. Joh 10,30; 5,17–23) als Verbundenheit in der Liebe (Joh 3,35; 10,17; 14,31 u. ö.), die sich in der Liebe der Jünger zu Gott/Jesus (Joh 14,15.21.23) und untereinander fortsetzt (Joh 13,34–35; 15,13.17), um in der von Gott geliebten Welt (Joh 3,16) sichtbar Gestalt zu gewinnen. So steht die Teilhabe an den göttlichen Lebenskräften im Mittelpunkt der johanneischen Erzählwelt.

---

finden wir bei Paulus den Glauben an den Präexistenten und Erhöhten mit gottgleichem Status ... Auf der anderen Seite wird die Überlieferung vom Irdischen in der synoptischen Tradition geformt und in den ersten Evangelien zunehmend von der Hoheit des Erhöhten durchdrungen, ohne dass es in den synoptischen Evangelien zu einem Glauben an die Präexistenz Jesu kommt. Im JohEv verschmelzen beide Entwicklungsstränge.«

V
Das frühe Christentum als Bildungsreligion*

Kann man die Entstehung des frühen Christentums, seine bemerkenswerte Ausbreitungsgeschichte bis hin zur führenden Reichsreligion auch als ein Bildungsphänomen verstehen? Liegen die Wurzeln dafür bereits im Neuen Testament? Die Forschung hat diese Fragen ganz überwiegend verneint und stand dabei bis vor kurzem unter dem Einfluss der Entwürfe von Martin Dibelius (1883–1947) und Rudolf Bultmann (1884–1976).[1] Vor allem Dibelius klassifizierte das Neue Testament als volkstümliche nichtliterarische Kleinliteratur, die überwiegend von anonymen unteren Schichten getragen wurde.[2] »Nun sind aber die Verfasser der ältesten urchristlichen Schriften in Wirklichkeit Männer ohne besondere Bildung im Sinn des griechischen Literatentums.«[3] Die Texte

---

* Erheblich erweiterte Fassung eines Vortrages vom 12.11.2022 an der Akademie des Bistums Mainz.

1 Vgl. Martin Dibelius, Die Formgeschichte des Evangeliums, Tübingen ⁶1971 (= 1919); ders., Geschichte der urchristlichen Literatur, TB 58, München 1975 (= 1926); Rudolf Bultmann, Die Geschichte der synoptischen Tradition, FRLANT 29, Göttingen ⁸1970 (= 1921).

2 Vgl. Martin Dibelius, Formgeschichte (s. Anm. 1), 2: »Die urchristliche Literatur hat sich aus privaten Niederschriften bis an die Grenze der großen Literatur entwickelt; nur zwei oder drei ihrer Texte gehören in die Nähe eines Philon oder Josephus. Alles übrige ist nichtliterarisch oder Klein-Literatur. Diese Entwicklung verläuft ohne direkte Fühlung mit der großen Literatur.« Rudolf Bultmann übernimmt diese Sicht und will den Evangelien keine literarische Gattungsqualität zusprechen. So gilt: »Mk ist eben noch nicht in dem Maße Herr über den Stoff geworden, daß er eine Gliederung wagen könnte« (ders., Geschichte der synoptischen Tradition [s. Anm. 1], 375) und alle Evangelisten verfügen »nicht über die für die hohe Literatur ausgebildete Kompositionstechnik« (a. a. O., 397). Diesem Konzept verhaftet bleiben Philipp Vielhauer, Geschichte der urchristlichen Literatur, Berlin 1975; Gerd Theißen, Die Entstehung des Neuen Testaments als literaturgeschichtliches Problem, Heidelberg, 2007, 349: »Das Neue Testament ist *Kleinliteratur*, d. h. Literatur literaturferner Kreise, aber sie lässt sich nicht allein als Ausdruck literaturferner Unterschichten erklären.«

des Neuen Testaments wurden von Dibelius und Bultmann als Binnenliteratur betrachtet, die faktisch nur für den Gebrauch in den eigenen Zirkeln bestimmt war. Bestimmend für diese Sicht wurde der Vergleich mit der klassischen attischen Literatursprache eines Thukydides, Xenophon, Isokrates, Demosthenes, Lysias und deren Nachahmern, die Eduard Norden (1868–1941) als ›Kunstprosa‹ klassifiziert hatte.[4] Diese Sicht wurde nicht von allen geteilt; so betonte z. B. kein geringerer als Adolf von Harnack (1851–1930): »Die neutestamentlichen, an die Gemeinde gerichteten Briefe setzen, um sie zu verstehen, ein nicht geringes Maß von Bildung voraus. Waren die Gemeinden fast ausschließlich aus den Ärmsten, also auch Ungebildetsten zusammengesetzt, so ist ganz unerfindlich, wie sie solche Briefe haben fassen können.«[5] Inzwischen kann von einer Forschungswende gesprochen werden, denn die These der Bildungsfernheit des frühen Christentums verliert stark an Plausibilität[6] und: »Die Frage ist dabei nicht, *ob*, sondern in *welcher Weise* man vom frühen Christentum als einer Bildungsreligion sprechen kann.«[7] Dabei stehen grundlegende methodisch-inhaltliche Fragen zur Debatte: 1) Mit welcher Literatur sollen die Schriften des Neuen Testaments verglichen werden? 2) Was ist zur Zeit des Neuen Testaments Bildung? 3) Welche Bildung kann man bei den neutestamentlichen Autoren und ihren Gemeinden voraussetzen? 4) Wie sind die Schriften des Neuen Testaments literaturgeschichtlich einzuordnen und welche Bildungsanforderungen stellen sie? 5) Nehmen die neutestamentlichen Autoren an

---

3   Martin Dibelius, Geschichte der urchristlichen Literatur (s. Anm. 1), 16.
4   Vgl. Eduard Norden, Die antike Kunstprosa vom VI. Jahrhundert v. Chr. bis in die Zeit der Renaissance I.II, Leipzig 1898.
5   Adolf von Harnack, Der proletarische Charakter des Urchristentums, in: ders., Aus Wissenschaft und Leben II, Gießen 1911, (175–182) 178.
6   Vgl. hierzu Udo Schnelle, Das frühe Christentum und die Bildung, NTS 61 (2015), 113–143; Thomas Söding, Das Christentum als Bildungsreligion, Freiburg 2016; Samuel Vollenweider, Bildungsfreunde oder Bildungsverächter? Überlegungen zum Stellenwert der Bildung im frühen Christentum, in: Peter Gemeinhardt (Hrsg.), Was ist Bildung in der Vormoderne, Tübingen 2019, 283–304; Matthias Becker, Lukas und Dion von Prusa: Das lukanische Doppelwerk im Kontext paganer Bildungsdiskurse, Paderborn 2020; Benjamin Schließer, Innovation und Distinktion im frühen Christentum, EC 13 (2022), 393–432.
7   Peter Gemeinhardt, Glauben – Wissen – Denken, Zur Debatte 4/2022, München 2022, (9–14) 9. Benjamin Schließer, Innovation und Distinktion im frühen Christentum (s. Anm. 6), 427, spricht von einer frühchristlichen ›Medienavantgarde‹.

breiteren Diskursen ihrer Zeit über gelingendes Leben teil und verfügen sie auch über eine philosophische Kompetenz? 6) Sagt die Bildungs-Thematik etwas über die Eigenständigkeit des frühen Christentums aus? Schließlich: 7) Kann man vom frühen Christentum als einer Bildungsreligion sprechen?

1 Die Methodik eines Vergleichs

Auch bei unserer Fragestellung bestimmt der Zugang zum Thema wesentlich das Resultat. Dibelius und Bultmann folgten dem idealistischen Konzept ihrer zeitgenössischen Gräzistik, wonach der klassische Attizismus als das Maß der Dinge zu gelten hat und die in neutestamentlicher Zeit vorherrschende Koine eher als primitiv eingestuft wurde. Bereits zuvor hatte Adolf Deissmann (1866–1937) vom »Volksgriechisch«[8] der neutestamentlichen Autoren auf deren Sozialstatus geschlossen und sie als Angehörige der Unterschicht bzw. unteren Mittelschicht klassifiziert. Daraus formte sich ein romantisches Bild des frühen Christentums, das bis heute in unseren Köpfen ist: Die unscheinbare, ursprüngliche und einfache Anfangszeit, aus der etwas Gewaltiges erwuchs; der Aufstieg vom Einfachen zum Gehobenen. Nun ist zwar die hellenistische Koine von der hohen Literatursprache zu unterscheiden, was aber keineswegs heißt, dass sie eine unliterarische Sprache war und ausschließlich von Ungebildeten gesprochen wurde.[9] Vielmehr differenziert die neuere Gräzistik zwischen der volkssprachlichen und der literarischen Koine, zu der z. B. auch das Neue Testament und Epiktet zählen. Damit eröffnet sich ein angemessener Zugang, denn nicht die Literatur des 5. oder 4. Jh. v. Chr. sollte der Ausgangspunkt sein, sondern allein die Literatur zur Zeit des Neuen Testaments. Autoren wie Philo (ca. 20 v.–45 n. Chr.), Josephus (ca. 37–100 n. Chr.), Seneca

---

8   Adolf Deissmann, Licht vom Osten, Tübingen 41923, 114.
9   Vgl. Robert Browning, Von der Koine bis zu den Anfängen des modernen Griechisch, in: Heinz-Günther Nesselrath (Hrsg.), Einleitung in die griechische Philologie, Stuttgart/Leipzig 1997, 156–162; ferner Marius Reiser, Sprache und literarische Formen des Neuen Testaments, Paderborn 2001, 29 f.: »Die Autoren des Neuen Testaments zeigen durchweg beachtliche literarische Fähigkeiten und sind sich ihres Griechisch vollkommen sicher.« Vgl. ferner Stanley E. Porter/Andrew W. Pitts (Hrsg.), Language of the New Testament: Context, History and Development, Leiden 2013.

1 Die Methodik eines Vergleichs

(ca. 4. v.–65 n. Chr.), Epiktet (ca. 55–135 n. Chr.), Plutarch (ca. 45–120 n. Chr.) und Dion von Prusa (ca. 40–120 n. Chr.) sind dann der Vergleichspunkt. Zudem: Bedeuten stilistische Unterschiede zu diesen Autoren oder zur ›Hochliteratur‹ zwangsläufig, dass die Briefe eines Paulus oder das Markusevangelium keine wirkliche literarische Qualität besitzen?[10] Für die neutestamentliche Briefliteratur und speziell für Paulus heißt dies, dass die Briefe des zeitgleichen Seneca, die Diatriben eines Epiktet, aber auch pseudepigraphische Briefe[11] als Vergleichstexte infrage kommen; also die Literatur der griechisch-römischen Popularphilosophie. Alle weisen neben der vergleichbaren Sprache und Thematik eine große Nähe in der Briefpragmatik auf: Auch die Popularphilosophie zeichnet sich als Praxisunternehmen vor allem durch eine ethische Ausrichtung aus;[12] es geht ihr wie der entstehenden christlichen Theologie um die Fragen des guten Lebens und Sterbens.

Für die Evangelien bietet sich ein Vergleich mit den Biographien des zeitgleichen Plutarch geradezu an, denn er verfasst wie die Evangelisten Lebensbilder, d. h. er vereint die Darstellung der wesentlichen Lebensstationen seines Helden mit einer Betonung seiner sittlichen Vorbildfunktion. Deshalb bittet Plutarch, »wenn ich nicht alles und nicht jede der vielgerühmten Taten in aller Ausführlichkeit erzähle, sondern das meiste kurz zusammenfasse, mir deswegen keinen Vorwurf zu machen. Denn ich schreibe nicht Geschichte, sondern zeichne Lebensbilder« (οὔτε γὰρ ἱστορίας γράφομεν ἀλλὰ βίους).[13] Für die Apostelgeschichte kommen vor allem ungefähr zeitgleiche Autoren griechisch-römischer Geschichtsschreibung infrage, z. B. Livius (ca. 59 v.–17. n. Chr.) oder Dionysios von Halikarnassos (ca. 54 v.–7. n. Chr.).[14] Zum Beurteilungsmaßstab werden so nicht Bildungsideale des 19. Jh., sondern ungefähr zeitgleiche Werke, die einen Rückschluss auf die literarische und denkerische Kompetenz der frühen Christen zulassen.

---

10 Vgl. Thomas J. Bauer, Paulus und die kaiserzeitliche Epistolographie, WUNT 276, Tübingen 2011, 93.
11 Zum Beispiel die Kynikerbriefe; vgl. hier Abraham J. Malherbe (Hrsg.), The Cynic Epistles, Atlanta 1977; Eike Müseler (Hrsg.), Die Kynikerbriefe I.II, Paderborn 1994.
12 Vgl. dazu Pierre Hadot, Philosophie als Lebensform, Frankfurt ²2005; Heinrich Niehues-Pröbsting, Die antike Philosophie, Frankfurt 2004, 142–219.
13 Plutarch, Alexander 1.
14 Grundlegend hier: Eckhard Plümacher, Lukas als hellenistischer Schriftsteller, SUNT 9, Göttingen 1972.

2 Bildung zur Zeit des Neuen Testaments

Was war und was umfasste Bildung zur Zeit des Neuen Testaments? Zunächst muss der dominierende Bildungsbegriff geklärt werden.[15] Für das Judentum waren die Traditionen des Alten Testaments prägend, wonach die Familie der primäre Lernort und die Tora der primäre Lerninhalt waren (vgl. Dtn 6,6,4–7).[16] Vor allem in der Weisheitsliteratur erscheinen Vater und Mutter als Lehrende (vgl. Spr 1,8; 6,20; 10,1: »Ein weiser Sohn ist seines Vaters Freude; aber ein törichter Sohn ist seiner Mutter Grämen«). In TestLevi 13,2 (3./2. Jh. v. Chr.) rät Levi seinen Kindern: »Lehrt aber auch ihr euren Kindern das Lesen ... indem sie ununterbrochen das Gesetz Gottes lesen.« Bildung muss darüber hinaus in einem weiten Sinn verstanden werden; neben dem Auswendiglernen von Geboten (Dtn 32,46) umfasste sie vor allem das Erlernen grundlegender Kulturtechniken wie Ackerbau und Viehzucht, Jagd, Nahrungsmittelherstellung, Vorratshaltung, Metall- und Textilherstellung. Lesen und Schreiben wurde dort unterrichtet, wo es notwendig war; im Bereich des Tempels, am Königshof und in den Verwaltungszentren. Wahrscheinlich ab dem 4. Jh. v. Chr. bildete sich aus der Priesterschaft der Stand der ›Schreiber/Schriftgelehrten‹, der in Esra seine idealtypischen Ursprünge sah (Esr 7,6.11: Esra als Schriftgelehrter und Priester; Neh 8,1–8: Esra ordnet die öffentliche Verlesung der Tora an). Jesus Sirach zeichnet um 180 v. Chr. ein Idealbild des weisen Schreibers/ Schriftgelehrten (Sir 38,24–39,11), dessen Weisheit und Einsicht vor Gott und der Welt gelobt wird und der sich uneingeschränkt auf die Tora konzentriert. Die ›Schreiber/Schriftgelehrten‹ gehörten in der Anfangszeit mehrheitlich zur niederen Priesterschaft, sie dienten der Tempelaristokratie (vgl. Sir 39,4), waren aber zugleich Träger der jüdischen Tradition und Wahrer der jüdischen Identität.[17] Schon vor der Zeitenwende

---

15 Zu den verschiedenen antiken Bildungskonzeptionen im griechischen und römischen Bereich vgl. Johannes Christes/Richard Klein/Christoph Lüth (Hrsg.), Handbuch der Bildung und Erziehung in der Antike, Darmstadt 2006.
16 Vgl. dazu: Irmtraud Fischer, Für das Leben lernen wir – und das Leben lehrt uns. Zu Kontexten, Inhalten und Bildungsverläufen im Alten Testament, JBTh 29, Göttingen 2021, 95–114.
17 Vgl. dazu Anthony J. Saldarini, Pharisees, Scribes and Sadducees in Palestinian Society, Grand Rapids ²2001; Richard A. Horsley, Revolt of the Scribes, Minneapolis 2010.

verlagerte sich das Lernen immer mehr von der Familie auf einen synagogalen Unterricht, der Knaben die Fähigkeiten des Toralesens- und auswendiglernens vermittelte, damit sie aktiv an der Liturgie teilnehmen und eventuell später ein Torastudium aufnehmen konnten. Hillel (um 20 v. Chr.) schärft seinen Schülern ein: »Liebe die Menschen und bringe ihnen die Tora nahe! ... Wer nicht lernt, verdient nicht zu leben« (Avot 1,12 f.). Die jüdische Tradition wurde nicht mehr von Priestern, sondern von Lehrern (Rabbi) in Privathäusern oder Nebenräumen der Synagoge vermittelt; der eigene Fleiß begründete nun die hervorgehobene soziale Stellung und nicht mehr die Abstammung.[18] Inwieweit man um die Zeitenwende herum in Palästina von einer über Tora-Kenntnisse hinausgehenden breiteren Bildung im (männlichen) Judentum sprechen kann, ist umstritten.[19] Bei Oberschichtfamilien dürfte dies bei Männern und Frauen der Fall gewesen sein, ebenso in der Diaspora;[20] ansonsten ist mit einer breiten Bildung im Judentum insgesamt

---

18 Zum zeitgenössischen jüdischen Unterrichtswesen vgl. Samuel Safrai, Education and the Study of the Torah, in: Samuel Safrai/Menahem Stern (Hrsg.): The Jewish People in the First Century, CRINT I/2, Assen/Amsterdam 1976, 945–970; Rainer Riesner, Jesus als Lehrer, WUNT 2.7, Tübingen ³1988, 97–245; Catherine Hezser, Jewish Literacy in Roman Palestine, TSAJ 81, Tübingen 2001, 37–250; Chris Keith, Jesus' Literacy: Scribal Culture and the Teacher from Galilee, LNTS 413, London 2011, 71–123.

19 Sehr zuversichtlich Rainer Riesner, Jesus als Lehrer (s. Anm. 18), 199: »Ein frommer Jude besaß eine solide, wenn auch einseitige Bildung. Er konnte Lesen und Schreiben und vermochte unter Anwendung einfacher mnemotechnischer Hilfsmittel große Stoffmassen im Gedächtnis zu behalten.« Sehr viel skeptischer Catherine Hezser, Jewish Literacy in Roman Palestine (s. Anm. 18), 85 ff., die auf fehlende literarische und archäologische Zeugnisse verweist: »The limitedness of the evidence for all types of writing cannot be explained away by reference to the general vicissitudes of document survival or the laziness of Israeli archaeologists, and the burden of proof rests upon those who argue that literacy was widespread amongst the Jewish population of Roman Palestine« (a. a. O., 501). Hezser, a. a. O., 496, geht – je nach Fassung des Bildungsbegriffes – von minimal 3 Prozent, maximal leicht unter 10 Prozent der jüdischen Bevölkerung in Palästina aus, die über eine nennenswerte Bildung verfügten. Zur Kritik an diesem minimalistischen Ansatz vgl. jetzt Rainer Riesner, War Jesus Analphabet? Archäologie, Soziologie und Christologie, ThBeitr 53 (2022), (212–224) 213 f.

20 Vgl. z. B. Philo, Spec Leg 2,61 f., wo er das Arbeitsverbot am Sabbat mit der Aufforderung verbindet, sich an diesem Tag mit der Philosophie zu beschäftigen: »Es stehen nämlich an den Sabbaten in allen Städten zahllose Lehrhäuser der Einsicht, der Besonnenheit, der Tapferkeit, der Gerechtigkeit und den anderen Tugenden offen.«

erst ab dem 3. Jh. n. Chr. zu rechnen, da vorher die Existenz eines geregelten Schulbetriebes nicht nachweisbar ist.[21]

Im griechisch-römischen Bereich zielt die Bildung um die Zeitenwende herum auf die Formung und Reifung des Menschen im Hinblick auf seine geistigen und körperlichen Fähigkeiten. Es geht neben dem Erlernen grundlegender Techniken (Schreiben, Lesen, Grammatik, Einführung in die Rhetorik, Rechnen)[22] vor allem um die Vermittlung und Einübung ethischer Wertvorstellungen,[23] die ein ausgeglichenes Leben in Genügsamkeit, Besonnenheit, Tapferkeit und Gerechtigkeit ermöglichen.[24] So ist für Seneca allein die sittliche Vollkommenheit (virtus perfecta) das Ziel der Bildung, auf das selbst die Fächer der *septem artes liberales* (Grammatik, Rhetorik, Arithmetik, Geometrie, Astronomie, Dialektik/Logik, Musik) nur vorbereiten.[25] Bei einer solchen Fassung des Bildungsbegriffes stehen auf der Basis einer notwendigen Wissensvermittlung vor allem Identitätsbildung, Erwerb von Lebens- und Handlungsorientierungen, Kritikfähigkeit und Entwicklung eines Persönlichkeitsprofils im Mittelpunkt. Was aber ist mit den technischen Fähigkeiten, wer konnte in der Antike und vor allem in den Gemeinden lesen und schreiben? Hier sind die Probleme besonders groß, denn die Quellenbasis ist zufällig und diffus! Deshalb verwundert es nicht, dass die optimistischen älteren Einschätzungen[26] vor allem von William

---

21 Vgl. Catherine Hezser, Jewish Literacy in Roman Palestine (s. Anm. 18), 501 f.
22 Vgl. dazu Quintillian, Inst Orat, I 4-10.
23 Vgl. Plutarch, Mor 2A, wonach zur Erlangung der Tugend drei Aspekte zu vereinigen sind: »Natur, Unterricht und Gewohnheit. Unter dem Unterricht verstehe ich das Erlernen, unter der Gewohnheit die Übung.«
24 Vgl. Socratis Epistolae VI 5: »Den einzigen Ausgangspunkt für ein glückliches Leben bildet in meinen Augen die Einsicht.«
25 Vgl. Seneca, Ep 88,20: »Weshalb erziehen wir also unsere Söhne in den freien Studien? Nicht weil sie sittliche Vollkommenheit vermitteln, sondern weil sie die Seele zur Aufnahme der sittlichen Vollkommenheit vorbereiten«; Seneca, Ep 88,29: »Ich will die einzelnen Bereiche der sittlichen Vollkommenheit durchmustern. Die Tapferkeit (fortitudo) ... Die Treue (fides) ... Die Mäßigung (temperantia) ... Die Menschlichkeit (humanitas) ... . (33) Eine große und umfassende Sache ist die Weisheit; sie braucht freien Raum; man muss etwas über Göttliches und Menschliches lernen, über Vergangenes und Zukünftiges, über Vergängliches und Ewiges, über die Zeit.«
26 Vgl. Edwin Hatch, Griechentum und Christentum, Freiburg (1892 = 1888), 25-35 (für das 1. Jh. n. Chr. gilt: »Aus den vorhandenen Zeugnissen kann man schließen, dass fast in jeder Stadt Elementarschulen bestanden. Dort erhielt die gesamte Jugend die Elemente ihrer Bildung« [a. a. O., 25]); Henri I. Marrou, Geschichte der Erziehung im

2 Bildung zur Zeit des Neuen Testaments

Harris stark reduziert wurden; er rechnet mit ca. 10–15 % der Gesamtbevölkerung, die einigermaßen lesen und schreiben konnten.[27] In der neueren[28] und neuesten Forschung ändert sich das Bild wieder, denn hier dominiert mit dem ›everyday writing‹ eine veränderte Perspektive:[29] Weg von der Fixierung auf das Buch hin zu den vielfältigen schriftlichen und mündlichen Formen von Kommunikation in einer antiken Stadt. Hier zeigt vor allem die in den letzten Jahrzehnten sprunghaft angestiegene Menge archäologischer Funde, dass es eine Vielzahl von Äußerungen (Urkunden, Kurztexte jeder Art, Quittungen, Notizen, Graffiti aller Art, Programme für öffentliche Veranstaltungen,[30] religiöse/öffentliche Inschriften, öffentliche Bekanntmachungen auf Stadt-, Provinz- oder Reichsebene) auf sehr verschiedenen Materialien (Papyrus, Ostraka, Pergament, Stein, Tierhaut, Holz) und an sehr unterschiedlichen Orten (z. B. öffentliche Plätze, Theater, Marktplätze, Geschäfte, Heiligtümer, Parkanlagen, Hauseingänge) gab.[31] Seit Augus-

---

klassischen Altertum, München ²1977 (= 1948/1955), 493, wonach »für die größte Zahl der Kinder die Schule die Regel ist. Die kleinen Mädchen, so scheint es, besuchen sie genauso wie die Knaben«. Dafür verweist er auf Martial, Epigramme 9,68: »Verdammter Lehrer du, was haben wir dir bloß getan? Ein Greuel bist du allen Knaben, allen Mädchen! Kaum fangen früh die Hähne zu krähen an, da tönst du schreiend, prügelnd durch das Städtchen.«

27 Vgl. William V. Harris, Ancient Literacy, Cambridge (MA)/London 1989, 328 f. (für das 5. Jh. v. Chr. rechnet er mit 15 % der männlichen Gesamtbevölkerung, für den Zeitraum ab 100 v. Chr. mit 10 % der Gesamtbevölkerung, in einzelnen hellenistischen Städten 30–40 % der freigeborenen Männer). Sein Fazit: »The written culture of antiquity was in the main restricted to a privileged minority – though in some places it was quite a large minority – and it coexisted with elements of an oral culture.« (A. a. O., 337)

28 Vgl. Alan R. Millard, Pergament und Papyrus, Tafeln und Ton. Lesen und Schreiben zur Zeit Jesu, Gießen 2000 (= Sheffield 2000), 155 f., der gegenüber einer Beschränkung des Lesens und Schreibens auf Eliten betont: »In diesem Kapitel werden wir versuchen, eine positivere Sicht darzustellen, unter Berücksichtigung von Hinweisen aus griechisch-römischen Texten aller Art«. Zur Kritik an Harris vgl. auch Jan Heilmann, Lesen in Antike und frühem Christentum, TANZ 66, Tübingen 2021, 61–71.

29 Vgl dazu Roger S. Bagnall, Everyday Writing in the Graeco-Roman East, Berkeley 2010; ferner William A. Johnson/Holt N. Parker (Hrsg.), Ancient Literacies. The Culture of Reading in Greece and Rome, Oxford 2009.

30 Ein Beispiel: Cicero, Phil II 97, erwähnt Schuldscheine und sagt dann: »Dafür gibt es schon Händler, die das Zeug wie Programme/Eintrittskarten (libellos) für Gladiatorenkämpfe öffentlich feilbieten.«

31 Vgl. dazu Boris Dreyer, Medien für Erziehung, Bildung und Ausbildung in der Anti-

tus stieg nicht nur die Literaturproduktion, sondern auch die Zahl der öffentlichen Inschriften enorm an;[32] der Kaiser initiierte eine Medienrevolution.[33] Ohne rudimentäre Lese- und Schreibkenntnisse konnte man sich in einer antiken Stadt eigentlich nicht bewegen, was speziell die Inschriften und Graffiti von Pompeji bis heute eindrucksvoll bestätigen.[34] Da in antiken Städten wahrscheinlich die Mehrheit der Kinder die Elementarschule besuchte[35] und mit sehr verschiedenen Graden von Lese- und Schreibfähigkeit zu rechnen ist, wird man auf jeden Fall bei ca. 30–50 % der Bevölkerung mittlerer und größerer Städte elementare Schreib- und Lesekenntnisse voraussetzen dürfen.[36]

3 Die Bildung der frühen Christen

Für die frühchristlichen Gemeinden gibt es ebenfalls keinen Grund, zu pessimistisch zu sein. Für eine im Vergleich mit der Gesamtbevölkerung relativ hohe Alphabetisierung in den frühen Gemeinden (auf jeden Fall 50 %) sprechen folgende Gründe: 1) Es handelte sich in der Anfangszeit vorwiegend um Stadtgemeinden[37] und in den Städten war der Alphabe-

---

ke, in: Johannes Christes/Richard Klein/Christoph Lüth (Hrsg.), Handbuch der Bildung und Erziehung in der Antike, Darmstadt 2006, 223–250.

32 Vgl. Ralf von den Hoff/Wilfried Stroh/Martin Zimmermann, Divus Augustus, München 2014, 190: »Aus allen 450 Jahren der römischen Republik ist ungefähr die gleiche Anzahl von inschriftlichen Texten erhalten wie aus den 44 Jahren der Herrschaft des Augustus; auf eine alte kamen mithin zehn neue Inschriften.«

33 Vgl. hierzu: Annette Haug/Andreas Hoffmann (Hrsg.), Die neuen Bilder des Augustus. Macht und Medien im antiken Rom, München 2022.

34 Vgl. dazu Arno Hüttemann (Hrsg.), Pompejanische Inschriften, Stuttgart 2010; Vincent Hunink (Hrsg.), Glücklich ist dieser Ort! 1000 Graffiti aus Pompeji, Stuttgart 2011.

35 Vgl. Karl-Wilhelm Weeber, Alltag im Alten Rom I, Düsseldorf [7]2003, 312: »Der Alphabetisierungsgrad der Stadtbevölkerung war relativ hoch; der größere Teil der Kinder hat wohl eine Elementar-Schule besucht und zwar etwa vier Jahre lang im Alter zwischen ungefähr 7 und 11«.

36 Vgl. Roland Baumgarten, Elementar- und Grammatikunterricht: Griechenland, in: Johannes Christes/Richard Klein/Christoph Lüth (Hrsg.), Handbuch der Bildung und Erziehung in der Antike, (89–100) 94, wonach »verhältnismäßig viele Menschen in der besagten elementaren Form alphabetisiert waren, ein selbständiges Lesen oder gar Verfassen längerer Texte aber einer Minderheit vorbehalten blieb.«

37 Vgl. hier zuletzt Martin Ebner, Die Stadt als Lebensraum der ersten Christen, Göttingen 2012; Reinhard v. Bendemann/Markus Tiwald, Das frühe Christentum und

3 Die Bildung der frühen Christen

tisierungsgrad deutlich höher als auf dem Land. 2) Ein erheblicher Teil der Gemeindeglieder kam aus dem Einflussbereich des Diaspora-Judentums, dessen Alphabetisierungsrate nicht niedriger als der Durchschnitt des Römischen Reiches gewesen sein dürfte. 3) Auch die Haussklaven (vgl. 1Kor 7; Gal 3,28; Phlm), die sich frühen Gemeinden anschlossen, dürften über einen überdurchschnittlichen Bildungsgrad verfügt haben. 4) In den frühen Gemeinden herrschte ein reges literarisches und geistiges Leben: die Septuaginta wurde studiert, d. h. vorgelesen, gelesen und diskutiert.[38] Paulus bediente sich eines Sekretärs (vgl. Röm 16,22), die Paulusbriefe wurden nicht nur verlesen (vgl. 1Thess 5,27: »Ich beschwöre euch bei dem Herrn, dass dieser Brief vorgelesen wird allen Brüdern«),[39] sondern der Apostel setzt auch voraus, dass man seine Briefe mit eigenen Augen zur Kenntnis nahm, also las (vgl. Gal 6,11: »Seht, mit wie großen Buchstaben ich euch mit eigener Hand schreibe«; ferner 1Kor 16,21; Phlm 19). 5) Die Texte zeigen, dass in den Gemeinden – wie in der Antike nicht unüblich – laut gelesen oder vorgelesen wurde,[40] was der mündlichen Überlieferung eine besondere Stellung gab, so dass auch Gemeindeglieder mit geringeren Schreib- und Lesefähigkeiten sich

---

die Stadt, BWANT 198, Stuttgart 2012; Peter Pilhofer, Städtische Wurzeln des frühen Christentums, ThPQ 161 (2013), 158–165.

38 Vgl. Jan Heilmann, Lesen in Antike und frühem Christentum (s. Anm. 28), 538: »Das Christentum war von früher Zeit an *auch* eine Buch-, aber vor allem eine Lesereligion. ... Aus der Einsicht, dass die neutestamentlichen Schriften nicht nur für einen einmaligen Kommunikationsakt, sondern auch für die dauerhafte Lektüre eines größeren Lesepublikums gedacht waren, folgt, über das Lesen als eine, in seiner theologischen Relevanz nicht zu unterschätzenden Art und Weise, wie Menschen sich Gott und Gottes Handeln in der Welt im frühen Christentum erschließen konnten, aber auch in der Gegenwart erschließen können, nachzudenken.«

39 Nicht überzeugend Jan Heilmann, Lesen in Antike und frühem Christentum (s. Anm. 28), 435, wonach Paulus hier davon ausgegangen sei, »dass sein Brief zuerst von einem spezifischen Personenkreis, der in einer Verantwortungsposition war, gelesen und wahrgenommen werden würde.« Das sagt der Text gerade nicht, sondern der Brief soll vorgelesen werden πᾶσιν τοῖς ἀδελφοῖς.

40 Vgl. z. B. Cicero, Fam 9,20,3; Or 150; Seneca, Ep 95,2; Plinius, Ep I 13. Problematisiert wird eine Dominanz des Laut-Lesens in der Antike von Jan Heilmann, Lesen in Antike und frühem Christentum (s. Anm. 28), 105–289, der auf die Vielfalt von antiken Lese-praktiken hinweist und betont, dass »die kognitive Verarbeitung des Geschriebenen sowohl beim Vorlesen (vermutlich die kognitiv herausfordernde Form des Lesens) als auch bei der individuell-direkten Lektüre vor der lautlichen Realisierung mit der Lesestimme oder der *inner reading voice* abläuft« (a. a. O., 292).

intensiv am Gemeindeleben beteiligen konnten. Aber man wird auch mit direkter individueller Lese-Lektüre zu rechnen haben,[41] Texte konnten in Auftrag gegeben werden (Lk 1,1-4), zwischen Gruppen und/oder Privatleuten zirkulieren und immer wieder gelesen werden. Vor allem Großtexte wie die Evangelien oder die Apostelgeschichte ließen sich durch abschnittweises Vorlesen allein nicht erfassen, sondern setzen eine Vielzahl von anhaltenden und verschiedenen Lese- und Höraktivitäten voraus. 6) Hinzu kommt, dass Bildung nicht identisch war (und ist) mit Lese- und Schreibkompetenz, denn wer nicht (oder nur eingeschränkt) lesen und schreiben konnte, war nicht automatisch ungebildet. Zudem war Bildung im 1. Jh. n. Chr. nicht an Schichtenzugehörigkeit gebunden.[42] 7) Von Anfang an waren Lehrer in den Gemeinden tätig (1Kor 12,28; Gal 6,6; Röm 12,7b; Apg 13,1).[43] Ihre Aufgaben konzentrierten sich auf die Interpretation des (mündlichen oder schriftlichen) Kerygmas sowie die Auslegung der Schrifttexte. 8) In den Gemeinden wurden Persönlichkeitsentwicklung und -profil, ethische Orientierungsleistungen, Urteils- und Kritikvermögen (vgl. Röm 12,2; Phil 4,8) und vor allem Identitätsbildung (vgl. 2Kor 5,17) gefördert; alles zentrale Bildungselemente. 9) Vor allem die Mehrsprachigkeit (Griechisch/Latein/Hebräisch/Aramäisch/lokale Sprachen) vieler Gemeindeglieder,[44] die Schaf-

---

41 Dies betont Jan Heilmann, Lesen in Antike und frühem Christentum, 300–310.
42 So gehörten z. B. zu den Studenten Epiktets vor allem Mittellose, denen er zuruft: »Wenn ihr euch heute satt gegessen habt, sitzt ihr und weint wegen des morgigen Tages, woher ihr zu essen bekommen sollt« (Diss I 9,19). Vgl. aus althistorischer Sicht: Alexander Weiss, Deissmann und die Unterschichtentheorie, in: Cilliers Breytenbach/Christoph Markschies (Hrsg.), Adolf Deissmann – ein (zu Unrecht) fast vergessener Theologe und Philologe, NT.S 174, Leiden 2019, (170–188) 182: »Bildung ist kein tragfähiges Schichtungskriterium für die römische Gesellschaft.« Peter Gemeinhardt, Glauben – Wissen – Denken (s. Anm. 7), 9 bemerkt treffend: »Bildung wurde also nicht von hergebrachten sozialen Strukturen, sondern von Gott definiert.«
43 Vgl. ferner Eph 4,11; Jak 3,1; Did 11–15; zur Sache vgl. Alfred E. Zimmermann, Die urchristlichen Lehrer, WUNT 2.12, Tübingen 1984.
44 So sprachen z. B. die in Rom und Kleinasien tätigen Prisca und Aquila (vgl. Apg 18,2; 1Kor 16,19; Röm 16,3) mit Sicherheit Latein und Griechisch. Mehrsprachigkeit (Latein/Griechisch) galt in der Antike als ein hervorstechendes Bildungsmerkmal, das von Anfang an Ziel gehobener Erziehung und Bildung war, vgl. Quint, Inst Orat I 1,12–14: »Mit der griechischen Sprache soll der Knabe am besten anfangen, weil er das Lateinische, sowieso ... in sich aufsaugen wird.« Vgl. dazu auch Elaine Fantham, Literarisches Leben im antiken Rom, Stuttgart/Weimar 1998 (= Baltimore 1996), 21–30.

fung neuer literarischer Gattungen (Evangelien) und die in den Briefen behandelten hochstehenden Themen (speziell in den Paulusbriefen) lassen deutlich erkennen, dass eine große sprachliche und denkerische Kreativität in der neuen Bewegung herrschte. Von entscheidender Bedeutung für unsere Fragestellung sind nun natürlich der Bildungsstand der neutestamentlichen Autoren und das Bildungsniveau ihrer Schriften.

Jesus von Nazareth als zentraler Bezugspunkt frühchristlicher Theologie-Bildung hinterließ zwar keine schriftlichen Texte, aber zahlreiche Gleichnisse und Parabeln (vgl. nur Mk 4,21–22.26–29; Mt 5,13–14.15; 13,44–48; Lk 15,4–6.8–9.11–32; 16,1b–7), Gebetstexte (Lk 11,2b–4.5–8) sowie Weisheits- und Rechtssätze (vgl. nur Mk 7,15; 10,9.17b–22; 12,17; Mt 5,21–22a.–28.39b–42a.44a; 7,7–11.17–18; Lk 9,57b–60a; 11,24–26) gehen auf ihn zurück. Er wirkte als ›Rabbi‹/Lehrer (vgl. Mk 9,5; Mt 26,25; Joh 1,38), seine Lehre galt als ›vollmächtig‹ (Mk 1,22; 6,2), er sammelte einen Kreis von Jüngern und Jüngerinnen um sich (Mk 1,16–20; Lk 8,1–3) und er wurde zum überragenden Diskursgründer und Bezugspunkt im frühen Christentum, so dass sich die Frage nach seinem Bildungsstand stellt.[45] Direkte Zeugnisse zu diesem Thema sind selten; eine der jüdischen Erziehung entsprechende Basiskompetenz Jesu im Lesen und Schreiben setzen Mk 12,16; Lk 4,16–21; 10,26; Joh 7,15; 8,6–8 voraus.[46] Dies entspricht mit Grundkenntnissen im Rechnen den Anforderungen seines Berufes als ›Zimmermann/Bauhandwerker‹ (Mk 6,3: ὁ τέκτων) in unmittelbarer Nähe zur hellenistisch geprägten Stadt Sepphoris, nur ca. 8 Kilometer von Nazareth entfernt.

---

45 Eine Gesamtdarstellung bietet Thomas Söding, Das Christentum als Bildungsreligion (s. Anm. 6), 92–133.

46 Vgl. dazu Stephen Hultgren, Die Bildung und Sprache Jesu, in: Jens Schröter/Christine Jacobi (Hrsg.), Jesus Handbuch, Tübingen 2017, 219–227 (Grundkenntnisse); Chris Keith, Jesus' Literacy (s. Anm. 18), 165, betont, dass »Jesus' own life and ministry produced conflicting convictions about his scribal-literate status«; er tendiert in Richtung »Jesus was a scribal-illiterate teacher« (a. a. O., 174). Rainer Riesner, War Jesus Analphabet? (s. Anm. 19), 219, hebt hingegen mit Verweis auf archäologische Zeugnisse (zeitgenössische Synagogen mit kleinen Schulräumen) und die Bedeutung des Elternhauses hervor, dass Jesus über literarische Kompetenzen verfügte: »Sein frommes Elternhaus, die Synagoge in Nazareth sowie Besuche des Jerusalemer Tempels und seiner Lehrhallen haben Jesus dazu befähigt, als messianischer Lehrer aufzutreten, der die heiligen Schriften auslegen, geschliffene Lehrsätze formulieren und mit Schriftgelehrten auf Augenhöhe diskutieren konnte.«

Über diese formalen Grundkenntnisse hinaus muss bei Jesus ein erweiterter Bildungsbegriff angewendet werden, wofür es folgende Hinweise gibt: 1) Die Gleichnisse, Parabeln und Weisheitssprüche, aber auch die Kontroversen mit Pharisäern und Schriftgelehrten zeigen, dass die *mündliche* Kommunikation, Lehre und Kontroverse der eigentliche Bereich des Wirkens Jesu war. 2) Mk 6,2.3 (»Und als der Sabbat kam, fing er an zu lehren in der Synagoge. Und viele, die zuhörten, verwunderten sich und sprachen: Ist das nicht der Zimmermann, der Sohn der Maria ...?«) legen nahe, dass Jesus als Lehrer/Tora-Ausleger in Synagogen auftrat und dies als illegitime Anmaßung empfunden wurde, denn der anstrengende Beruf des Zimmermanns schließt nach Sir 38,27 genügend Zeit für das Torastudium aus.[47] Jesus gehörte nicht zu den etablierten Tora-Auslegern, die durch Herkunft (z. B. aus Priesterfamilien) und Ausbildung autorisiert waren und eine bestimmte soziale Position einnahmen. 3) Als charismatische religiöse Gestalt wirkte Jesus von Nazareth als Heiler und Exorzist, sehr erfolgreich aber auch als Bußprediger (Mt 3,7b–10.12), als eschatologischer Weisheitslehrer (vgl. Mt 6,25–33),[48] und als vollmächtiger ethischer Ausleger der Tora. Dies weist deutlich auf eine hohe mündliche theologische Kompetenz und Bildung hin. Speziell mit den Pharisäern und Schriftgelehrten kam es wiederholt zu Auseinandersetzungen über Heilungen am Sabbat (Mk 3,1–6; Lk 13,10–17), bzw. Fragen der Sabbatheiligung (Mk 2,23–28).[49] Hinzu kamen The-

---

47 In Sir 38,24 heißt es über die Weisheit eines Schriftgelehrten: »wer wenig Arbeit hat, der wird sich Weisheit erwerben«. Dann werden zahlreiche Berufe aufgezählt, die zwar für die Gemeinschaft sehr wichtig sind, aber aufgrund ihrer Belastung kein wirkliches Tora-Studium zulassen; in Sir 38,27 der Beruf des Zimmermanns! Über die diese Berufe ausübenden Menschen heißt es dann abschließend in Sir 38,32 f.: »Doch zum Rat des Volkes werden sie nicht gebeten, und in der Gemeinde ragen sie nicht heraus; auf den Richterstuhl setzen sie sich nicht, und die Rechtsordnung haben sie nicht im Sinn. Auch nicht zeigen sie Bildung und Urteil, und in Sprüchen kennen sie sich nicht aus.«

48 Vgl. dazu Martin Ebner, Jesus – Ein Weisheitslehrer?, HBS 15, Würzburg 1998, der betont, dass Jesus nicht als Weisheitslehrer wie Ben Sira verstanden werden kann, sondern seine Lehre der ›situativen Erfahrungsweisheit‹ zuzuordnen ist. »Und es scheint, daß es diese *situativen* Reaktionen sind, die den authentischen Logienbestand des historischen Jesus prägen.« (A. a. O., 426)

49 Diese Konflikte können keineswegs auf die Zeit der Evangelien und ihrer Gemeinden beschränkt werden; vgl. Chris Keith, Jesus against the Scribal Elite, Grand Rapids 2014, 7–9; er betont: »that Jesus was not a scribal-literate authority but was nevertheless perceived as one on some occasions« (a. a. O., 13).

men/Probleme der Toraauslegung (z. B. Zorn: Mt 5,21–22a; Ehebruch: Mt 5,27–28a.b; Schwur: Mt 5,33–34a; Vergeltung/Feindesliebe: Mt 5,44; Ehescheidung: Mk 10,1–12; größtes Gebot: Mk 12,28–34). Auch der große Komplex der Speisegesetze (Mk 7,1–15), das Thema ›rein – unrein‹, speziell der Umgang mit kultisch unreinen Menschen (Mk 2,14–17; Lk 7,34; 15,1; 18,9–14) wurde unterschiedlich beurteilt. Schließlich waren rituelle Praktiken bzw. Einzelfragen (Mk 2,18–22; 7,9–13; Mt 23,23) und religiöspolitische Streitpunkte (Mk 12,13–17) von Bedeutung. 4) Die theologische Kompetenz Jesu zeigt sich auf inhaltlicher Ebene vor allem in der Bündelung des ursprünglichen Gotteswillens im Liebesgebot und zwar in seiner vierfachen Form als Gebot der *Nächstenliebe* (vgl. Mt 5,43), der *Feindesliebe* (Mt 5,44) der *Gottesliebe* und der *Selbstliebe* (Mk 12,28–34).[50] Diese Konzentration der Ethik auf das Liebesgebot hat es zuvor in der Antike nicht gegeben und das Gebot der Feindesliebe in seiner absoluten Form ist religionsgeschichtlich singulär.[51] 5) Schließlich sammelte Jesus eine größere Bewegung um sich und baute auf seinen Reisen Netzwerke und Erzählgemeinschaften auf, die sogar von den Herrschenden kritisch beobachtet wurde (vgl. Lk 13,31–32; Mk 3,6; 8,15; 12,13), was wiederum ohne Bildungskompetenz kaum vorstellbar ist.

Legt man einen erweiterten Bildungsbegriff zugrunde, dann ist Jesus von Nazareth auf den Gebieten der mündlichen Erzählung und Lehre, der integrierenden gesellschaftlichen Praxis (Parteinahme für Arme, Mahlgemeinschaften, Ausgleich als Gerechtigkeitsideal) und der am Liebesgedanken orientierten Utopie eine beachtliche Bildungskompetenz nicht abzusprechen.

Über keinen neutestamentlichen Autor sind wir so gut informiert wie über den Völkerapostel *Paulus*.[52] Lukas nennt Tarsus (Ταρσός) als Heimatstadt des Paulus, die Hauptstadt Kilikiens (vgl. Apg 9,30; 11,25; 21,39; 22,3). Im 1. Jh. n. Chr. war Tarsus eine Stadt mit einem blühenden wirtschaftlichen und kulturellen Leben; zahlreiche Philosophen, Rhetoriker und Dichter wirkten hier.[53] Paulus war ein Stadtmensch, seine

---

50 Vgl. dazu Gerd Theißen, Das Doppelgebot der Liebe. Jüdische Ethik bei Jesus, in: ders., Jesus als historische Gestalt, FRLANT 202, Göttingen 2003, 57–72.
51 Vgl. dazu die Parallelen in: Neuer Wettstein I/1.2, hrsg. v. Udo Schnelle u. Mitarbeit von Manfred Lang, Berlin 2013, 484–522.
52 Zu Person und Werk des Paulus vgl. Udo Schnelle, Paulus. Leben und Denken, Berlin ²2014; Oda Wischmeyer/Eve-Marie Becker (Hrsg.), Paulus, Tübingen ³2021.
53 Zu Tarsus vgl. Hans Böhlig, Die Geisteskultur von Tarsos im augusteischen Zeital-

Sprach- und Bilderwelt lassen urbane Sozialisation erkennen (vgl. z. B. 1Kor 3,12; 4,9; 9,24 ff.; 14,8). Seiner rechtlichen Stellung nach war Paulus ein privilegierter Diasporajude, der das römische Bürgerrecht besaß (vgl. Apg 16,37 f.; 22,25; 23,27). Paulus sagt in Phil 3,5 f. über seine jüdische Vergangenheit: »Beschnitten am achten Tage, aus dem Volk Israel, dem Stamm Benjamin, ein Hebräer von Hebräern, gemäß dem Gesetz(esverständnis) ein Pharisäer, dem Eifer nach ein Verfolger der Gemeinde, gemäß der Gerechtigkeit im Gesetz untadelig gewesen.« Auch in Gal 1,13 f. betont Paulus seinen Eifer für das Gesetz, d. h. er dürfte dem radikalen Flügel der Pharisäer angehört haben (vgl. Apg 26,5 f.). Nach Apg 22,3 erhielt Paulus seine pharisäische Ausbildung bei dem berühmten Toralehrer Gamaliel I. (vgl. Apg 5,34–39). Paulus war ein hervorragender Kenner der atl. Schriften, er sprach Aramäisch und sicherlich auch Hebräisch, die Herkunft aus dem hellenistischen Tarsus, die Rezeption der Septuaginta (LXX) und seine Briefe weisen allerdings eindeutig auf Griechisch als Muttersprache hin.[54] Apg 18,3 überliefert die historisch glaubwürdige Tradition, Paulus und Aquila seien Zeltmacher (σκηνοποιοί) gewesen. Als freie Handwerker lieferten Aquila und auch Paulus vornehmlich Zelte an private Kunden, möglicherweise auch an das Militär.[55] Dem sozialen Status nach zählten die Zeltmacher zur unteren Mittelschicht.[56] Die Berufsausbildung allein reicht allerdings nicht aus, um den Bildungsstand und die soziale Stellung des Apostels zu bestimmen. Während noch vor nicht allzu langer Zeit Paulus zur

---

ter mit Berücksichtigung der paulinischen Schriften, FRLANT 19, Göttingen 1913; Martin Hengel, Der vorchristliche Paulus, ThBeitr 21 (1990), (174–195) 180–193.

54 Vgl. Ed Parish Sanders, Paulus, Stuttgart 1995, 17: »Vermutlich sprach er aramäisch (oder hebräisch; oder beides; Apg. 21,40) und mag Latein beherrscht haben, doch sein Hauptidiom war eine der bedeutendsten internationalen Sprachen aller Zeiten: die koine, die griechische Gemeinsprache.«

55 Vgl. dazu Peter Lampe, Paulus – Zeltmacher, BZ 31 (1987), 256–261.

56 Die Urteile über den Sozialstatus des Paulus fallen sehr unterschiedlich aus; nach Martin Hengel, Der vorchristliche Paulus, 211, stammte Paulus zumindest aus dem ›kleinbürgerlichen‹ Mittelstand; Ed Parish Sanders, Paulus (s. Anm. 49), 17, plädiert für eine ›Mittelschichterziehung‹. Ekkehard W. Stegemann/Wolfgang Stegemann, Urchristliche Sozialgeschichte, Stuttgart ²1995, 260: »Eine Untersuchung der paulinischen Selbstzeugnisse legt demgegenüber zwingend nahe, daß Paulus zur antiken Unterschicht (oberhalb des Existenzminimums, relativ arm) gehörte und sich durchaus auch selbst so verstand.«

sozialen und bildungsmäßigen Unterschicht gezählt wurde, mehren sich erkennbar die Stimmen, die dezidiert von einer gehobenen Bildung des Paulus sprechen: »Hinsichtlich Herkunft und Ausbildung wurde in dieser Untersuchung als wahrscheinlich angesehen, daß Paulus als Sohn eines römischen Bürgers in seiner Heimatstadt eine literarische Ausbildung in ihrer allgemeinen griechisch-hellenistischen Form erhielt, daß er bei einem Redelehrer die Progymnasmata durchlief und daß er sich mit philosophischer Lehre und philosophischem Ethos vertraut gemacht hatte.«[57] Zutreffend betont Tor Vegge, dass Paulus nicht nur in der Lage war, traditionelle Briefkonventionen eigenständig abzuwandeln, sondern auch innerhalb der Briefe gekonnt rhetorisch zu argumentieren. Für die Gestaltung solch komplexer Texteinheiten war eine literarische Ausbildung unabdingbar: »Die Erstellung eines abgeschlossenen und hinsichtlich Disposition und Stil durchgearbeiteten Textes setzte eine gründliche Ausbildung in Grammatik- und Rhetorikschule voraus. Die Qualität der paulinischen Texte belegt folglich die solide allgemeine literarische Ausbildung, die Vertrautheit mit Form und Inhalt der rhetorischen und philosophischen Rede ihres Autors.«[58] Auch die in den Paulusbriefen benutzten Begriffe und Bilder aus dem Geschäftsleben zeigen deutlich, dass Paulus ein städtisch geprägter Handwerker war, der andere ausbildete und sicherlich zur Mittelschicht zu rechnen war.[59] Entscheidend aber ist, dass Paulus als Missionar und Gemeindegründer auf internationaler Ebene arbeitete; er war mehrsprachig, verfasste lange, literarisch und denkerisch höchst anspruchsvolle Briefe, wusste sich eines Sekretärs zu bedienen (vgl. Gal 6,11; Röm 16,22), kooperierte mit zahlreichen Mitarbeitern und erwies sich als ein theologisch hochstehender Denker. Ein Text wie der Römerbrief muss den Vergleich mit Briefen eines Seneca oder den Traktaten eines Epiktet in keiner

---

57 Tor Vegge, Paulus und das antike Schulwesen. Schule und Bildung des Paulus, BZNW 134, Berlin 2006, 494. Vgl. auch Thomas J. Bauer, Paulus und die kaiserzeitliche Epistolographie, WUNT 276, Tübingen 2011, 386, der im Hinblick auf den Gal betont, »dass der Verfasser des Briefes über grundlegende Kenntnisse in der antiken Rhetorik und Epistolographie verfügte, die er durch eine höhere Schulbildung erworben hat.«
58 Tor Vegge, Paulus und das antike Schulwesen (s. Anm. 57), 423.
59 Vgl. Peter Arzt-Grabner, Gott als verlässlicher Käufer: Einige Papyrologische Anmerkungen und bibeltheologische Schlussfolgerungen zum Gottesbild der Paulusbriefe, NTS 57 (2011), 392–414.

Weise scheuen und stellt bis heute eine intellektuelle Herausforderung dar.

Über den Bildungsstand der *Synoptiker* haben wir keinerlei explizite Informationen; wohl aber sind Rückschlüsse aus ihren Werken möglich.

Der Evangelist *Markus* ist der Schöpfer einer neuen literarischen Gattung: das Evangelium. Markus war Heidenchrist und schrieb wahrscheinlich kurz nach 70 n. Chr. in Rom sein Evangelium.[60] Mit der neuen Literaturgattung Evangelium verfasste Markus in Anlehnung an die antike Biographie-Tradition (s. u. 4) die erste ausführliche Jesus-Christus-Geschichte. Er formte durch seine narrative Präsentation und seine theologischen Einsichten grundlegend das Jesus-Christus-Bild des frühen Christentums, wie es sich nicht zuletzt in der Rezeption des Markus-Evangeliums durch Matthäus, Lukas und Johannes zeigt. Indem Markus historiographisch-biographischen Erzähltext und kerygmatische Anrede fest verbindet und Jesu Weg zum Kreuz als dramatisches Geschehen darstellt, wahrt er *die historische und theologische Identität* des christlichen Glaubens. Er bewahrt sehr verschiedene Jesustraditionen vor dem Vergessen, verbindet sie erzählerisch und präsentiert Jesus von Nazareth als Verkündiger und Verkündigten. Markus ist der erste innerhalb des frühen Christentums, der die geschichtliche Dimension des Auftretens Jesu umfassend in den Mittelpunkt stellt und so eine Ent-Historisierung der Jesus-Christus-Geschichte verhindert, wie sie später z. B. im Thomas-Evangelium vorgenommen wird. Mit seinem Evangelium schuf Markus somit einen zentralen Baustein zum kulturellen Gedächtnis des frühen Christentums. Eine solche Leistung ist ohne historische Kenntnisse, literarische Fähigkeiten und theologische Kompetenzen nicht denkbar, d. h. Markus muss über einen hohen Bildungsstand verfügt haben.

---

60 Vgl. zum Markusevangelium: Paul-Gerhard Klumbies, Der Mythos bei Markus, BZNW 108, Berlin 2001; Eve-Marie Becker, Das Markus-Evangelium im Rahmen antiker Historiographie, WUNT 194, Tübingen 2006; Elizabeth Struthers Malbon, Mark's Jesus. Characterization as Narrative Christology, Waco 2009; Sandra Huebenthal, Das Markusevangelium als kollektives Gedächtnis, FRLANT 253, Göttingen 2014; Johannes U. Beck, Verstehen als Aneignung. Hermeneutik im Markusevangelium, ABG 53, Leipzig 2016; Thomas Söding, Das Evangelium nach Markus, ThHK 4, Leipzig 2022.

3 Die Bildung der frühen Christen

Das Matthäusevangelium wurde um 90 n. Chr. in Syrien geschrieben (vgl. Mt 4,24) und ist das Zeugnis eines schmerzvollen Identitätsprozesses, der sich gleichermaßen in Kontinuität und Diskontinuität zum Judentum vollzog.[61] Matthäus ist Repräsentant eines mit der Septuaginta vertrauten hellenistischen Judenchristentums, das sich gleichermaßen partikularen und universalen Aspekten verpflichtet weiß. Der Evangelist verarbeitet das Scheitern der Israelmission, die Trennung von der Mehrheit Israels und die Neuausrichtung auf die Völker so, dass seine Jesus-Christus-Geschichte immer transparent ist für die Geschichte und Gegenwart seiner Gemeinde. Das Matthäusevangelium ist bewusst als Buch (Mt 1,1) für das Vorlesen im Gottesdienst konzipiert. Insbesondere die fünf großen Reden lassen die didaktische Kompetenz des Evangelisten erkennen. Er war wahrscheinlich selbst ein Lehrer seiner Gemeinde (vgl. Mt 13,52) und lässt *Jesus vor allem als Lehrer der Gemeinde* und der Völker auftreten. Neben Jakobus ist Matthäus der Autor im Neuen Testament, der das Tun des Geglaubten unmissverständlich einfordert. Matthäus bewahrte wie kein anderer Evangelist judenchristliche Traditionen und verband sie mit der Öffnung zur universalen Völkermission zu etwas Neuem: seinem Evangelium. Wie Paulus legitimiert Matthäus die Völkermission, ohne jedoch die Bedeutung der Tora zu minimieren. Der Anspruch der ganzen Tora wird bei Matthäus aufrechterhalten, sie erfolgt jedoch innerhalb eines neuen Interpretationsrahmens, denn der Lehrer Jesus von Nazareth legt sie vom Liebesgedanken her vollmächtig aus. Dieses anspruchsvolle literarische und theologische Programm verweist zweifellos auf einen gehobenen Bildungsstand bei Matthäus.

Lukas führt etwas völlig Neues in das frühe Christentum ein:[62] Er schreibt zwischen 90–100 n. Chr. in der Tradition hellenistischer

---

61 Zu Matthäus vgl. Ulrich Luz, Das Evangelium nach Matthäus, EKK I/1-4, Neukirchen ⁵2002.³1999.1997.2002; Roland Deines, Die Gerechtigkeit der Tora im Reich des Messias, WUNT 177, Tübingen 2004; Donald P. Senior (Hrsg.), The Gospel of Matthew at the Crossroads of Early Christianity, BETL 243, Leuven 2011; Matthias Konrad, Das Evangelium nach Matthäus, NTD 1, Göttingen 2015.

62 Zu Lukas vgl. Martin Dibelius, Aufsätze zur Apostelgeschichte, FRLANT 60, Göttingen ⁵1968; Hans Conzelmann, Die Mitte der Zeit, BHTh 17, Tübingen ⁶1977; Ernst Haenchen, Die Apostelgeschichte, KEK III, Göttingen ⁷1977; Karl Löning, Das Geschichtswerk des Lukas I.II, Stuttgart 1997.2006; Knut Backhaus, Lukas der Maler: Die Apostelgeschichte als intentionale Geschichte der christlichen Erstepoche, in:

Geschichtsschreibung eine zweibändige Ursprungsgeschichte des Christentums. Dabei reflektiert und rechtfertigt er ausdrücklich als Historiker sein Vorgehen (Lk 1,1–4), blickt ausführlich auf einen einzigartigen Anfang zurück (Lk 1,5–2,52) und schreibt mit der Apostelgeschichte eine Fortsetzung. Lukas ist um Vollständigkeit, Genauigkeit und Solidität bemüht, wobei er offenbar an Traditionen antiker Historiographie anknüpft, wie die Synchronismen und Datierungen in Lk 1,5; 2,1.2; 3,1.2; Apg 11,28 und Apg 18,12 zeigen. Mit dieser Erweiterung der Perspektive verbindet sich auch eine Öffnung für zuvor im frühen Christentum allenfalls gestreifte Bereiche:[63] 1) Der Evangelist hat die Gebildeten seiner Zeit im Blick (Lk 1,1–4; Apg 25,13–26,32), indem er 2) in seiner Erzählwelt die städtische Kultur einfließen lässt (Apg 19,23–40) und 3) die christliche Lehre im Kontext und in Auseinandersetzung mit zeitgenössischer Magie/Zauberei (Apg 8,4–25; 13,8–12; 16,16– 22) und Philosophie (Apg 17,16–34) darstellt. Somit erscheint ›der neue Weg‹ (Apg 19,23) nicht nur als kulturfähig, sondern als eigene neue Kulturreligion mit jüdischen Wurzeln im römischen Weltreich. Lukas empfindet sich und seine Gemeinde nicht nur als einen Teil dieser Welt, sondern er wendet sich gezielt an begüterte, gebildete und religiös-philosophisch interessierte Schichten. Zugleich tritt Lukas mit seinem Doppelwerk in die antike Geschichtsschreibung ein, verleiht damit einer neuen Wahrnehmung der eigenen Geschichte eine literarische Gestalt und meldet einen welthistorischen Deutungsanspruch an.

Mit der *johanneischen Literatur* tritt um 100 n. Chr. eine neue, große Glaubens- und Denkrichtung in die Geschichte des frühen Christentums ein.[64] Die drei Johannesbriefe und vor allem das Johannesevangelium zeichnen sich durch eine eigenständige Sicht des Christusgeschehens aus, die sich in einer eigenen Sprach-, Denk- und Bildwelt, vor

---

ders./Gerd Häfner, Historiographie und fiktionales Erzählen, BThSt 86, Neukirchen 2007, 30–66; Richard I. Pervo, Acts. Minneapolis 2009; Daniel Marguerat, Die Apostelgeschichte, KEK 3, Göttingen 2022.

63 Vgl. auch Uta Poplutz, Bildungs-Allusionen im lukanischen Doppelwerk, JBTh 35, Göttingen 202, 135–152.

64 Zum Johannesevangelium vgl.: Rudolf Bultmann, Theologie des Neuen Testaments, Tübingen [4]1961, 354–445; Ernst Käsemann, Jesu letzter Wille nach Johannes 17, Tübingen [3]1971; R. Alan Culpepper, Anatomy of the Fourth Gospel, Philadelphia 1983; Udo Schnelle, Das Evangelium nach Johannes, ThHK 4, Leipzig [5]2016; Jean Zumstein, Das Johannesevangelium, KEK 2, Göttingen 2016.

allem aber in einer christologischen Konzentration zeigt. Die durchdachte und sorgfältige Komposition des 4. Evangeliums, seine einprägsame Sprache und die Bilder und Symbole aus allen Lebensbereichen (Wein, Geburt/Wiedergeburt, Wasser, Brot, Licht/Sehen, Tod/Leben/ ewiges Leben) sprechen deutlich für eine gehobene Bildung. Vor allem die Aufnahme eindeutig auch philosophisch konnotierter Begriffe (Logos, Wahrheit, Geist, Freiheit, Gnade, Freimut, Zeichen) weisen Johannes als jemanden aus, der bewusst mit den Bildungstraditionen seiner Zeit arbeitete und in ihnen lebte. Er machte so den neuen Glauben auch für gehobene Schichten attraktiv und bereitete den Übergang zur Alten Kirche vor. Das Johannesevangelium ist nicht nur der Abschluss und Höhepunkt johanneischer Theologie, sondern als ›Meistererzählung‹ vereinigt es zwei Hauptlinien frühchristlicher Theologiebildung:[65] Während Paulus eine kerygmatisch ausgerichtete Jesus-Christus-Geschichte präsentiert, entfaltet Markus eine narrative Jesus-Christus-Geschichte. Johannes verbindet beide Tendenzen, indem er die Erinnerungen an den Irdischen konsequent aus der Perspektive des Erhöhten gestaltet. Er schafft so eine dramatische Erzählung mit einem einzigartigen Anspruch: Wenn im Prolog Jesus Christus mit dem Leitbegriff der griechisch-römischen Kultur- und Bildungsgeschichte identifiziert wird, legt sich ein einzigartiger Anspruch nahe: Im Logos Jesus Christus kulminiert die antike Religions- und Geistesgeschichte, er ist der Ursprung und das Ziel allen Seins.

Bei den *Deuteropaulinen* nehmen vor allem der Kolosser- und Epheserbrief mit ihren kosmologischen Dimensionen an den theologisch-philosophischen Diskursen ihrer Zeit teil.[66] Der *Hebräerbrief* ist *das*

---

[65] Vgl. Gerd Theißen, Die Religion der ersten Christen, Gütersloh 2000, 255: »Es bildet eine Synthese aus zwei Entwicklungen, die aufeinander zuliefen. Auf der einen Seite finden wir bei Paulus den Glauben an den Präexistenten und Erhöhten mit gottgleichem Status ... Auf der anderen Seite wird die Überlieferung vom Irdischen in der synoptischen Tradition geformt und in den ersten Evangelien zunehmend von der Hoheit des Erhöhten durchdrungen, ohne dass es in den synoptischen Evangelien zu einem Glauben an die Präexistenz Jesu kommt. Im JohEv verschmelzen beide Entwicklungsstränge.«

[66] Die Deuteropaulinen verweisen zudem auf die Existenz einer Paulus-Schule; ebenso die Johannesbriefe und das 4. Evangelium auf eine johanneische Schule; vgl. dazu Udo Schnelle, Denkender Glaube. Schulen im Neuen Testament, in: Peter Gemeinhardt/Sebastian Günther (Hrsg.), Von Rom nach Bagdad, Tübingen 2013, 81–110.

Dokument einer theologischen Komparativik im Neuen Testament: Das Heilshandeln des Sohnes wird im Gegenüber zum alten Kult breit entfaltet. Antithetisch stellt der Hebr die Überlegenheit der neuen Heilsordnung dar, wobei sich die offenbarungsgeschichtliche Überbietung vor allem in Jesu Stellung gegenüber den Engeln und dem irdischen Hohepriester zeigt. Die dualistische Lesart des Alten Testaments unter dem Einfluss jüdisch-hellenistischer und mittelplatonischer Traditionen ist dabei Ausdruck einer hohen Bildungskompetenz.[67] Dies trifft auch für die *Offenbarung* des Johannes zu, die als Weisheitsbuch umfassend antikes Bildungsgut sammelt und in eine kultisch-prophetische Grundausrichtung integriert.[68] Der Seher entfaltet in und mit der Offb ein die irdischen Nöte transzendierendes Kultgeschehen und verbindet es mit einer apokalyptischen Geschichtssicht, aus deren Perspektive heraus das Weltgeschehen und die bedrängte individuelle Existenz gleichermaßen verstehbar werden. Die Offbarung thematisiert Grundelemente des Glaubens (Bedrängnis/Standhaftigkeit/Bekenntnistreue/Kampf) und führt sie einer ermutigenden Perspektive zu. Partizipation am Sieg Gottes und des Lammes sowie Antizipation des von Gott gestifteten himmlischen Heilsgeschehens münden in ein Geschichtsbild, das trotz seiner Bildvielfalt von einem einzigen Gedanken bestimmt ist: den irdisch Bedrängten die Gewissheit des himmlischen Sieges zu vermitteln.

Die meisten neutestamentlichen Autoren verfügten über eine beachtliche Bildung, denn sie errichteten nicht nur neue theologische Denkgebäude, sondern schufen dafür auch neue literarische Gattungen.

4 Die Literatur der frühen Christen

Die hohe Bildungskompetenz des frühen Christentums zeigt sich besonders in der Schaffung neuer literarischer Gattungen: das Evangelium und der Apostelbrief.

Die neue Literaturgattung *Evangelium* ist eine Schöpfung des Evangelisten Markus, der sich dabei an der Textsorte der antiken Biographie

---

67 Vgl. Knut Backhaus, Der Hebräerbrief, RNT, Regenburg 2009.
68 Vgl. Otto Böcher, Aspekte einer Hermeneutik der Johannesoffenbarung, in: Wilhelm Pratscher/Markus Öhler (Hrsg.), Theologie in der Spätzeit des Neuen Testaments, Wien 2005, 23–33.

orientiert[69] und zumindest wirkungsgeschichtlich in die Weltliteratur eingeschrieben hat. In der antiken Biographie lässt der Tod des Helden ebenfalls einen Rückschluss auf sein Leben zu. Die Geburt bzw. das erste Auftreten der Hauptperson ist ebenso von grundlegender Bedeutung wie seine letzten Tage, denn beides erlaubt Rückschlüsse auf den Charakter und das Wesen.[70] Weitere Übereinstimmungen sind: biographische und chronologische Notizen; exemplarische Worte und Taten, Sentenzen/Maximen (= Chrien; gr. χρεῖαι) und Lebenssätze; Reaktionen auf den Helden; Beurteilungen des Erzählers. Hauptziel aller Evangelien ist *die Klärung der Identität des Jesus von Nazareth als Christus*, die ihrerseits zur Identitätsbildung der Gemeinde führen soll. Dieser Aufgabe dienen alle erzählerischen und theologischen Strategien der Evangelisten, mit denen eine bestimmte Sichtweise der Hauptfigur der Erzählung legitimiert werden soll. Dabei verbinden sich Geschichtsforschung (Lk 1,1-4) und Geschichtsschreibung; die neue Gattung eröffnet erweiterte Perspektiven, weil über den soteriologischen Ertrag des Sterbens Jesu Christi hinaus (Paulus) die Vorbildlichkeit und der Gewinn seines Lebens in den Blick genommen werden. Es geht um Gemeinschaft stiftende Erinnerung, zugleich aber immer auch um kerygmatische Vergegenwärtigung, d. h. um Aneignung im Glauben, was beim Johannesevangelium besonders deutlich wird. Deshalb kann die *narratio* in den Evangelien stets gleichzeitig als *repraesentatio* gelten. Insofern ist das Evangelium trotz der Nähe zur hellenistischen Biographie eine Gattung sui generis, deren Anspruch über die ethischen Modelle der antiken Biographien hinausreicht. Beim Evangelium erschafft sich gewissermaßen der neue Inhalt seine eigene neue literarische Form! Als zweite Grundform (nach den Paulusbriefen) der neutestamentlichen

---

69 Zur Literaturgattung Evangelium vgl. Richard A. Burridge, What are the Gospels?, Grand Rapids ²2004; Dirk Frickenschmidt, Evangelium als Biographie, TANZ 22, Tübingen 1997; Detlev Dormeyer, Das Markusevangelium als Idealbiographie von Jesus Christus, dem Nazarener, SBB 43, Stuttgart 1999; Dirk Wördemann, Das Charakterbild des bíos nach Plutarch und das Christusbild im Evangelium nach Markus, Paderborn 2002; Craig S. Keener, Christobiography: Memory, History, and the Reliability of the Gospels, Grand Rapids 2019; Helen K. Bond, The First Biography of Jesus: Genre and Meaning in Mark's Gospel, Grand Rapids 2020.

70 Vgl. Valerius Maximus, Facta et dicta, 9,12: »Das Schicksal des menschlichen Lebens bestimmt sich aber besonders am ersten und letzten Tag, weil es sehr wichtig ist, unter welchen Auspizien es beginnt und welches Ende es nimmt.«

Literatur sind die Evangelien literaturgeschichtlich keineswegs der ›Kleinliteratur‹ zuzuordnen, sondern sie verfügen über eine hohe literarische Qualität. Diese zeigt sich in einem hochkomplexen literarischen und theologischen Gesamtplan, einem überlegten Aufbau, der durchdachten Textabfolge innerhalb der Unterabschnitte, der zahlreichen sprachlichen und inhaltlichen Vernetzungen innerhalb des Gesamtwerkes, den behandelten theologischen, ethischen, anthropologischen Themen und schließlich in der Schaffung und Ausformung der neuen Literaturgattung ›Evangelium‹ selbst: Sie ist ein höchst kreativer Akt innerhalb der antiken Literaturgeschichte. Als literarische Denkmäler des Lebens, der Lehre und der uneinholbaren Bedeutung einer Person können die Evangelien als ein Zeugnis der gehobenen antiken Erzählliteratur gelten, in der religiöse, philosophische, ethische und kulturgeschichtliche Themen behandelt werden. Die Evangelien haben die Qualität eines Gründungsnarrativs, einer Groß- oder Meistererzählung,[71] die sich in die Kultur der Menschheit eingezeichnet hat und bis heute Menschen erreicht und bewegt. Das Besondere solcher Gründungsnarrative besteht darin, »dass sie die Bedingungen ihrer eigenen Erzählbarkeit« selbst herstellen müssen, indem »sie so etwas wie eine Zeitschleife durchlaufen, die sie gegenüber den Außenbedingungen ihres Zustandekommens abschließt«[72], Sie kreieren innerhalb der Erzählung verschiedene Zeit- und Wirklichkeitsebenen, die ihre Plausibilitäten aus sich selbst heraussetzen und nicht auf äußere Interpretationsleistungen angewiesen sind. »Das Erzählen gewinnt hier, in seiner ganzen Widersprüchlichkeit, seinerseits eine transzendentale Qualität.«[73]

Zwei Faktoren begünstigten die Entstehung und Verbreitung der Evangelien: 1) Die frühen Christen waren eine überwiegend zweisprachige Bewegung, so dass die Evangelien fast im gesamten Imperium Romanum und von sehr verschiedenen Bildungsschichten rezipiert werden konnten.[74] 2) Im 1. Jh. n. Chr. gewann der Kodex (geheftete oder

---

71 Vgl. dazu Jörn Rüsen, Kann gestern besser werden? Über die Verwandlung der Vergangenheit in Geschichte, in: ders., Kann gestern besser werden?, Berlin 2003, 17–44.
72 Albrecht Koschorke, Wahrheit und Erfindung. Grundzüge einer Allgemeinen Erzähltheorie, Frankfurt 2012, 396.
73 A. a. O., 397.
74 Vgl. für die pagane Literatur Elaine Fantham, Literarisches Leben im antiken Rom. Sozialgeschichte der römischen Literatur von Cicero bis Apuleius, Stuttgart/Weimar 1998.

4 Die Literatur der frühen Christen

gefaltete Einzelblätter) sehr an Bedeutung,[75] denn er hatte gegenüber der Rolle besonders bei langen Texten große praktische Vorteile.[76] Rom scheint ein Zentrum dieser Entwicklung gewesen zu sein,[77] und man kann vermuten, dass die Christen dieses praktikable Verfahren bei ihrer neuen Literaturgattung Evangelium von Beginn an anwendeten, was vor allem der handschriftliche Befund nahelegt.[78]

Nicht nur die Evangelien, sondern auch die *Paulusbriefe* stellen einen kreativen Akt innerhalb der antiken Literaturgeschichte dar. Dies zeigt sich vor allem auf drei Ebenen: 1) Einzigartig in der antiken Literaturgeschichte ist die Länge der Briefe, denn mit Ausnahme des Philemonbriefes übertreffen alle Paulusbriefe die Länge normaler antiker Privatbriefe bei weitem.[79] Sie sind eher als ›Diskurse‹ in brieflicher Form zu bezeichnen. Die argumentative Grundstruktur und die Bearbeitung ständig neuer Themen in einem komplexen theologischen und historischen Kontext sind insgesamt die Besonderheiten der paulinischen Briefe im Vergleich zur antiken Briefliteratur. Wahrscheinlich wurden alle Paulusbriefe über mehrere Tage bzw. eine längere Zeit geschrieben. Dies legen die sorgfältige Disposition (den gesamten Text der Briefe konnte Paulus nicht einfach ›im Kopf‹ haben), die Länge und die Produktionsbedingungen der Briefe nahe (Schreibmaterial und Schreiber mussten immerhin verfügbar sein). Für den Römerbrief ist das evident[80] (vgl.

---

75 Vgl. dazu Ulrich Schmid, Die Buchwerdung des Neuen Testaments, WuD 27 (2003), 217–232.
76 Vgl. hier Theodor Birt, Das antike Buchwesen, Aalen 1974 (= 1882), 371 ff.; David Trobisch, Die Endredaktion des Neuen Testaments, NTOA 31, Freiburg (H)/Göttingen 1996, 106–124.
77 Vgl. Martial, Epigramme 1,2 (»... kauft jene, die das Pergament auf schmale Seiten drängt ...«); 14,192 (»Hier dies Paket, für Dich in viele Blätter untergliedert, enthält gleich fünfzehn Bücher Nasos«).
78 Vgl. Benjamin Schließer, Innovation und Distinktion im frühen Christentum (s. Anm. 6), 429: »Ungefähr 95 Prozent der überlieferten Manuskripte außerchristlicher literarischer Texte aus dem 2. Jahrhundert sind Schriftrollen, nur 5 Prozent Codices. Dagegen sind mindestens 75 Prozent der christlichen Manuskripte Codices.« Schließer betont im Hinblick auf den Codex: »erst die frühe Christenheit machte ihn zur publizistischen Speerspitze ihrer Bewegung« (ebd.).
79 Nach Peter Arzt-Grabner, 2. Korinther, PKNT 4, Göttingen 2014, 54–61, ist der längste dokumentierte Papyrusbrief (P. Ammon I 3 mit BL XII 4) so lang wie der Galaterbrief. Der 2Korintherbrief wiederum ist doppelt so lang wie der Galaterbrief, der 1Korinther- und der Römerbrief sind entsprechend länger.
80 Zumindest für den Römerbrief dürfte durchaus zutreffen, was Plinius, Ep IX 3, über

Röm 16,22: Tertius, der Briefschreiber; vgl. ferner Gal 6,11), für die Korintherbriefe (16 und 13 Kapitel) sehr wahrscheinlich. 2) Eine weitere Besonderheit zeigt sich vor allem in den Eröffnungs- und Schlussteilen der Briefe,[81] wo Paulus über die antiken Konventionen hinaus charakteristische Erweiterungen vornimmt, indem er eine dreidimensionale Kommunikation installiert: Neben den Apostel als Absender und die Gemeinde als Empfängerin treten Gott bzw. Christus als die eigentlichen Subjekte des Geschehens (vgl. nur 1Kor 1,1). Damit wird die religiöse Dimension für den jeweiligen Brief schon im Präskript aufgerufen und im Postskript bestätigt; sie ereignet sich im Rahmen der von Gott und Jesus Christus bestimmten Wirklichkeit. Die Kommunikation erfährt eine Erweiterung, denn neben das situationsgebundene und von der Briefform bestimmte Gespräch zwischen Apostel und Gemeinde tritt Gott selbst, der als Heilsstifter und Segensspender in Jesus Christus das eigentliche Subjekt einer neuen Wirklichkeit und einer Kommunikation ist. Damit gehen die Paulusbriefe weit über den Anspruch und die Konventionen antiker Briefe hinaus, indem sie aktiv die Gegenwart Gottes bzw. Christi in der gegenwärtigen (brieflichen) Verkündigung des Evangeliums postulieren; sie sind ›kerygmatische Briefe‹.[82] 3) Paulus erhebt in und mit seinen Briefen einen singulären Anspruch: Sie for-

---

seine Briefe sagt: »Ich überdenke, was ich gerade in Arbeit habe, überdenke es, als ob ich es Wort für Wort niederschriebe und verbesserte, mal weniger, bald mehr, je nachdem wie leicht oder schwer es sich ausarbeiten oder beibehalten lässt. Dann rufe ich meinen Sekretär, lasse das Tageslicht ein und diktiere ihm, was ich entworfen habe; er geht ab, wird noch einmal gerufen und wieder weggeschickt.«

81 Zur Analyse vgl. zuletzt Christina Hoegen-Rohls, Zwischen Augenblickskorrespondenz und Ewigkeitstexten, BThSt 135, Neukirchen 2013, 25–39.

82 So treffend Christina Hoegen-Rohls, Zwischen Augenblickskorrespondenz und Ewigkeitstexten, a. a. O., 92–117 (die Paulusbriefe als ›kerygmatische Briefe‹). Sie differenziert folgendermaßen: »Unter dem Aspekt seiner Verfasserschaft wird der Paulusbrief greifbar als Apostelbrief, unter dem Aspekt seines Adressatenbezuges als Gemeindebrief, unter dem Aspekt seines Inhalts und seiner Funktion schließlich als ›Heroldsbrief‹ oder ›kerygmatischer Brief‹« (A. a. O., 106).

83 Vgl. dazu Friedrich W. Horn, Wollte Paulus ›kanonisch‹ wirken?, in: Kanon in Konstruktion und Dekonstruktion, hrsg. v. Eve-Marie Becker/Stefan Scholz, Berlin 2011, 400–422; Eve-Marie Becker, Form und Gattung der paulinischen Briefe, in: Friedrich W. Horn (Hrsg.), Paulus-Handbuch, Tübingen 2013, (141–149) 144: »So inszeniert Paulus als historischer Briefschreiber sich letztlich selbst in seinen Briefen auch als eine literarische Person, bei der die Dimensionen des biographischen, des briefschreibenden und des theologisch argumentierenden Autors zusammenfallen – ein Auto-

mulieren, postulieren und enthalten den verbindlichen apostolischen Glauben, die (allein) gültige Form des Evangeliums. Es ist wahrscheinlich kein Zufall, dass erst der selbständige Missionar und Gemeindegründer Paulus zwischen 48 und 62 n. Chr. als Briefschreiber in Erscheinung tritt, denn der im Apostelbrief erhobene Anspruch[83] setzt erfolgreiche, eigenständige Gemeindegründungen voraus, die es zuvor für ihn offenbar nicht gab.[84] Die Paulusbriefe sind *zugleich* situationsbedingte und grundsätzliche, normative Schreiben, die nicht irgendetwas zur Disposition stellen, sondern Paulus betreibt mit seinen Briefen eine aktive und erfolgreiche Werkpolitik (vgl. 2Kor 10,10): Er verleiht bewusst seinem Wirken und ›seinem‹ Evangelium einen autoritativen Status.

Deshalb können die authentischen sieben Paulusbriefe – bei aller Kontinuität zu antiken Briefkonventionen – als eine neue eigenständige Sub-Gattung, als *Apostelbriefe* bezeichnet werden.[85] Dabei ist der intellektuelle Anspruch dieser Briefe bemerkenswert; eine Schrift wie z. B. der Römerbrief mit seiner mitreißenden Argumentation, seiner kunstvollen Disposition, der Fülle der behandelten Themen, dem hohen Anteil völlig neuer Gedanken und seiner wirkungsgeschichtlichen Kraft kann es mit jedem Brief Senecas oder jeder Kunstrede eines Dion von Prusa aufnehmen.

5 Die frühen Christen in den Diskursen ihrer Zeit

Versteht man die neutestamentlichen Aussagen über Gott, Rettung, Erlösung, Tod und Leben, die Macht des Bösen und die Kraft des göttlichen Geistes als Teil eines viel breiteren antiken Diskurses, nämlich über gelingendes Leben als Bewältigung der schicksalhaften Mächte,[86]

---

renkonzept, das die pseudepigraphischen Paulusbriefe fortführen und die pseudepigraphischen Petrusbriefe aufgreifen (anders: Jak).«
84 Dies gilt sowohl für die Herstellung (Mitarbeiter, Schreiber, Mittel für Materialien) als auch für die Intention, in Gemeindeversammlungen vorgelesen (vgl. 1Thess 5,27), danach bedacht und befolgt zu werden; alles setzt die Unterstützung von Gemeinden voraus, die Paulus gegründet hat.
85 Vgl. z. B. M. Eugene Boring, I & II Thessalonians, Louisville 2015, 37: »1Thessalonians Is a New Generic Departure, the Apostolic Letter«. Zuvor vgl. u. a. Klaus Berger, Apostelbrief und apostolische Rede: Zum Formular frühchristlicher Briefe, ZNW 65 (1975), 190–231.
86 Vgl. dazu Malte Hossenfelder, Antike Glückslehren, Stuttgart 1996.

verändert sich die Perspektive: Die neutestamentlichen Texte liefern dann nicht mehr nur binnengemeindliche Informationen, sondern sie sind Teil sich überlagernder und ergänzender Diskurse, die in Kulturräumen immer schon existieren und sich ständig verändern. Unter dieser diskurs- und ideengeschichtlichen Perspektive werden die neutestamentlichen Autoren nicht mehr nur als begabte Organisatoren und Kommunikatoren wahrgenommen, sondern auch als Gottesdenker und Weltdeuter, die im Umfeld bestehender attraktiver Lebens- und Weltmodelle – Judentum, griechisch-römische Religion und Philosophie – ihren Gemeinden einen neuen Entwurf für gelingendes Leben und Sterben vorlegen. Weil in der Antike Philosophie und Theologie zusammengehörten und als konkrete Lebensformen verstanden wurden, durchdrangen sich philosophische und religiöse Themen und wurden keineswegs als Gegensätze im neuzeitlichen Sinn wahrgenommen.[87] Jede Philosophie hat religiöses Potential und umgekehrt jede Religion auch philosophisches Potential.[88] Beide verbinden in der Regel Urprungseinsichten, Grundgedanken und Lebensorientierung zu umfassenden Systemen. Fasst man die populären Hauptströmungen der antiken Philosophie im Umfeld des Neuen Testaments (Stoa/ Kynismus, Epikureer, Platoniker) als konkrete Lebensformen und nicht – wie zumeist – als Theorieunternehmen auf, eröffnen sich zahlreiche thematische und praktische Konvergenzen. Zwar waren Paulus oder Johannes zweifellos auch nach antiken Kategorien keine Philosophen, aber ihre Theologie weist eine *denkerische Kraft* auf. Drei Beispiele: 1) Deutliche Verbindungslinien lassen sich zwischen dem paulinischen und stoischen Freiheitsverständnis ziehen.[89] Sowohl Seneca als auch Epiktet definieren

---

87 Vgl. dazu Pierre Hadot, Philosophie als Lebensform, Frankfurt ²2005; Heinrich Niehues-Pröbsting, Die antike Philosophie, Frankfurt 2004, 142–219.

88 Alle großen Denker im zeitlichen Umfeld des Neuen Testaments waren Theologen (z. B. Cicero, Philo, Seneca, Epiktet, Plutarch, Dio Chrysostomus). Dies ist nicht verwunderlich, denn jedes bedeutende System der griechisch-römischen Philosophie gipfelt in einer Theologie; vgl. hier Werner Jaeger, Die Theologie der frühen griechischen Denker, Darmstadt 1964; Wilhelm Weischedel, Der Gott der Philosophen I, München ²1985, 39–69; Hansjürgen Verweyen, Philosophie und Theologie. Vom Mythos zum Logos zum Mythos, Darmstadt 2005, 39–127. Maximilian Forschner, Die Philosophie der Stoa, Darmstadt 2018, 10, stellt fest: »In der neueren Stoaforschung findet allmählich die Einsicht allgemeine Zustimmung, dass die Philosophie der Stoa in der (naturphilosophisch-pantheistischen) Theologie ihre geistige Mitte hat.«

Freiheit ausdrücklich als innere Freiheit. So kann der Sklave in Wahrheit frei sein, während der an äußere Dinge gefesselte Reiche unfrei ist (vgl. Seneca, Ep 47);[90] Sklave ist man dort, wohin man sich von seinen Neigungen ziehen lässt (vgl. Epiktet, Diss IV 4,33). Die Freiheit des Selbst vollzieht sich dabei als Eingefügtsein in das umfassende Ganze des Kosmos, zugleich als Distanz zu den natürlichen Affekten. Auch Paulus definiert in 1Kor 7,20–22 (V. 22: »Denn der im Herrn berufene Sklave ist ein Freigelassener des Herrn, ebenso ist der berufene Freie ein Sklave Christi«) Freiheit als innere Freiheit, die ihre Ermöglichung und ihren Zielpunkt allein in Jesus Christus hat. Soziale Strukturen sind für diesen Freiheitsbegriff unerheblich, weil sie weder Freiheit noch Unfreiheit gewähren können. In 1Kor 9 thematisiert Paulus Freiheit als finanzielle Unabhängigkeit und damit als Freiheit von menschlichen Urteilen. Paulus ist hier offensichtlich von sokratischen Traditionen abhängig, denn Sokrates nahm ebenfalls für seine Arbeit den ihm eigentlich zustehenden Lohn nicht an und erlangte dadurch die Freiheit im Umgang mit anderen. Auch die Mahnung des Paulus in 1Kor 7,29–31, die Güter dieser Welt zu gebrauchen, als hätte man sie nicht, steht in enger Verbindung mit dem Gedanken der Freiheit als innerer Unabhängigkeit. Der Verzicht auf eine Sache und damit die innere Unabhängigkeit von ihr ist höher zu bewerten als ihr Besitz.[91]

2) Über philosophisches Potential verfügt auch der λόγος-Begriff (»Wort, Vernunft, Einsicht«) bei Johannes (vgl. Joh 1,1.14; 1Joh 1,1; Offb 19,13).[92] Logos ist bei Johannes wie in der griechischen Tradition göttliches Wirk- und Lebensprinzip, es benennt die Zuwendung Gottes zum Menschen und die ursprüngliche Einheit menschlichen Denkens mit Gott. Der λόγος-Begriff eröffnet bewusst einen weiten Kulturraum: die

---

89 Vgl. umfassend: Samuel Vollenweider, Freiheit als neue Schöpfung, FRLANT 147, Göttingen 1989.

90 Vgl. auch Seneca, Ep 90,10: »Ein Strohdach schützt freie Menschen, unter Marmor und Gold wohnt Knechtschaft.«

91 Zur philosophischen Potenz der paulinischen Theologie vgl. auch Kristin Divjanović, Paulus als Philosoph, NTA 58, Münster 2015; Joseph R. Dodson/David E. Briones (Hrsg.), Paul and the Giants of Philosophy. Reading the Apostle in Greco-roman Context, Downers Grove 2019.

92 Vgl. dazu Udo Schnelle, Philosophische Interpretation des Johannesevangeliums, in: Jan G. van der Watt/R. Alan Culpepper/Udo Schnelle (Hrsg.), The Prologue of the Gospel of John, WUNT 359, Tübingen 2016, 159–187.

Welt der griechisch-römischen Philosophie/Bildung und des hellenistischen Judentums alexandrinischer Prägung. Als Schlüsselwort der griechischen Bildungsgeschichte aktiviert λόγος ein umfangreiches Anspielungspotential, das bei der produktiven Mitarbeit der Hörenden/Lesenden in den Verstehensprozess miteinfließt. Das jeweilige kulturelle Wissen ist mit der Enzyklopädie einer Sprache verbunden, die von einem Autor aktiviert werden kann. Begriffe und die mit ihnen verbundene Normativität entfalten ihre Kraft nur innerhalb einer bereits existierenden Sprachgemeinschaft, die Regeln für das Verstehen, Handeln und Urteilen vorgibt und ständig neu prägt. Indem Johannes den Schlüsselbegriff der griechisch-römischen Kulturgeschichte zum christologischen Leitbegriff erhebt, drückt er einen universalen Anspruch aus: Der Logos Jesus Christus ist aus der ursprünglichen Einheit mit Gott hervorgegangen, er ist Gottes schöpferische Kraft, er ist der Ursprung und das Ziel allen Seins und im Logos Jesus Christus findet die antike Religions- und Geistesgeschichte ihr Ziel. Damit nimmt Johannes auch eine umfassende Neucodierung des Logos-Begriffes vor!

3) Lukas präsentiert Paulus in der Areopagrede Apg 17,16–34 als Philosophen.[93] Offenkundig wirbt Lukas unter den Gebildeten seiner Zeit, denn er reichert die Areopagrede bewusst mit antikem Bildungsgut an und parallelisiert Paulus und Sokrates. In Apg 17,28 (»Denn in ihm leben wir und bewegen wir uns und sind wir, wie denn auch einige von euren Dichtern gesagt haben: ›Wir sind ja seines Geschlechtes‹«) nimmt der lk. Paulus einen Grundgedanken griechischer Theologie und Philosophie positiv auf (vgl. nur Xenophon, Memorabilia I 4,18; IV 3,14; Platon, Leges X 899D; Arat, Phaenomena 1–5). Mit der Rede des Paulus in Athen wird ein neuer kultureller Horizont eröffnet. Im Zentrum der antiken Geistesgeschichte lehnt der lk. Paulus den griechisch-römischen

---

93 Nach wie vor grundlegend: Martin Dibelius, Paulus auf dem Areopag, in: ders., Aufsätze zur Apostelgeschichte, FRLANT 60, Göttingen 1951, 29–70, der völlig zu Recht diesen Abschnitt als »einen Höhepunkt des Buches« (a. a. O, 29) bezeichnet. Bernhard Heininger, Das Paulusbild der Apostelgeschichte und die antike Biographie, in: Die griechische Biographie in hellenistischer Zeit, hrsg. v. Michael Erler/Stefan Schorn, Berlin 2007, (407–429) 423, verbindet Paulusbild und Gattungsfrage: »Lukasevangelium und Apostelgeschichte in der Tradition hellenistischer Philosophenbiographien zu lesen, macht Sinn: Das erste Werk schildert den βίος des Schulgründers Jesus, das zweite die βίοι der beiden wichtigsten Schüler, nämlich Petrus und Paulus.«

Polytheismus nicht einfach ab, sondern wendet sich ihm argumentativ zu (V. 22–23). Die Identifizierung des ›unbekannten Gottes‹ mit dem einen wahren Gott ist ein ausdrücklicher Anknüpfungsvorgang und zielt auf eine Integration griechisch-römischer Gottesvorstellungen. Das im Hintergrund stehende entscheidende denkerische Argument lautet: *Ein Gott im Plural ist kein Gott.* Menschen griechisch-römischer Religiosität können sich dem einen Gott zuwenden, ohne ihre eigenen kulturellen Vorstellungen gänzlich über Bord zu werfen. Zugleich markiert Lukas auch sehr genau den Punkt, wo sich Theologie und Philosophie trennen: Die Auferstehung Jesu Christi von den Toten (V. 32).

Die Theologie der neutestamentlichen Autoren – vor allem Paulus und Johannes – muss auch als bedeutende Denkleistung gewürdigt werden.[94] Der nachhaltige Erfolg des Christentums hängt wesentlich auch damit zusammen, dass seine Verkündigung emotional und intellektuell attraktiv war und plausible Antworten auf drängende Sinn- und Lebensfragen von Menschen geben konnte.

6 Bildung und Eigenständigkeit der neuen Bewegung

Vor allem die Medialisierung des Jesus Christus in den neuen Literaturformen Apostelbrief und Evangelium war ein wesentlicher und bewusster Schritt hin zur Eigenständigkeit der neuen Bewegung. Mit Jesus Christus führten die Christusgläubigen nicht weniger als einen neuen Diskursgründer in die bestehenden religiösen Welten ein und schrieben ihm eine uneingeschränkte soteriologische Kompetenz zu. Ihm wurden Attribute zugelegt, die im jüdischen Denken bis dahin exklusiv Gott vorbehalten waren. Damit wurde nicht nur Mose als jüdischer Diskursgründer relativiert, sondern indem Jesus Christus als Gekreuzigter und Auferstandener Gegenstand göttlicher Verehrung wurde, überschritten die Christusgläubigen die Grenzen jüdischen Denkens und etablierten in Lehre und Kult eine eigene, neue Diskurswelt.[95]

---

94 Es ist mehr als ein Zufall, dass in jüngerer Zeit gerade Philosophen Paulus neu entdecken; vgl. Jacob Taubes, Die Politische Theologie des Paulus, München ³2003; Alain Badiou, Paulus. Die Begründung des Universalismus, München 2002; Giorgio Agamben, Die Zeit, die bleibt. Ein Kommentar zum Römerbrief, Frankfurt 2006. Zu Johannes vgl. zuletzt: Troels Engberg-Pedersen, John and Philosophy, Oxford 2017.
95 Vgl. Ulrich Luz, Das ›Auseinandergehen der Wege‹. Über die Trennung des Chris-

Den Paulusbriefen kommt dabei eine Schlüsselrolle zu: Sie begründen und formen den theologischen Kosmos der neuen Bewegung, indem der Apostel den gekreuzigten, auferstandenen und im Geist gegenwärtigen Jesus Christus entschieden in das Zentrum stellt und von dort den Ort der neuen Bewegung in der Geschichte, d. h. ihre Vorgeschichte, ihre Gegenwart und ihre Zukunft benennt. Die Briefe sind Teil seiner Gemeindeleitung und seiner Missionsstrategie; sie prägen eine eigene Sprache der neuen Bewegung und dokumentieren ihren Öffentlichkeitsanspruch, denn sie wurden öffentlich vorgelesen (1Thess 5,27) und intensiv in den Gemeinden diskutiert (2Kor 10,10). Die Briefe formulieren das neue Wertesystem und stellen bewusst in der antiken Welt eine doppelte Anschlussfähigkeit her: zum Judentum und zur griechisch-römischen Welt. Dabei fordert Paulus wiederholt seine Gemeinden auf, ihm nachzueifern (vgl. 1Thess 1,6; 1Kor 4,16; 11,1; Phil 3,17).

Für die Eigenständigkeit und Identitätsbildung der frühen Christen kommt den Evangelien in mehrfacher Hinsicht eine entscheidende Bedeutung zu:[96] 1) Als neue Gründungsgeschichte vermitteln sie ein Bild des Diskursgründers Jesus von Nazareth. Sie stecken den Verstehensrahmen der Jesus-Christus-Geschichte ab und bestimmen so wesentlich ihre Rezeption. 2) Zugleich vermitteln die Evangelien mit der Wahrung und Überlieferung der Traditionen die grundlegenden Informationen über Jesus von Nazareth. 3) Mit den Evangelien erhielt die neue Bewegung ihre eigene Basis-Geschichte, deren Funktion darin bestand, »to move out from the Jewish tradition of stories and anecdotes to use a Greek genre of continuous biographical narrative. The actual writing of a Gospel was a Christological claim in itself and also contributed towards the ›parting of the ways‹ between the early Christians and the developing rabbinic tradition.«[97] 4) Die Evangelien definieren den Standort der frühen Christen im Hinblick auf das Judentum und die

---

tentums vom Judentum, in: Walter Dietrich/Martin George/Ulrich Luz (Hrsg.), Antijudaismus – christliche Erblast, Stuttgart 1999, (56–73) 64: »Schon sehr bald nach Jesu Tod begannen sich die Wege zu trennen.«

96 Vgl. dazu Gerd Theißen, Die Religion der ersten Christen (s. Anm. 69), 233–253.
97 Richard A. Burridge, What Are the Gospels? (s. Anm. 69), 340; vgl. auch Helen K. Bond, The First Biography of Jesus (s. Anm. 69), 5: »Mark's *bios*, therefore, takes its place not only within an emerging and still-embryonic Christian ›book culture‹, but also as an attempt to formulate a distinctive Christian identity based on the countercultural way of life (and death) of its founding figure.«

pagane Umwelt; sie bestimmen und plausibilisieren das Gottes- und Christusbild und formulieren einen eigenen ethischen Kodex. 5) Den Evangelien kommt somit bei der Identitätsbildung der neuen Bewegung eine Schlüsselrolle zu[98] und sie sind ein wesentlicher Schritt zur Eigenständigkeit der frühen Christen.

7 Kann man vom frühen Christentum als einer Bildungsreligion sprechen?

Die Beantwortung dieser Frage hängt wesentlich davon ab, welchen Bildungsbegriff man ansetzt. Erziehung (παιδεία) und Tugend (ἀρετή) sind zweifellos die Hauptziele antiker Bildung,[99] d. h. die Erlangung von Kompetenzen und Fertigkeiten sowie die Förderung der jedem Menschen gegebenen guten Seelenteile. Die Mitglieder der frühchristlichen Gemeinden erfüllten mit Sicherheit nicht die formalen Bildungs-Standards zeitgenössischer Eliten,[100] aber der Bildungs-Begriff darf nicht an den Elite-Begriff gekoppelt werden, weil in der Antike sehr viele Gebildete – vor allem aufgrund ihrer Herkunft – nicht zur Elite zählten.[101] Sieht man aber das Ziel von Bildung zuallererst in der Unterscheidung von Gut und Böse und somit in der Erlangung sittlicher Tugend, dann ändert sich das Bild. Zwei Beispiele: Nach Aristoteles reicht es nicht aus,

---

98 Nach Helen K. Bond, The First Biography of Jesus, 166, wählt Markus die Biographie-Gattung, »encourage his audience to recommit their lives not to a set of theological ideas but specifically to the person of Jesus ... Jesus is not only the proclamation but also the model of Christian discipleship.«

99 Vgl. dazu Tor Vegge, Paulus und das antike Schulwesen (s. Anm. 57), 233–329.

100 Samuel Vollenweider, Bildungsfreunde oder Bildungsverächter? (s. Anm. 6), 295, betont zwar nachdrücklich die literarische Qualität der frühchristlichen Literatur, ordnet sie aber dennoch mit Blick auf die Bildungsstandards der Eliten einem »partialkulturellen« Raum zu und qualifiziert sie als »mediokre«. »Diese Einschätzung der frühchristlichen Literatur ändert sich kaum vor dem dritten oder sogar nicht vor der Wende zum vierten Jahrhundert.« Was aber nötigt uns dazu, den Bildungsbegriff der Eliten als Maßstab zu nehmen, der über Bildung in der Bevölkerung wenig aussagt? Entscheidend sind die Inhalte, die Gegenstände und die Praxis der Bildung und hier kann das frühe Christentum durchaus mit anderen Bewegungen der Zeit konkurrieren.

101 Vgl. Alexander Weiss, Deissmann und die Unterschichtentheorie (s. Anm. 42), 182: »Das Problem liegt vor allem darin, dass man auch hochgebildet sein konnte und nach antiken Maßstäben dennoch nicht zwangsläufig zur gesellschaftlichen Elite gehörte.«

über die Tugend Bescheid zu wissen, sondern man muss sie einüben, um den Leidenschaften nicht zu unterliegen: »Überhaupt gehorcht, wie es scheint, die Leidenschaft nicht der Vernunft, sondern nur der Gewalt. Es muss also vorher erst der zur Tugend (τῆς ἀρετῆς) geeignete Seelenzustand da sein, das Gute (τὸ καλόν) zu lieben und das Böse zu verabscheuen.«[102] Seneca betont: »Durch eine einzige Sache wird die Seele vervollkommnet, durch die unwandelbare Kenntnis von Gut und Böse.«[103] Dieser Grundansatz ist mit Paulus vergleichbar, der in Röm 12,2 das Leben der Christen als λογικὴ λατρεία (»geistiger Gottesdienst«) bestimmt: »Und lasst euch nicht diesem Äon gleichschalten, sondern lasst euch verwandeln durch die Erneuerung des Denkens, um zu prüfen, was der Wille Gottes ist: das Gute, das Wohlgefällige und Vollkommene.« In Phil 4,8 fordert der Apostel: »Schließlich, Brüder, was rechtschaffen ist, was ehrbar, was angemessen, was tadellos, was wohlgefällig, was Anerkennung verdient, wenn etwas eine Tugend (ἀρετή) ist und wenn etwas ein Lob, dies bedenkt!« Der Glaube als die christliche Kardinaltugend ist eine auf Erkenntnis und Vertrauen basierende ganzheitliche Lebenshaltung, die sich im geistgewirkten Tun des Guten realisiert: »Die Frucht des Geistes aber besteht in Liebe, Freude, Frieden, Geduld, Freundlichkeit, Gütigkeit, Treue, Sanftmut, Beständigkeit« (Gal 5,22 f.). Wer sich diesen Werten verbunden fühlt, darf auch für antike Verhältnisse als gebildet gelten. Löst man sich von einer theologisch isolierten Betrachtung des Glaubens- und Geistbegriffes, dann kann man sehr wohl von einem frühchristlichen ganzheitlichen Bildungsideal sprechen, nämlich der tatkräftigen Orientierung am Willen Gottes, der identisch ist mit der Liebe (vgl. 1Kor 13; 1Joh 4,8.16, Joh 13,34 f.), dem Vollkommenen und vor allem dem Guten, das seit Platon Schlüsselbegriff der antiken Philosophie ist.[104] Der frühchristliche Glaube als Formgebung der ganzen christlichen Existenz ist auch ein Weisheitskonzept (1Kor 1–4), allerdings ein anderes: Leben aus dem Tod, Niedrigkeit statt Macht, Liebe statt Gewalt, Dienen statt Herrschen. Man dachte jetzt die Wirklichkeit und das Leben von einem Gott her, der seine Lebensmacht in der Auferweckung eines Gekreuzigten erwies.

---

102 Aristoteles, NikEthik 1179b.
103 Seneca, Epistulae 88,28.
104 Vgl. Thomas Alexander Szlezák, Platon. Meisterdenker der Antike, München 2021, 66 f.

7 Frühes Christentum als Bildungsreligion?

Das frühe Christentum kann als Bildungsreligion bezeichnet werden, weil 1) der Bildungsgrad der Gemeinden in ihrer Gesamtheit als überdurchschnittlich bezeichnet werden kann; weil 2) in den Gemeinden anspruchsvolle theologische, philosophische und ethische Themen behandelt und diskutiert wurden (Liebe als das Wesen Gottes, gelingendes Leben, Rettung vor bösen Mächten, Gerechtigkeit, Frieden, Freiheit, ewiges Leben, das Gute u. a. m.); weil 3) nicht nur niveauvolle Literatur (LXX, Apostelbriefe, Evangelien) vorgelesen und gelesen wurde, sondern 4) die neue Bewegung in den ersten 50 Jahren ihres Bestehens zahlreiche mündliche und schriftliche Traditionen kreativ sammelte/bearbeitete und 5) so viel Literatur wie keine andere Religion in ihrer Entstehungsphase schuf, die 6) zwei neue Gattungen beinhaltete (Apostelbrief, Evangelium) und 7) insgesamt professionell abgeschrieben und verbreitet wurde.[105] Folglich wurden 8) beachtliche sprachliche, denkerische und kulturelle Leistungen sowie eine hohe Literaturproduktion zum Kennzeichen des frühen Christentums. 9) Man schuf Literatur und bewegte sich in Literatur, so dass 10) Jesus von Nazareth in einzigartiger Weise denkerisch durchdrungen und literalisiert wurde.

---

105 Zumindest ab der zweiten Hälfte des 2. Jh.s n. Chr. lässt sich dies wahrscheinlich machen; vgl. Alan Mugridge, Copying Early Christian Texts, WUNT 362, Tübingen 2016, 2: »Finally, I argue that the copyists of the majority of christian texts were trained scribes, probably working in a variety of settings, and that there is no firm evidence that the copyists were generally Christians.«

VI
Das frühe Christentum als eigenständige Bewegung*

1 Einleitung

Die Entstehung des frühen Christentums aus dem Judentum ist in der Exegese unbestritten. Ebenso besteht ein großer Konsens über seine bleibende Verankerung im Judentum auf traditionsgeschichtlicher und theologischer Ebene, denn der jüdische Monotheismus sowie die Traditions- und Bildwelt des Alten Testaments sind allgegenwärtig. Wann aber löste sich das entstehende Christentum aus dem Judentum und wurde zu einer eigenständigen Bewegung? Hier gehen die Meinungen extrem auseinander; sie reichen von Paulus als Begründer des Christentums über Krisenerfahrungen wie die Tempelzerstörung (70 n. Chr.) oder den Bar Kochba-Aufstand (132–135 n. Chr.), natürliche Identitätsbildungsprozesse durch eigene Gemeinden, Texte und Rituale bis hin zu der Annahme, erst zu Beginn des 4. Jh.s sei die endgültige Trennung von Judentum und Christentum erfolgt.[1] Forscher und Forscherinnen sind sich einerseits darin einig, dass es sich dabei nicht um schlagartige, auf Jahreszahlen eindeutig festlegbare Ereignisse, sondern um komplexe und anhaltende Prozesse handelte. Andererseits bleibt aber umstritten, wie sich historische und theologische Entwicklungen identifizieren und sprachlich angemessen beschreiben lassen. Gab es eine relativ frühe profilierte Identität der Christusgläubigen aus Judentum und den Völkern, die mit jüdischen und paganen Identitätskonzepten nicht mehr vereinbar war? Oder erfolgte die Trennung erst sehr spät, verortete sich

---

* Zugrunde liegt ein Referat bei der SNTS-Konferenz in Leuven am 27.7.2021.
1 Einen Forschungsüberblick bieten Bernd Wander, Trennungsprozesse zwischen Frühem Christentum und Judentum im 1. Jh. n. Chr., TANZ 16, Tübingen ²1997, 8–39; Annette Yoshiko Reed/Adam H. Becker, Introduction, in: Adam H. Becker/Annette Yoshiko Reed (Hrsg.), The Ways that never parted. Jews and Christians in Late Antiquity and the Early Middle Ages, Minneapolis 2007, 1–33; Udo Schnelle, Die getrennten Wege von Römern, Juden und Christen, Tübingen 2019, 1–10.

1 Einleitung

Paulus zeitlebens umfassend innerhalb des Judentums[2] und ist das Neue Testament insgesamt oder überwiegend als ein jüdischer Text zu verstehen?[3] Ist ›Christentum‹ erst eine Konstruktion des späten 2. Jh.s (z. B. Irenäus)? Dann wäre das Christentum eine Art ›Betriebsunfall‹ der Geschichte und entspräche jedenfalls nicht den Intentionen der frühen Zeugen. Dass bei all diesen Fragen die Antworten sehr differieren,[4] ist nicht verwunderlich, denn das Verhältnis von Judentum und Christentum ist für jeden Exegeten/jede Exegetin eine zentrale Herausforderung. Hier werden geistige Verbotszonen definiert und es wirken permanent lebensgeschichtliche, theologische und politische Hintergrundannahmen, die zumeist nicht genannt werden. Jeder/jede hat eine Meinung, ist im Kontext des Holocaust emotional engagiert, will auf der richtigen Seite stehen und nimmt eine theologie-politische Position ein. Nicht zuletzt deshalb sind auf diesem Feld die Kontroversen leidenschaftlich und die Chancen auf Verständigung gering, zumal jede Form von Geschichtsschreibung ein Akt der Selbstauslegung und eine Form der Welt- und Selbstdeutung ist.[5]

Um hier zu nachvollziehbaren Ergebnissen und belastbaren Befunden zu kommen, ist es methodisch notwendig, die einzelnen mit der Thematik verbundenen Sachebenen zu benennen, abzuschreiten und zu bewerten. Natürlich gehören diese Ebenen sachlich zusammen und bedingen einander, zugleich sollten sie aber unterschieden werden, um die Argumentation durchsichtig zu machen und monokausale Theorien zu vermeiden.

---

2   So die Grundthese der »Paul within Judaism Perspective«; vgl. Mark D. Nanos/Magnus Zetterholm (Hrsg.), Paul within Judaism, Minneapolis 2015, 105–143; zur Kritik vgl. Udo Schnelle, Über Judentum und Hellenismus hinaus: Die paulinische Theologie als neues Wissenssystem, ZNW 111 (2020), 124–155.

3   So z. B. Kathy Ehrensperger, Jesus der Jude. Beobachtungen zu den jüdisch-christlichen Beziehungen in der gegenwärtigen Forschung, ThLZ 146 (2021), 21–36, 35: »Ein Verständnis der Christus-Texte des Neuen Testaments als Variante jüdischer Tradition zur Zeit des Zweiten Tempels kann dazu beitragen, das christliche Selbstverständnis neu und frei von Antijudaismen zu formulieren.«

4   Zur aktuellen kontroversen Diskussion vgl. zuletzt: Jens Schröter/Benjamin A. Edsall/Joseph Verheyden (Hrsg.), Jews and Christians – Parting Ways in the First Two Centuries CE?, BZNW 253, Berlin 2021.

5   Vgl. Ernst Cassirer, Versuch über den Menschen, Hamburg 1996, 291: »Geschichtswissenschaft ist nicht Erkenntnis äußerer Fakten oder Ereignisse; sie ist eine Form der Selbsterkenntnis.«

2 Die Ebenen des Verhältnisses Judentum – entstehendes Christentum

Die *theologische Ebene*: Ausgangspunkt und Basis der Theologiebildung der ersten Jesus-Christus-Gläubigen bilden die Erscheinungen des Auferstandenen (vgl. 1Kor 15,3–11; Mk 14,28; 16,7; Lk 24,34; Joh 20,11–18), die damit verbundenen intensiven Geisterfahrungen, seine Herrschaft bei und mit Gott sowie die Erwartung seines Wiederkommens ›in Herrlichkeit‹ (Röm 8,18–39). Bestimmend war die Erfahrung und Einsicht, dass der Gekreuzigte nicht im Tod geblieben ist, sondern Gott ihn »am dritten Tag« von den Toten auferweckte (vgl. 1Kor 15,4; 1Thess 1,10; 1Kor 9,1; Gal 1,16; 2Kor 4,14; Röm 6,4; 8,11; 10,9; Lk 24,34 u. ö.).[6] Gott und Jesus Christus werden nun entschieden zusammengedacht, der Sohn hat umfassend teil an der Gottheit und Herrschaft des Vaters (1Kor 8,6), so dass ein neues Gottesbild geformt wird.[7] Vor allem das andauernde Wirken des Geistes Gottes prägte als tiefgreifende Erfahrungsdimension die Ausbildung einer frühchristlichen Identität,[8] denn daran erkannten die Christusgläubigen die Wirklichkeit der Auferstehung des gekreuzigten Jesus Christus von den Toten. Sie waren davon überzeugt, dass Jesus Christus von Gott als Weltenherrscher eingesetzt wurde (Phil 2, 9–11) und er in Kürze kommen wird, um sie vor dem bevorstehenden Zorn zu retten (1Thess 1,9 f.; 5,9).

Die Christusgläubigen bedachten von Anfang an in vielfältiger Weise die anhaltende Bedeutsamkeit des Christusgeschehens. Sie mussten den Status Jesu Christi neu bestimmen, vor allem im Hinblick auf sein Verhältnis zu Gott. Dazu bedienten sie sich der Wissensvorräte der jüdischen und hellenistischen Tradition, nahmen aber auch neue Zuschreibungen vor und führten Jesus Christus als neuen Diskursgründer ein, von dem aus sie eine neue religiöse Welt konzipierten. Jesus Christus erhielt eine uneingeschränkte soteriologische Kompetenz. Ihm wurden Attribute zugelegt, die im jüdischen Denken bis dahin exklusiv

---

6   Vgl. dazu Udo Schnelle, Die ersten 100 Jahre des Christentums, Göttingen ³2019, 97–106.
7   Vgl. Benjamin Schließer, Innovation und Distinktion im frühen Christentum, EC 13 (2022), (393–432), 419–421: ›Revolutionäres Gottesbild‹.
8   Vgl. hier Friedrich Wilhelm Horn, Das Angeld des Geistes, FRLANT 154, Göttingen 1992; Benjamin Schließer, Innovation und Distinktion (s. Anm. 7), 416–419, spricht von ›pneumatischer Innovationskraft‹.

2 Die Ebenen des Verhältnisses Judentum – frühes Christentum

Gott vorbehalten waren.[9] Er ist bereits bei Paulus gottgleich bzw. Gott (Phil 2,6; Röm 9,5). Damit wurde nicht nur Mose als jüdischer Diskursgründer relativiert, sondern indem Jesus Christus als Gekreuzigter und Auferstandener Gegenstand göttlicher Verehrung wurde, überschritten die Christusgläubigen die Grenzen jüdischen Denkens und etablierten in Lehre und Kult eine eigene, neue Diskurswelt.[10] Hinzu kommt als zweiter Aspekt: Die Menschwerdung Gottes und die Gottwerdung eines Menschen ist ein griechischer Gedanke, der sich in seiner Fremdheit und Anstößigkeit für jüdische Ohren nicht relativieren lässt.[11] Aber auch gegenüber dem griechisch-römischen Denken setzte die früheste Christologie eigene Akzente, denn die Gottessohnschaft eines Gekreuzigten blieb auch hier ein fremdartiger und anstößiger Gedanke (vgl. 1Kor 1,23). Ebenso widersprach Jesu exklusive soteriologische Stellung griechisch-römischer Tradition, wo Gottheiten jeweils für einzelne Bereiche zuständig waren. Hinzu kam schließlich ein zweiter, ebenfalls völlig neuer Gedanke: Gott kommt dem zur Reue unfähigen Menschen zuvor, indem er ihm in der Auferstehung des Sohnes die Sünden vergibt (Röm 3,25; 5,8).

Es gab von Anfang an eine *grundlegende und anhaltende Dissonanz* zu allen Formen jüdischer und paganer Religiosität: Der Weg zu Gott führt über einen Gekreuzigten.[12] Ein Gekreuzigter wurde als Sohn Gottes, als gottähnliches Wesen verehrt und verkündet (vgl. Phil 2,6.8);

---

9 Zur Bedeutung der gottesdienstlichen Praxis für die Herausbildung der frühen Christologie vgl. Wolfgang Schrage, Unterwegs zur Einheit und Einzigkeit Gottes, BThSt 48, Neukirchen 2002, 158–167; Martin Hengel, Abba, Maranatha, Hosanna und die Anfänge der Christologie, in: Denkwürdiges Geheimnis (FS E. Jüngel), hg. v. Ingolf U. Dalferth/Johannes Fischer/Hans-Peter Großhans, Tübingen 2005, (144–183), 154: »Bereits in der aramäisch sprechenden Urgemeinde bringen die Akklamationen Abba und Maranatha elementare Gewissheiten zum Ausdruck.«

10 Vgl. Ulrich Luz, Das ›Auseinandergehen der Wege‹. Über die Trennung des Christentums vom Judentum, in: Walter Dietrich/Martin George/Ulrich Luz (Hrsg.), Antijudaismus – christliche Erblast, Stuttgart 1999, (56–73), 64: »Schon sehr bald nach Jesu Tod begannen sich die Wege zu trennen.«

11 Vgl. hierzu Udo Schnelle, Inkarnation. Theologische und religionsgeschichtliche Überlegungen, in: Marco Frenschkowski/Lena Seehausen (Hrsg.), Im Gespräch mit C. F. Georg Heinrici, WUNT 2.546, Tübingen 2021, (325–350) 327–333.

12 Es war eine bleibende Dissonanz, wie Justin, Dialog 90,1, bezeugt, wo Tryphon sagt: »Beweisen musst du uns jedoch, ob er gekreuzigt werden und eines so schmachvollen und ehrlosen, im Gesetz verfluchten Todes sterben musste; denn so etwas können wir uns nicht einmal denken« (vgl. ferner 10,1–2: Die Christen setzen ihre Hoff-

einem Gekreuzigten wird das Gottesprädikat »Herr der Herrlichkeit« (1Kor 2,8) verliehen (vgl. Ps 23,7–10LXX; äthHen 22,14; 25,3.7). Diese Vorstellung wurde – in unterschiedlicher Weise – zum Identitätsmotor und zum Identitätskern der neuen Bewegung und unterschied sie grundlegend und bleibend von ihrer Umwelt. Ein Messias am Kreuz gehört jedoch nicht zum Spektrum jüdischer Messiaserwartungen;[13] im Gegenteil, nach Dtn 21,23 steht der »am Holz Aufgehängte« unter dem Fluch Gottes und in 11QTa 64,15–20 wird dieser Fluch auch auf die durch eine Kreuzigung Hingerichteten übertragen. Neu ist auch die Vorstellung, dass die Auferstehung eines einzelnen Menschen die endzeitliche Auferweckung vorwegnimmt. Dafür gibt es sowohl im Judentum als auch in der paganen Welt keine Parallele.[14]

Die Aufladung des jüdischen Gottesbildes von einem gekreuzigten, auferstandenen und nun herrschenden Gottessohn rief schon bald Widerstand von jüdischer Seite hervor. Zu den historisch unbestreitbaren und frühesten Nachrichten über Paulus gehört seine Verfolgertätigkeit; schon früh hören die Gemeinden in Judäa von einer anderen Gemeinde: »Der uns einst verfolgte, verkündet nun den Glauben, welchen er einst zu zerstören trachtete« (Gal 1,23; vgl. 1Kor 15,9; Gal 1,13; Phil 3,6). Der Pharisäer Paulus war ein jüdischer Eiferer in der Tradition von Elia (vgl. 1Kön 18,40; 19,10.14) und Pinehas (vgl. 25,7–11), der die markanten Unterschiede zwischen der neuen Bewegung der Christusgläubigen und dem Judentum sofort erkannte. Wahrscheinlich erschien dem für die Tora eifernden Pharisäer die Verkündigung der Christusgläubigen, ein Gekreuzigter sei der verheißene Messias Israels, als Skandalon. Die Apostelgeschichte bestätigt nicht nur die frühe Verfolgertätigkeit des

---

  nung auf einen gekreuzigten Menschen). Für den griechisch-römischen Bereich vgl. Seneca, De providentia 6, wo es über Gott heißt: »Er ist dem Leid enthoben.«
13 Vgl. dazu Ernst Joachim Waschke, Der Gesalbte, BZNW 306, Berlin 2001.
14 Vgl. Christine Jacobi, Auferstehung, Erscheinungen, Weisungen des Auferstandenen, (490–504), in: Jens Schröter /Christine Jacobi (Hrsg.), Jesus Handbuch, Tübingen 2027, 500 f.: »Religionsgeschichtliche Parallelen von auferweckten und entrückten Gestalten, deren Auferstehung zugleich als Auftakt der eschatologischen Totenauferweckung verstanden wurde, gibt es nicht. Die Vorstellung einer sofortigen Auferstehung einzelner Märtyrer und die endzeitliche Auferweckung der Gerechten zum Leben sind in der jüdisch-israelitischen Literatur nicht miteinander verbunden. In dieser Hinsicht ist der frühchristliche Glaube an die in Jesus vorweggenommene Totenauferstehung innovativ.«

2 DIE EBENEN DES VERHÄLTNISSES JUDENTUM – FRÜHES CHRISTENTUM

Paulus (Apg 8,1–3), sondern schildert in Apg 3–5 auch einen tiefgreifenden Konflikt zwischen dem Jerusalemer Laien- und Priesteradel sowie den frühen Jesus-Christus-Anhängern. Zwar geht die anschauliche Darstellung auf Lukas zurück, ihr liegt aber ein historischer Tatbestand zugrunde.[15] Es zeigt sich: Bereits die frühe Feindschaft der führenden priesterlichen Familien/Sadduzäer (Apg 4,5 f.; 5,17) und die Verfolgertätigkeit des Pharisäers Paulus belegen, dass die von der Jerusalemer Gemeinde gelebte offene Variante des Judentums von Anfang an kritisch gesehen und bekämpft wurde. Sie galt eben nicht als eine legitime Form der Pluralisierung des Judentums, sondern als Blasphemie!

Die *historische Ebene*: Nach einer diffusen Anfangsphase, in der sich die Christusgläubigen innerhalb des Judentums verstanden und agierten, erfolgte in der historischen Entwicklung der Jesus-Christus-Bewegung mit der Mission der antiochenischen Gemeinde Mitte der 40er Jahre (vgl. Apg 11,19–21) eine zweifache theologie-politische Weichenstellung: 1) Man überschritt die Grenze des Judentums und wandte sich ohne Beschneidungsforderung griechisch sprechenden Nichtjuden zu. 2) Dabei wurde den Menschen nicht eine zusätzliche Religion angeboten, sondern man verband mit dem Exklusivitätsanspruch *die Abkehr von allen bisherigen religiösen Bindungen.*[16] Diese Missionstätigkeit hatte vor allem in hellenistischen Großstädten wie Antiochia Erfolg. Nach Apg 11,26 kam in Antiochia Anfang der 40er Jahre der Begriff Χριστιανοί (»Christianer«) als Fremdbezeichnung für die überwiegend völkerchristlichen Anhänger der neuen Lehre auf (vgl. Apg 26,28).[17]

---

15 Für einen historisch zutreffenden Kern (Konflikt Priesteradel/Sadduzäer – Christusgläubige) spricht vor allem die Rolle der führenden priesterlichen Familien im Passionsgeschehen; vgl. Jürgen Roloff, Die Apostelgeschichte, NTD 5, Göttingen 1981, 100 f.; Charles Kingsley Barrett, Acts I (ICC), Edinburgh 1994, 282; James D. G. Dunn, Beginning from Jerusalem. Christianity in the Making 2, Grand Rapids 2009, 235–237.

16 Die Christen unterschieden sich durch eine Verweigerung der Kultkombination grundlegend von ihrer paganen Umwelt; vgl. Theodor Mommsen, Der Religionsfrevel nach römischem Recht, in: ders., Gesammelte Schriften III, Berlin 1907, 403: »Der römische Bürger, welcher die Isis und den Mithras göttlich verehrte, sagte darum dem capitolinischen Jupiter keineswegs auf.«

17 Zur ausführlichen Begründung vgl. Udo Schnelle, Die getrennten Wege (s. Anm. 1), 72–76.

Dieser neue Begriff fügt sich in andere zeitgenössische Selbst- und/oder Fremdbezeichnungen ein: Das Wort Ἰουδαϊσμός = ›Judentum‹ begegnet in 2Makk 2,21; 8,1; 14,38; 4Makk 4,26 und bezeichnet ›die Lebensweise nach dem Gesetz‹ (so gebraucht ihn auch Paulus in Gal 1,13 f.). Wahrscheinlich handelt es sich um eine im 2. Jh. v. Chr. entstandene jüdische Selbstbezeichnung, die analog dem griechischen Κυνισμός = ›die kynische Lebensweise‹ (Diogenes Laertius 6,2.104; vgl. Στωικός = ›die stoische Lebensweise‹ Diogenes Laertius 4,67; 6,104) gebildet wurde.[18] In der Großstadt Antiochia könnten Χριστιανός/Χριστιανισμός als Bezeichnung für die neue und wachsende Bewegung der Christusgläubigen entstanden sein, was Ignatius bestätigt, der sie in seinen Briefen unbefangen als Selbstbezeichnung verwendet (vgl. Eph 11,2; Mag 4; Röm 3,2; Pol 7,3; Trall 6,1; Pol 7,3: Χριστιανός = ›Christ‹/Mag 10,1.3; Röm 3,3; Phld 6,1: Χριστιανισμός = ›Christentum‹). Die Christen galten nun aus paganer Perspektive als eine nichtjüdische Bewegung und müssen ein erkennbares theologisches Profil und eine organisatorische Eigenstruktur gewonnen haben.[19] Dies bestätigt auch Tacitus, der im Hinblick auf die Verfolgung unter Nero in Rom 64. n. Chr. von ›Chrestianern‹ spricht.[20] Formal handelt es sich bei Χριστιανοί um einen gräzisierten Latinismus,[21] was darauf hinweist, dass die römische Provinzverwaltung bereits ein Interesse an der neuen Bewegung hatte.[22] Zudem lässt die Wortbildung erkennen, dass der Titel Χριστός in Antiochia für Außenstehende

---

18 Vgl. dazu Yehoshua Amir, Studien zum antiken Judentum, Frankfurt 1985, 101–113. Zu der These von Steve Mason, Das antike Judentum als Hintergrund des frühen Christentums, ZNT 37 (2016), 11–22, Ἰουδαϊσμός sei ausschließlich geographisch-ethnisch (im Sinne von ›Judäer‹) zu verstehen, vgl. die berechtigte Kritik von Dieter Sänger, Ἰουδαϊσμός – ἰουδαΐζειν – ἰουδαϊκῶς. Sprachliche und semantische Überlegungen im Blick auf Gal 1,13 f. und 2,14, ZNW 108 (2017), 150–185.

19 Vgl. Adolf von Harnack, Die Mission und Ausbreitung des Christentums in den ersten drei Jahrhunderten I, Leipzig ⁴1923, 425 f.

20 Damit sind zweifellos die Christen gemeint, was sich aus dem unmittelbaren Textfortgang ergibt: »... der Urheber dieses Namens, Christus, war unter der Herrschaft des Tiberius ...« (Annalen XV 44 3 f.); vgl. ferner Plinius, Epistulae X 96.

21 Vgl. Friedrich Blass/Albert Debrunner/Friedrich Rehkopf, Grammatik des neutestamentlichen Griechisch, Göttingen ¹⁶1984, § 5.

22 Vgl. Andreas Mehl, Sprachen im Kontakt, Sprachen im Wandel. Griechisch/Latein und antike Geschichte, in: Max Liedtke (Hrsg.), Zur Evolution von Kommunikation und Sprache – Ausdruck, Mitteilung, Darstellung, Graz 1998, (191–230) 198, der in der Wortschöpfung eine obrigkeitliche Maßnahme sieht, »zunächst für den innerbehördlichen Gebrauch«. Auch nach Martin Hengel, Überlegungen zu einer Geschichte des frühesten Christentums im 1. und 2. Jahrhundert, in: ders., Studien zum Urchristentum, WUNT 234, Tübingen 2008, 324, wurde Χριστιανοί in Antiochien der neuen Bewegung »von den römischen oder städtischen Behörden in der Caligulakrise beigelegt«. Dietrich-Alex Koch, Geschichte des Urchristentums, Göttingen ²2014, 199, ist ebenfalls der Auffassung, »dass die Bezeichnung auf die römische Provinzverwaltung zurückgeht.«

2 DIE EBENEN DES VERHÄLTNISSES JUDENTUM – FRÜHES CHRISTENTUM

bereits zu einem Namen geworden war. Χριστιανός ist außerdem mit einer großen Selbstverständlichkeit in 1Petrus 4,16 belegt (»Leidet er aber als ein Christ ...«) und auch Josephus bezeugt in der ursprünglichen Fassung des ›Testamentum Flavianum‹[23] diese Bezeichnung: »Und bis heute besteht die Gruppe der Christen [Χριστιανῶν], die sich nach ihm nennen, fort« (Antiquitates 18,64).

Die Bezeichnung »Christen/Christ« ist somit für die Zeit um 90 n. Chr. durch Lukas und 1Petr 4,16 (mit Einschränkungen auch Josephus) sicher als Selbstbezeichnung belegt,[24] und dass sie Anfang der 40er Jahre in Antiochia als Fremdbezeichnung entstand, ist ebenfalls plausibel. Nach und nach setzte sich dieser Name dann als Selbstbezeichnung durch,[25] allerdings neben und nach Paulus, wo der Begriff fehlt. Bei Paulus fin-

---

23 Mit John P. Meier, A Marginal Jew. Rethinking the Historical Jesus I, New York 1991, 56–69 (ausführliche Analysen und Begründungen), gehe ich davon aus, dass Josephus (wie über den Täufer und den Herrenbruder Jakobus, »den Bruder Jesu, der Christus genannt wird« Antiquitates 20,200) auch über Jesus kurz berichtete. Die später christlich überarbeitete Urform könnte gelautet haben: »Um diese Zeit aber lebte Jesus, ein weiser Mensch. Er vollbrachte außergewöhnliche Taten und war der Lehrer der Menschen, die freudig die Wahrheit aufnahmen. Und er zog viele Juden und Griechen an. Und obwohl ihn auf Betreiben der Vornehmsten unseres Volkes Pilatus zum Kreuzestod verurteilte, wurden ihm seine ersten Anhänger nicht untreu. Und bis heute besteht die Gruppe der Christen, die sich nach ihm benennt, fort.« (Antiquitates 18,63.64) Der Jude Josephus wusste ebenso wie seine römischen Leser, dass die Christen in der 2. Hälfte des 1. Jh.s von den Juden zu unterscheiden sind und als eigenständige Gruppe agierten.

24 Dazu passt auch, dass der unter Domitian verschärft eingezogene fiscus Judaicus eine begriffliche Unterscheidung zwischen Juden und Christen nahelegt; vgl. dazu Udo Schnelle, Die ersten 100 Jahre des Christentums (s. Anm. 6), 318 f. Jan N. Bremmer, Ioudaismos, Christianismos and the Parting of the Ways, in: Jens Schröter u. a. (Hrsg.), Jews and Christians – Parting Ways in the first two Centuries CE?, (s. Anm. 4), 57–87, datiert ohne überzeugende Begründung Apg (um 100), Ignatius (um 140–180) und vor allem 1Petr (um 110) sehr spät und kommt so zu dem Ergebnis, dass erst in der ersten Hälfte des 2. Jh.s die Trennungsprozesse und Begriffsbildungen umfassend einsetzten.

25 Anders z. B. Stefan Alkier/Hartmut Leppin, Einleitung, in: Stefan Alkier /Hartmut Leppin (Hrsg.), Juden – Heiden – Christen?, WUNT 400, Tübingen 2018, 5: »Im 1. Jh. n. Chr. existierte kein ›Christentum‹«; Manuel Vogel, Ein Streit nicht nur um Worte: Begriffsgeschichtliche Beobachtungen zu frühchristlichen Strategien der Exklusion, a. a. O., 45–52 (46: »Mit einem ›Christentum‹ avant la lettre ist mithin Vorsicht geboten«; 64: »Die im neutestamentlichen Kanon versammelten Schriften sind von jedweder Unterscheidung ›jüdisch‹/›christlich‹ unberührt«); Markus Öhler, Geschichte des frühen Christentums, Göttingen 2018, 175 (Entstehung des Begriffes um 100 n. Chr.).

den sich jedoch andere Wendungen, die das Selbstverständnis der neuen Bewegung in ähnlicher Weise zum Ausdruck bringen (z. B. »in Christus« u. a. m.).[26]

Mit der 1. Missionsreise (ca. 45–47 n. Chr.) wurde dann die Beschneidungsfreiheit für Nichtjuden zum Programm, die Mission verlor ihren zufälligen Charakter und das entstehende Christentum sah sich nicht als eine weitere unter vielen religiösen Bewegungen, sondern erhob einen Exklusivanspruch. Diese Strategie wurde gegen starke Widerstände auf dem Apostelkonvent beschlossen (Gal 2,1–10; Apg 15,1–35).[27] Obwohl die Beschlüsse unterschiedlich ausgelegt wurden, setzte sich die Kernvereinbarung durch: Beschneidungsfreiheit für Völkerchristen. Dies zeigen die Schriften des Neuen Testaments, von denen keine eine Beschneidung von Völkerchristen fordert, auch nicht judenchristliche Positionen wie Matthäus (Mt 28,19: Taufe als grundlegender Initiationsritus) und der Jakobusbrief. Die häufig betonte Vielfalt des Judentums ist begrenzt; sie findet ihre Grenze in der Beschneidung als Eintritt in den ewigen Bund mit Abraham (Gen 17,1–14)! *Da es keine wirkliche Form von Judentum ohne Beschneidung gab und gibt,*[28] *war damit eine Entscheidung für eine neue und eigenständige Identität des frühen Christentums und tendenziell auch für die Trennung vom Judentum gefallen.*

Die religionsgeschichtliche Ebene: Die uns bekannten Gemeinden stammen alle aus dem griechisch-römischen Kulturbereich, so dass allein schon aus diesem Grund mit einem beachtlichen Einfluss griechisch-römischen Denkens gerechnet werden muss. Der Hinweis auf

---

26 Ἐν Χριστῷ heißt in 1Thess 2,14; 4,16; 1Kor 1,2; 3,1; 2Kor 5,17; Gal 1,22; 3,26.28; Röm 6,11; 8,1; 16,7.11.13; Phil 1,1 nichts anderes als »Christsein« und ist somit eine identifizierende und abgrenzende Selbstbezeichnung! Vgl. Martin Hengel/Anna Maria Schwemer, Die Urgemeinde und das Judenchristentum. Geschichte des frühen Christentums II, Tübingen 2019, 341, über frühe Selbstbezeichnungen der Christusgläubigen: »Vermutlich nannten sie sich selbst, wie es bei Paulus belegt ist: οἱ ἐν Χριστῷ.«

27 Zum Apostelkonvent vgl. Udo Schnelle, Paulus, Berlin ²2014, 114–125; James D. G. Dunn, Beginning from Jerusalem (s. Anm. 15), 446–494; Dietrich-Alex Koch, Geschichte des Urchristentums (s. Anm. 22), 225–238.

28 Einen vollgültigen Übertritt zum Judentum ohne Beschneidung hat es wahrscheinlich nie gegeben; vgl. die Analyse der Texte bei Wolfgang Kraus, Das Volk Gottes, WUNT 85, Tübingen 1996, 96–107. Auch in der Außenwahrnehmung war natürlich die Beschneidung das Kennzeichen des Judentums; vgl. Tacitus, Historien V 5: »Die Sitte der Beschneidung haben sie eingeführt, ... Alle, die zu ihrer Lebensform übertreten, halten sich an denselben Brauch«.

2 Die Ebenen des Verhältnisses Judentum – frühes Christentum

die Pluralität und die tiefgreifende Hellenisierung des Judentums reichen keineswegs aus, um den Umgang mit Themen wie Freiheit, Leiden, Gewissen, Logos, Geist in den Metropolen Kleinasiens und Griechenlands oder in Rom zu erklären. Hier lassen vielmehr die Schriften Senecas, Epiktets, Plutarchs und eines Dion von Prusa erkennen, wie stark in der griechisch-römischen Religiosität und Popular-Philosophie ähnliche Fragestellungen wie im Frühchristentum behandelt wurden, die auch eine direkte Beeinflussung erwarten lassen. Philosophie und Theologie flossen ineinander; hier wie dort ging es um gelingendes Leben. Beide wollten auf das Leben gestaltend einwirken und als Lebenskunst und konkrete Lebensformen gehörten sie zusammen. Philosophische, religiöse und moralische Themen durchdrangen einander und galten nicht als getrennte Wissens- und Lebensbereiche.[29] Zumal viele Gemeindeglieder in Griechenland, Kleinasien und Rom mit diesen Vorstellungen aufwuchsen, d.h. allein die Adressatenbezogenheit ntl. Schriften und die Rezeptionsprozesse auf Seiten der Gemeinde lassen sich nicht auf eine Filterfunktion durch das hellenistische Judentum beschränken. Fast allen Mitgliedern frühchristlicher Gemeinden in Städten wie Ephesus, Korinth, Philippi, Athen, Rom dürften die philosophischen Hauptströmungen der Zeit (zumindest in rudimentärer Form) bekannt gewesen sein (vgl. Apg 17,18).

Deshalb müssen immer alle Aspekte kultureller Welten abgeschritten werden, um so ein historisches komplexes Phänomen wie das frühe Christentum wirklich erfassen und verstehen zu können. Dabei zeigt sich, dass bei fast allen zentralen Begriffen und Vorstellungen neutestamentlicher Schriften mit einer *doppelten Traditionstiefe* gerechnet werden muss, sowohl im jüdischen als auch im griechisch-römischen Bereich.[30] Methodisch ist daraus eine religionsgeschichtliche Offenheit abzuleiten, d. h. die neutestamentlichen Schriften sind weder exklusiv auf einem alttestamentlich-jüdischen noch einem griechisch-römischen Hintergrund zu verstehen, sondern immer ist im Einzelfall zu

---

29 Vgl. dazu Pierre Hadot, Philosophie als Lebensform, Frankfurt ²2005; Malte Hossenfelder, Antike Glückslehren, Stuttgart 1996; Heinrich Niehues-Pröbsting, Die antike Philosophie, Frankfurt 2004, 142–219.

30 Dies dokumentiert bereits das ›Theologische Wörterbuch zum Neuen Testament‹, das zwischen 1933 und 1979 erschien und von Gerhard Kittel (Bd. I–IV) und Gerhard Friedrich (Bd. V–X) im Kohlhammer-Verlag herausgegeben wurde.

fragen, welche Bezüge und Kontexte konkret vorliegen. Trotz oder gerade wegen dieser doppelten Verankerung zeigen fast alle ntl. Texte gegenüber den von ihnen aufgenommenen (jüdischen wie hellenistischen) Traditionen ein *erkennbares Eigenprofil*. Die kritische Brechung durch die Christologie und Soteriologie verhinderte eine direkte Aufnahme geläufiger religiöser Muster und ermöglichte neue und zumeist kreative eigenständige Interpretationsprozesse.

Die *soziologische Ebene*: Bei der Frage nach der Eigenständigkeit einer Bewegung spielt natürlich ihre Selbstorganisation eine entscheidende Rolle. Bleibt sie Teil einer übergeordneten Organisation oder ordnet sie das Zusammenleben sowie das institutionelle, rituelle und soziale Verhalten ihrer Mitglieder neu? Hier ist zunächst zu betonen, dass Jesus sich von allen anderen religiösen Gestalten des Judentums dadurch unterschied, »dass eine nach ihm benannte Gruppe nach seinem Tod weiterexistierte«[31]. Bereits damit wurde auf verschiedenen Ebenen eine Eigendynamik eingeleitet. Grundlegend war die *räumliche Trennung* des entstehenden Christentums vom Judentum, denn man bildete eigene Hausgemeinden (vgl. z. B. 1Kor 1,16; 16,15.19; Röm 16,5.14 f. 23; Phlm 2; Apg 12,12; 18,7.8; Kol 4,15), hinzu kamen Treffen der Gesamtgemeinde in einem Haus (1Kor 11,20; 14,23). Zu den ersten eigenständigen Institutionalisierungen der Christusgläubigen bereits in Jerusalem (und Galiläa) gehörten *Taufe und Herrenmahl*. Weil Rituale Verdichtungen religiöser Weltansichten sind, wurden Taufe und Herrenmahl zu neuen Wissensorten (vgl. 1Kor 11,23–26; Röm 6,3–5; Mt 28,19) und als Orte der Partizipation zu Katalysatoren einer neuen Identität:[32] ›Heilige Handlungen‹ und die damit verbundenen theologischen Einsichten materialisieren sich natürlich in einem neuen Bewusstsein und einem veränderten, sichtbaren Handeln. Im Ritual vollzieht sich die theologische und soziale Konstruktion des neuen Menschen ›in Christus‹. Die frühchristliche Taufe war sowohl religionsgeschichtlich (einmaliges Untertauchen in fließendem Wasser) als auch theologisch (Sündenvergebung, Partizipation am Heilsgeschehen) ein neues Ritual. Sie konnte vor oder während der normalen Gottesdienste vollzogen werden. Nun trat entweder (für geborene Juden) neben die Beschneidung ein zwei-

---

31 Martin Goodman, Die Geschichte des Judentums, München 2020, 255.
32 Vgl. Risto Uro, Ritual and Christian Beginnings. A Socio-Cognitive Analysis, Oxford 2016.

2 Die Ebenen des Verhältnisses Judentum – frühes Christentum 185

tes Initiationsritual oder aber die Taufe war (für Völkerchristen) das alleinige Ritual. Nachösterlich wurde das letzte Mahl Jesu zum Dank- und Lobpreis (1Kor 11,11–24/Mk 14,22.23) sowie zum Erfüllungs- und Erinnerungszeichen (1Kor 11,24.25/Lk 22,19) des stellvertretend Leidenden (Mk 14,24; Lk 22,20). In der Kraft des Heiligen Geistes ist der Auferstandene selbst das lebendige und gegenwartsmächtige Subjekt seines Gedächtnisses; er ist der Stifter eines neuen Bundes (1Kor 11,25/Lk 22,20), dessen heilvolle Wirkung (»mein Leib/mein Blut«) die glaubende Gemeinde empfangen darf.

Eine besondere Bedeutung für die Identitätsbildung hatte die Häufigkeit der Mahlgemeinschaften, die zumindest in Korinth (vgl. 1Kor 16,2) wahrscheinlich wöchentlich stattfanden.[33] Soziales Handeln beruht auf inkorporiertem Wissen; es entsteht im Gebrauch und bildet neue Sprach- und Handlungsformen aus.[34] Dies gilt in besonderer Weise für Rituale, sie rufen Emotionen hervor und leben von der Einübung und der Wiederholung. Die neue Welt wird durch Rituale inkorporiert und beeinflusst auch grundlegend das Denken, so dass eine neue Identität und ein neuer Habitus entstehen. Neben die neue Kultpraxis trat die Einführung und Praktizierung neuer Werte und Normen: Die jüdische Fundamentalunterscheidung »rein« – »unrein« wurde aufgehoben (Mk 2,17; 7,15; 1Kor 10,26), wodurch Speise- und Reinheitsvorschriften in den meisten Gemeinden an Bedeutung verloren. Hinzu kamen Ansätze zu einer eigenen Rechtspraxis (vgl. 1Kor 6,1–11; Mk 10,1–12; Mt 18,15–18) und die Einführung des Sonntags als eigener heiliger Tag (1Kor 16,2). Eine Neubestimmung nahmen die Gemeinden auch bei der Sündenvergebung (Mk 2,1–12), beim rituellen Händewaschen (vgl. Mk 7,1–6), beim Fasten (vgl. Mk 2,18b.19a; Mt 11,18 f./Lk 7,33 f.), bei den Gelübden (vgl. Mk 7,7–13) und dem Umgang mit Kindern (Mk 10,13–16) vor. Bedeutsam war darüber hinaus eine für die antike Welt völlig neue Zusammensetzung und Struktur der frühchristlichen Gemeinden. Anders als bei der Synagoge und paganen Vereinen gab es keine Aufnahmebedingungen und es bestand eine Offenheit für Menschen aller Stände, aller Geschlechter und aller Berufe. Die Bekehrung »ganzer Häuser« (vgl. 1Kor 1,16; Apg

---

33 Vgl. dazu Eva Ebel, Die Attraktivität früher christlicher Gemeinden, WUNT 2.178, Tübingen 2004, 214–221.
34 Vgl. dazu Christoph Wulf, Zur Genese des Sozialen: Mimesis, Performativität, Ritual, Bielefeld 2005.

16,15; 18,8) zeigt, dass Angehörige aller Stände und Schichten zu dieser neuen Gemeinschaft gehören konnten (vgl. Gal 3,26–28), vornehmlich Frauen und Sklaven. Damit verbanden sich neue Rollenbilder; vor allem Frauen hatten in den paulinischen Gemeinden selbstverständlich Führungspositionen inne (vgl. 1Kor 1,11; 16,19 f.; Röm 16,1) und Sklaven dienten gerade in ihrer Situation nur noch einem Herrn: Jesus Christus (vgl. Phlm). Dabei wurde den einzelnen Gemeindegliedern *uneingeschränkte religiöse Kompetenz* zugesprochen und so eine neue Amtslogik entwickelt; ein völlig neuer Gedanke in der Antike!

Zudem praktizierten die neuen Gemeinden eine Liebes-Ethik und verfügten über eine *diakonische Kompetenz*, die schon in Phil 1,1 bezeugt ist und sich beständig ausweitete. Alle wesentlichen Kriterien für eine eigenständige Bewegung finden sich bereits in den paulinischen Gemeinden: hohe Kooperation und Interaktion, (fast) reichsweite Kommunikation, gemeinsame Riten, Wertvorstellungen, Verhaltensregeln und Utopien, ausgeprägte Sozialität, das ›Wir‹ als Unterscheidung zwischen Eigen- und Fremdgruppe (1Kor 1,22 f.).

Die *Bildungs-Ebene*: Keine Gestalt der Antike wurde so schnell und umfassend literalisiert und denkerisch durchdrungen wie Jesus Christus! Bereits in den ersten 60 Jahren seines Bestehens schuf das frühe Christentum so viele Schriften und neue Gattungen wie keine andere Religion in ihrer Entstehungsphase. Die frühen Christen traten als eine kreative literarische und denkerische Bewegung auf, die mündliche und schriftliche Überlieferungen in Literatur überführten und so sicherten. Sie sorgten auch dafür, dass ihre Texte professionell abgeschrieben und verbreitet wurden.[35] Erstaunlich sind neben der hohen Literaturproduktion der neuen Bewegung die damit verbundenen sprachlichen, denkerischen und kulturellen Leistungen. Das frühe Christentum weist eindeutig die *Konturen einer Bildungsreligion* auf. Man schuf Literatur und bewegte sich in Literatur, so dass das frühe Christentum auch als ein Bildungsphänomen begriffen werden muss.

---

35 Zumindest ab der zweiten Hälfte des 2. Jh.s n. Chr. lässt sich dies wahrscheinlich machen; vgl. Alan Mugridge, Copying Early Christian Texts, WUNT 362, Tübingen 2016, 2: »Finally, I argue that the copyists of the majority of christian texts were trained scribes, probably working in a variety of settings, and that there is no firm evidence that the copyists were generally Christians.«

2 Die Ebenen des Verhältnisses Judentum – frühes Christentum

Bereits die Paulusbriefe stellen als kerygmatisch ausgerichtete Apostelbriefe eine literarische Innovation dar.[36] Sie wurden öffentlich vorgelesen (1Thess 5,27) und intensiv in den Gemeinden diskutiert (2Kor 10,10). Mit den Evangelien präsentiert sich die neue Botschaft in einer neuen Literaturgattung, ein deutlicher Beleg für die denkerische und literarische Kreativität der frühen Christen. Das Evangelium ist eine literarisch und theologisch innovative, vor allem aber stabile Form, in der das Leben Jesu, seine Lehre und sein Tod als Modell christlicher Nachfolge präsentiert, vergegenwärtigt und erinnert werden konnten. Es stiftet in besonderer Weise ein literarisches Denkmal des Lebens und der Lehre der Hauptperson und eröffnet zugleich Möglichkeiten, eine bestimmte Sichtweise dieser Person zu etablieren, Verstehensprobleme zu überwinden und so Gruppenidentität zu bilden bzw. zu stärken. Die Evangelien formulieren die neue Gründungsgeschichte der Christen, bestimmen die Identität des Jesus Christus und forcieren nicht nur die Loslösung vom Judentum und seinen normativen Schriften, sondern treten an deren Stelle.[37] Damit verbindet sich eine *sprachliche Neuorganisation*, bei der zuallererst der Begriff ἐκκλησία (τοῦ) θεοῦ (»Versammlung/Gemeinde Gottes«) zu nennen ist. Vor allem Paulus bestimmt mit diesem primär politischen Begriff das Wesen der neuen Gemeinschaft,[38] die gerade nicht zu einer neuen Untergruppe der Synagoge wird, sondern sich von Anfang an als neue öffentliche und eigenständige Bewe-

---

36 Vgl. Christina Hoegen-Rohls, Zwischen Augenblickskorrespondenz und Ewigkeitstexten. Eine Einführung in die paulinische Epistolographie, BThSt 135, Neukirchen 2013.

37 Vgl. Richard A. Burridge, What Are the Gospels?, Michigan ²2004, 340, wonach die Intention der Evangelisten darin bestand, »to move out from the Jewish tradition of stories and anecdotes to use a Greek genre of continuous biographical narrative. The actual writing of a Gospel was a Christological claim in itself and also contributed towards the ›parting of the ways‹ between the early Christians and the developing rabbinic tradition«; Helen K. Bond, The First Biography of Jesus. Genre and Meaning in Mark's Gospel, Grand Rapids 2020, 5: »Mark's *bios*, therefore, takes its place not only within an emerging and still-embryonic Christian ›book culture‹, but also as an attempt to formulate a distinctive Christian identity based on the counter-cultural way of life (and death) of its founding figure.«

38 Zu den einzelnen Ableitungstheorien vgl. (mit Unterschieden) Jürgen Roloff, Art. ἐκκλησία, EWNT 1, Stuttgart 1980, 999–1001; Dietrich-Alex Koch, Geschichte des Urchristentums (s. Anm. 22), 273–281; Ralph J. Korner, The Origin and Meaning of Ekklēsia in the Early Jesus Movement, AJEC 98, Leiden 2017.

gung neben Juden und Griechen organisiert (vgl. 1Kor 12,32). Hinzu kommen zahlreiche inhaltliche Neu- und Umprägungen, z. B. beim Evangeliums[39]- und Glaubensbegriff. Speziell Paulus, Markus und Johannes entwickeln eine umfassende Sprache des Glaubens;[40] der Glaube (πίστις, πιστεύειν) wird zur exklusiven Aneignungsform des Heilsgeschehens und zu dem frühchristlichen Identitätsmarker schlechthin! Mit der sprachlichen verbindet sich die theologische Selbstdefinition des frühen Christentums, die bei Paulus erstmals *Systemqualität* erreicht. Er schuf eine Theologie, die alle Bereiche religiösen und philosophischen Denkens umfasste: Gottes- und Weltvorstellung, Rettung, das Böse, Erlösung, Glaube, Gerechtigkeit, Freiheit, ewiges Leben, Ethik u. a. m. Von ihrem Inhalt und intellektuellen Niveau her mussten die Paulusbriefe den Vergleich mit der zeitgenössischen Popularphilosophie (z. B. den Briefen Senecas) nicht scheuen. Was Paulus einst als Pharisäer Anstoß war (vgl. Dtn 21,23 in Gal 3,13), wird nun zum Zentrum seines Denkens: *Das Kreuz als Todes- und zugleich Lebensort.*[41] Das Kreuz ist nicht nur einmaliger Heilsort (vgl. z. B. 1Kor 1,17.18.23; 2,2.8; Gal 3,1; 5,11.14; 6,14; Röm 3,25; 5,10; 6,6; Phil 2,8; 3,18) sondern Paulus entwickelt darüber hinaus eine am Kreuz orientierte Theologie. Die gesamte christliche Existenz ist *anhaltend* vom Kreuz bestimmt (vgl. Röm 6,6.8; Gal 2,19; 5,24; 6,14; 2Kor 13,4); eine völlig neue und weder für Juden noch für Griechen nachvollziehbare Vorstellung! Zudem betont Paulus ausdrücklich die Asymmetrie und Dissonanz dieses Ansatzes: »Wir aber verkündigen den gekreuzigten Christus, den Juden ein Ärgernis und den Völkern eine Torheit.« (1Kor 1,23) Damit wird Gott neu definiert; er ist der Gott des gekreuzigten und auferstandenen Sohnes und umgekehrt: Der Sohn ist gottgleich (Phil 2,6: ἴσα θεῷ) und Röm 9,5 bezeichnet ihn als θεός (»Von den Vätern, von denen Christus dem Fleisch nach abstammt, der Gott ist über allem; gelobt sei er in Ewig-

---

39 Vgl. dazu Helmut Merklein, Zum Verständnis des paulinischen Begriffs »Evangelium«, in: ders., Studien zu Jesus und Paulus, WUNT 43, Tübingen 1987, 279–295; Dietrich-Alex Koch, Die Schrift als Zeuge des Evangeliums, BHTh 69, Tübingen 1986, 322–353.

40 Vgl. dazu Thomas Schuhmacher, Zur Entstehung christlicher Sprache. Eine Untersuchung der paulinischen Idiomatik und der Verwendung des Begriffes πίστις, BBB 168, Göttingen 2012.

41 Vgl. dazu Thomas Söding, Das Wort vom Kreuz. Studien zur paulinischen Theologie, WUNT 93, Tübingen 1997.

2 Die Ebenen des Verhältnisses Judentum – frühes Christentum

keit«)[42]. Paulus richtet seine Gebete sowohl an Gott (vgl. z. B. 1Thess 1,2 f.; Röm 8,15 f.; 15,30 ff.) als auch an Jesus Christus (2Kor 12,8).

Diese kreuzestheologische Perspektive wird von Markus übernommen.[43] Bei ihm ist das Kreuz des Gottessohnes der Fluchtpunkt seiner Evangelienkomposition (vgl. Mk 1,11; 9,7; 12,6); erst unter dem Kreuz erkennt mit dem römischen Hauptmann ein Mensch das Geheimnis der Person Jesu Christi (Mk 15,39). Sowohl für Paulus als auch für Markus gilt: Der Gekreuzigte ist der Auferstandene und umgekehrt (1Kor 1,18.23; Mk 16,6). Auch für Markus ist die christliche Existenz ein vom Kreuz geprägtes Leben, was die Nachfolgesprüche in Mk 8,34 f. deutlich zeigen. Dieses Konzept rezipieren auch Matthäus (Mt 10,38; 16,24) und Lukas (Lk 9,23; 14,27). Das Johannesevangelium ist ebenfalls von Anfang an durch eine kreuzestheologische Perspektive geprägt (vgl. Joh 1,29.36). Die Voranstellung der Tempelreinigung (Joh 2,14–22), zahlreiche Passionsverweise (vgl. Joh 2,1.4c u.ö.) und Jesu Wort am Kreuz (19,30: »Es ist vollbracht«) verdeutlichen dies.[44]

Auch die Inkarnation als reale und bleibende Menschwerdung des einen Gottes in dem gekreuzigten Jesus Christus ist eine theologisch und religionsgeschichtlich neue und einzigartige Vorstellung (vgl. 1Kor 8,6; 10,4; 2Kor 8,9; Gal 4,4; Röm 8,3; Phil 2,6), die das neue Wissen in allen Bereichen bestimmt. Der Tod ist eine zentrale Folge und Frage des Lebens, so dass – wie alle anderen Denksysteme auch – das frühe Christentum eine Antwort auf diese Herausforderung geben musste: Der gekreuzigte, gestorbene und auferstandene Jesus Christus wird zum Modell des eigenen postmortalen Geschicks (Röm 6,8–10). Der *Gerechtigkeitsbegriff* erhält ein neues Profil[45] und vor allem die Begriffe πίστις und πιστεύειν erfahren eine umfassende Erweiterung. Ebenso erfährt auch der *Freiheitsbegriff* eine neue Prägung;[46] Freiheit ist nicht die eigene individuelle Wirkungsmacht, sondern von Gott geschenkte Gabe (vgl. Gal 5,1). Für die Ethik wird die Verbindung von Freiheit und Liebe kennzeich-

---

42 Es handelt sich hierbei um die grammatisch naheliegendste und inhaltlich schwierigste Interpretation; vgl. Hans-Christian Kammler, Die Prädikation Jesu Christi als »Gott« und die paulinische Christologie, ZNW 94 (2003), 164–180.

43 Vgl. Heidrun E. Mader, Markus und Paulus, Paderborn 2020.

44 Vgl. Thomas Knöppler, Die theologia crucis des Johannesevangeliums, WMANT 69, Neukirchen 1994.

45 Treffend Reinhard Feldmeier/Hermann Spieckermann, Der Gott der Lebendigen, Tübingen 2011, 301: »Mit seiner Entgegensetzung von Gerechtigkeit aus Glauben und Gerechtigkeit aus dem Gesetz geht Paulus nun aber doch entschieden über das hinaus, was die biblische Tradition bisher zur Gerechtigkeit Gottes zu sagen hatte.«

46 Vgl. Udo Schnelle, Freiheit – mehr als nur ein Wort, in: Martin Bauspieß u. a. (Hrsg.), Bestimmte Freiheit. FS Christof Landmesser, ABG 64, Leipzig 2020, 14–34.

nend (vgl. Gal 5,13) Paulus war der Erste in der jüdischen und griechisch-römischen Geistesgeschichte, der *Freiheit und Liebe* programmatisch miteinander verband; keine andere Bewegung innerhalb der Antike stellte den universalen Liebesgedanken so entschlossen in den Mittelpunkt ihres Weltbildes und ihrer Praxis wie die paulinischen Gemeinden.[47] Die gravierendste Veränderung gegenüber den etablierten religiösen Systemen brachte die frühchristliche *Eschatologie*. Nicht das im Denken der Griechen eine zentrale Rolle spielende unberechenbare Schicksal oder der im Judentum vorherrschende Gedanke des endzeitlichen Richterhandelns Gottes bestimmen das zukünftige Sein, sondern allein der Glaube, d. h. die positive individuelle Beziehung des Einzelnen zu Gott bzw. Jesus Christus. Gottes Handeln ist verlässlich, denn er erweckte nicht nur Jesus Christus zum Leben, sondern schenkt auch den Glaubenden das »ewige Leben« (vgl. Röm 6,22). Umfassende Partizipation am Christusgeschehen und die Transformation in ein neues, postmortales Sein bestimmen die frühchristliche Eschatologie. Vor allem Paulus erschuf einen umfassenden theologischen Kosmos, der sich in zwei Punkten grundsätzlich von allen anderen antiken Entwürfen unterschied: 1) Ein Gekreuzigter und Auferstandener ist als Sohn Gottes gottgleich und der Glaube an ihn rettet. 2) Die Glaubenden sind unmittelbar zu Gott; es bedarf keines Priesters und keines Tempels, sondern die Glaubenden sind selbst heilig und ein Tempel.

Mit diesem, in Teilen der Forschung überhaupt noch nicht beachteten Befund zur Sprach-, Bildungs- und Literaturkompetenz der frühen Christen *verändert sich das Bild und die Einschätzung der Bewegung fundamental*:[48] Weg von der eher primitiv einzuschätzenden Endzeitgruppe hin zu kreativ, eigenständig und produktiv gestaltenden Missionaren, Theologen und Gemeinden.

Die *Identitäts-Ebene*: Alle dargestellten Entwicklungen, Konzepte und Elemente greifen bei der Identitätsbildung der frühchristlichen Gemeinden ineinander und bedingen einander und gerade in ihrer

---

47 Vgl. dazu Thomas Söding, Das Liebesgebot bei Paulus, NTA 26, Münster 1994; Matthias Pfeiffer, Einweisung in das neue Sein. Neutestamentliche Erwägungen zur Grundlegung der Ethik, BEvTh 119, Gütersloh 2000; Oda Wischmeyer, Liebe als Agape, Tübingen 2015.
48 Vgl. Benjamin Schließer, Vom Jordan an den Tiber, ZThK 116 (2019), 1–45, 17: »Gegenüber Deißmann ist dies ein Paradigmenwechsel!«

Summe prägen sie das neue Selbst- und Gruppenverständnis. Wir haben es nicht mit einer Verlängerung oder bloßen Modifikation einer bestehenden Identität zu tun, sondern mit der vielschichtigen Ausprägung einer neuen Identität als Erschließung radikal veränderter Zugänge zu zentralen Bereichen des Lebens. Neu, weil das Überraschende (ein Gekreuzigter ist der Sohn Gottes), das Kontrafaktische (Gott wird Mensch, Leben aus dem Tod, die Armen sind erwählt), das Provokative (die Liebe kennt keine Grenzen) und das Utopische (ewiges Leben) in Verbindung mit intensiven Geisterfahrungen der eigentliche Antrieb der neuen Bewegung sind. Das frühe Christentum schuf innerhalb kürzester Zeit neue innere Welten, änderte das Wertesystem, entwickelte Utopien und entwarf Gegenwelten: Gott und die Erwählung der Glaubenden werden plötzlich unmittelbar und universal gedacht. Die für fast alle antiken Gesellschaften geltenden Unterschiede zwischen hoher und niederer Geburt und damit festgelegter gesellschaftlicher Stellung, Reich und Arm, Mann und Frau, Sklaven und Freien verlieren ihre trennende Bedeutung. Damit verändert sich das Verhältnis übernommener kultureller Werte zu neuen Anschauungen dramatisch. All diese Aspekte zeigen, dass vor allem die neue Theologie die treibende Kraft der neuen Identität war, denn theologische (besonders: Paulus, Evangelien) und historische (speziell: Apostelgeschichte) Orientierungs- und Ordnungsleistungen waren unumgänglich!

Bei Paulus findet sich bereits ein deutlich ausgeprägtes Bewusstsein von der Eigenständigkeit der neuen Bewegung als dritter Größe jenseits des Judentums und der Völker.[49] Ein Selbstverständnis, das sich deutlich in 1Kor 1,22 f.; 9,20–23; 10,32; Gal 3,26–28; 5,6 zeigt. In 1Kor 1,22–24 stellt er Juden und Griechen ein neues Subjekt gegenüber, das ἡμεῖς der glaubenden Gemeinde, d. h. hier wird deutlich *zwischen Eigen- und Fremdgruppe* unterschieden. Wenn Paulus nach 1Kor 9,20.21 den Juden ein Jude und den Heiden ein Heide werden kann, dann ist er im Vollsinn weder Jude noch Heide, sondern Repräsentant einer neuen Bewegung und Religion. Sein Evangelium gilt allen Menschen, somit Juden und Heiden (vgl. nur die fünfmalige Formel ›Juden [zuerst] und Griechen‹ in Röm 1,16; 2,9.10; 3,9; 10,12), zwischen denen es keinen Unterschied mehr gibt

---

49 Vgl. dazu umfassend: Friederike Portenhauser, Personale Identität bei Paulus, HUTh 79, Tübingen 2020, 434: »Bestimmend für die Identität der Glaubenden wie für die Identität des Paulus ist nach Phil 3 die Diskontinuität.«

(Röm 2,6–11; 3,22–23; 10,12–13) und in Röm 11,13–15 wird der Völkermissionar auch zum Missionar der Juden. Die frühen Gemeinden verstanden sich bereits als eine kosmische Größe,[50] denn sie sind nicht nur eine »neue Schöpfung« (2Kor 5,17; Gal 6,15), sondern »wisst ihr nicht, dass die Heiligen die Welt (κόσμον) richten werden ... Wisst ihr nicht, dass wir Engel richten werden?« (1Kor 6,2a.3a; vgl. ferner Gal 4,19: Christus gewinnt in ihnen Gestalt; Röm 8,19: Die gesamte Schöpfung wartet auf das Offenbarwerden der Kinder Gottes). Ein größeres Selbst- und Identitätsbewusstsein ist kaum vorstellbar!

Die *religions-politische Ebene*: Neben der Bildungs-Dimension ist die Bedeutung der Römer für das Verhältnis Judentum – entstehendes Christentum das zweite, in der Forschung bisher noch nicht erkannte bzw. vernachlässigte Thema. Die Römer verfügten über einen umfassenden Religionsbegriff und betrieben eine aktive Religionspolitik, wie nicht zuletzt der Kaiserkult zeigt.[51] Das entstehende Christentum unterschied sich in seinem Verhältnis zu den Römern vom Judentum in zwei entscheidenden Punkten: 1) Während die Römer trotz aller Vorbehalte das Judentum als ›alte‹ Religion akzeptierten, lehnten sie das Christentum ab Anfang der 60er Jahre als traditions- und kulturfeindliche Gruppe strikt ab.[52] 2) Die Juden wurden nie zu einer aktiven Teil-

---

50 Vgl. hier Lennart Schirr, Die Gemeinde als kosmische Größe, ABG 67, Leipzig 2021.
51 Vgl. Manfred Clauss, Kaiser und Gott. Herrscherkult im römischen Reich, Stuttgart 1999, 17: »Der römische Kaiser war Gottheit. Er war dies von Anfang an, seit Caesar und Augustus, er war es zu Lebzeiten, er war es auch im Westen des römischen Reiches, in Italien, in Rom.«
52 Dies zeigt die neronische Verfolgung 64 n. Chr., deren Historizität gelegentlich bestritten wird; vgl. Brent D. Shaw, The Myth of the Neronian Persecution, JRS 105 (2015), (73–100) 73: »Although the passage is probably genuine Tacitus, it reflects ideas and connections prevalent at the time the historian was writing and not the realities of the 60s«; Markus Öhler, Geschichte des frühen Christentums, Göttingen 2018, 286–288 (er spricht von einer ›antiken Geschichtskonstruktion‹). Der Verweis auf den Briefwechsel Plinius – Trajan (um 110 n. Chr.), die Unterschiede bei Tacitus und Sueton und die politisch-literarischen Strategien (Nero-Bild) des Tacitus um 115 n. Chr. reichen in keiner Weise aus, die Historizität eines Geschehens zu bezweifeln, das immerhin von zwei römischen Geschichtsschreibern (Tacitus und Sueton) und auch vom 1Klemensbrief bezeugt wird. Zur Historizität vgl. zuletzt mit sehr guten Argumenten: Michael Fiedrowicz, Die Christenverfolgung nach dem Brand Roms im Jahr 64, in: Nero. Kaiser, Künstler und Tyrann, hrsg. v. Jürgen Merten u. a., Darmstadt 2016, 250–256; Marco Frenschkowski, Art. Nero, RAC 25 (2013), (839–878) 864–868; Hartwin Brandt, Die Kaiserzeit, HAW III/11, München 2021, 211: »Dass dieser

2 Die Ebenen des Verhältnisses Judentum – frühes Christentum 193

nahme am Kaiserkult genötigt; sie beteten für den Kaiser, mussten aber den Kaiser nicht anbeten! Anders bei den Christen, deren Nichtteilnahme am Kaiserkult und anderen öffentlichen religiös-kulturellen Veranstaltungen als eine staatsfeindliche Haltung gewertet wurde.[53] Deshalb sah sich das entstehende Christentum relativ früh einer dreifachen Dissonanz ausgesetzt: Es wurde nicht nur a) von der lokalen Bevölkerung/ den lokalen Behörden in den Missionsgebieten und b) den Juden bekämpft, sondern c) auch von den Römern ab Anfang der 60er abgelehnt und verfolgt. Die römische Religionspolitik[54] war der entscheidende Faktor für das Verhältnis von Judentum und entstehendem Christentum. Weil die Juden nur eine geduldete, aber keine rechtlich gesicherte Stellung im Römischen Reich besaßen, mussten sie sehr darauf bedacht sein, nicht mit der aus römischer Sicht verdächtigen und obskuren Gruppe der Christen verwechselt zu werden. Aus diesem ureigenen Interesse heraus erklärt sich zwanglos, dass sich das Judentum von Anfang an vom entstehenden Christentum abgrenzte und keine seiner Formen (auch nicht das Judenchristentum) als mögliche tolerable Variante in einem vielgestaltigen Judentum ansah. *Nicht zufällig gibt es deshalb keinen einzigen Beleg dafür, dass irgendeine Richtung innerhalb des Judentums die Bewegung der Christusgläubigen als zu tolerierende Variante oder sogar Teil ihrer selbst gesehen hätte!*[55] Mit Agrippa I. (ca. 7 v. Chr.–44 n. Chr.)[56] ging erstmals um 43/44 n. Chr. die jüdische Staatsführung gegen die neue Bewegung der Christusgläubigen vor (vgl. Apg 12,1–4; 1Thess 2,14 f.). Obwohl die Vorwürfe gegen den Zebedaiden Jakobus und die anderen Christusgläubigen sicherlich nur auf religiösem

---

Bericht des Tacitus keine Fiktion oder bewusste Verzerrung darstellt, dürfte außer Frage stehen, ebenso unbezweifelbar ist die Tatsache, dass Nero Christen als Sündenböcke für die Brandkatastrophe verantwortlich gemacht und grausame Strafen gegen sie verhängte und sie auf brutale Weise umbringen ließ.«

53 Zur Frage der Verfolgungen vgl. Udo Schnelle, Die ersten 100 Jahre des Christentums (s. Anm. 6), 440–465.

54 Vgl. dazu Udo Schnelle, Die getrennten Wege (s. Anm. 1), 11–44; ders., Römische Religionspolitik und die getrennten Wege von Juden und Christen, EvTh 80 (2020), 432–443.

55 Dieser Befund lässt sich nicht dadurch relativieren, dass nun christliche Texte (Matthäusevangelium, Johannesevangelium, Jakobusbrief) zu Zeugen für eine postulierte positive jüdische (!) Reaktion auf die neue Bewegung erklärt werden.

56 Zu Agrippa I. vgl. David R. Schwartz, Agrippa I. The Last King of Judaea, TSAJ 23, Tübingen 1990.

Gebiet gelegen haben konnten, wird er durch das Schwert getötet, was auf politische Motive hinweist. Dies zeigt nicht zuletzt die Steinigung des gesetzestreuen Herrenbruders Jakobus.[57] Obwohl er sich vom beschneidungsfreien Missionskonzept des Paulus getrennt hatte und als besonders gesetzestreu galt, gelang es ihm nicht mehr, die Jerusalemer Gemeinde zu retten, die zumindest von den jüdischen Führungseliten nicht als ein legitimer Teil der Pluralität des Judentums gesehen wurde. Die paulinische Evangeliumsverkündigung wurde von Anfang an von Juden bekämpft (1Thess 2,16) und der Apostel erhielt Synagogenstrafen (2Kor 11,24 f.). Einzelne Sympathisanten wie z. B. Nikodemus (Joh 3,1 ff.; 7,50; 19,39) gab es zweifellos, aber für das Judentum insgesamt hätte eine Akzeptanz dieser neuen Strömung nur Nachteile gebracht! Deshalb gab es auch nie eine »Trennung« zwischen beiden, weil sie nie zusammen waren! Die Römer wussten, dass die neue Bewegung der Christen aus dem Judentum entstanden war; sie unterschieden dann aber strikt zwischen beiden und betrachteten das entstehende Christentum nie als Bestandteil des Judentums! Die christentumsfeindliche Haltung der Römer forderte geradezu die Distanzierung des Judentums vom entstehenden Christentum.

Als Beleg für eine zumindest partiell anhaltende Einheit von entstehendem Christentum und Judentum könnte man das (strenge) Judenchristentum ansehen.[58] Zweifellos gab es in der neuen Bewegung starke Strömungen, die sich innerhalb des Judentums verstanden und in unterschiedlicher Weise weiterhin eine jüdische Lebensführung praktizierten, wozu Beschneidung (Gegner des Paulus in Galatien und Philippi; Urgemeinde, Ebioniten), Gesetzesobservanz (Matthäus, Jakobus), Sabbatobservanz (Matthäus?, Judaisten bei Ignatius und Justin; Ebioniten), Reinheits- und Speisevorschriften (Johannesoffenbarung, Didache, Ebioniten), Teilnahme an jüdischen Gottesdiensten und Festen gehören konnten. Insbesondere der Grad der Tora-Orientierung und die Bestimmung des Verhältnisses sowohl zum Judentum als auch zu den Völkern fielen in einzelnen Gemeinden sehr unterschiedlich aus. Es gab Einzelpersonen und Gruppen, die von einem primär jüdischen Standort aus fragten, wie viel Christentum sie haben wollten, und Richtungen, die fragten, wie viel Judentum sie als Christen benötigten. Man ging notwendigerweise Kompromiss- bzw. Mischformen ein, die wesentliche Elemente des Judentums mit dem Glauben an den Messias Jesus Christus zu kombinieren versuchten. Auffällig ist,

---

57 Vgl. Josephus, Antiquitates 20,200.
58 Vgl. zum Judenchristentum: Udo Schnelle, Die ersten 100 Jahre des Christentums (s. Anm. 6), 374–397; Jörg Frey, Die Fragmente judenchristlicher Evangelien, in: Christoph Markschies/Jens Schröter (Hrsg.), Antike christliche Apokryphen I/1, Tübingen 2012, 560–660.

dass keine der ntl. Schriften die Beschneidung von Völkerchristen fordert, d. h. die Vereinbarungen des Apostelkonvents bildeten trotz mehrfacher Infragestellung die Basis der gesamten Entwicklung. Ein wesentlicher Grund dafür dürfte der Untergang der Jerusalemer Gemeinde im jüdischen Krieg um 70 n. Chr. gewesen sein, denn damit verlor das strenge Judenchristentum seine natürliche Heimat und vor allem seine natürliche Legitimationsinstanz. Dennoch lebte das Judenchristentum in vielfältigen Formen weiter; es wollte Teil des Judentums sein und bleiben. Allerdings gibt es wiederum kein einziges Anzeichen dafür, dass diese Strömungen vom Judentum jenseits christlicher Beeinflussung in irgendeiner Weise als legitimer Bestandteil des Judentums anerkannt wurden.

3 Grundelemente des Judentums

Gegen die hier vorgetragene Argumentation einer relativ frühen Eigenständigkeit des werdenden Christentums (ab Paulus) wird immer wieder das Argument der Vielschichtigkeit und *Vielgestaltigkeit des Judentums* um die Zeitenwende herum vorgebracht.[59] Sowohl die tiefgreifende Hellenisierung des Diasporajudentums als auch die Pluralität jüdischer Gruppen/Strömungen und jüdischer Theologie insgesamt ließen genügend Raum für eine Interpretation des Paulus und seiner Gemeinden innerhalb eines weit gefassten Judentums. Dann aber stellt sich die Frage: Was konstituiert Judentum?[60] Welche »identity markers« sind unerlässlich, um von Judentum sprechen zu können, *ohne den Begriff durch Eigenkonstruktionen im Kontext des Denkens im 21. Jh. ad absurdum zu führen?* Ein methodisch nachprüfbarer und gesicherter Weg ist der Blick auf jüdische Selbstbeschreibungen im 1. Jh. n. Chr. Hier bietet sich »Contra Apionem« von Josephus an, eine um 93/94 n. Chr. abgefasste Werbeschrift für das Judentum.[61] Josephus stellt das Wesen und

---

59 Vgl. z. B. Mark D. Nanos, Introduction, in: Mark D. Nanos/Magnus Zetterholm (Hrsg.), Paul within Judaism, 9, wo »Judaism« verstanden wird »as a multifaceted, dynamic cultural development, took place within other multifaceted dynamic cultures in the Hellenistic world, and thus that there is a lot more interaction and combining of cultural ideas and behavior than categorical distinctiveness or social separation, as scholars traditionally supposed.«
60 Zum antiken Judentum vgl. z. B. Günter Stemberger, Pharisäer, Sadduzäer, Essener, SBS 144, Stuttgart 1991; ders., Art. Juden, RAC 19, Stuttgart 1998, 60–245; Peter Schäfer, Geschichte der Juden in der Antike, Tübingen ²2010; Michael Tilly/Burton L. Visotzky (Hrsg.), Judaism I–III, Stuttgart 2020.2021.
61 Vgl. dazu Christine Gerber, Ein Bild des Judentums für Nichtjuden von Flavius Josephus, AGJU 40, Leiden 1997.

die Vorzüge der jüdischen Religion dar und arbeitet als deren Kennzeichen heraus: Beschneidung (z. B. CA 2,141), Sabbat (z. B. CA 2,282), umfassender Gehorsam gegenüber der nicht zu ändernden Tora (CA 2,145–286),[62] die Speisegebote (z. B. CA 2,281 f.) und den Tempelkult (z. B. CA 2, 193 f.).[63] Das Judentum erscheint so als eine theoretisch anspruchsvolle, vor allem aber als praxisorientierte und sichtbare Religion. Wenn nun eine aus dem Judentum entstandene neue Bewegung keine Beschneidung verlangt, den Sabbat nicht praktiziert,[64] die Tora auf das Liebesgebot reduziert (Röm 13,8–10), keine Speise für unrein erklärt und nicht umfassend Speisegebote beachtet, den Zehnten nicht entrichtet, nicht das Jerusalemer Heiligtum, sondern den eigenen Leib zum Tempel Gottes und des Heiligen Geistes erklärt (vgl. 1Kor 3,16 f.; 6,19) und somit *alle wesentlichen ethnisch-kulturellen Kennzeichen des Judentums nicht aufweist*, dann kann sie sowohl ihrem Selbstverständnis als auch ihrer Fremdwahrnehmung nach nicht mehr Teil eines wie auch immer strukturierten Judentums sein! Das paulinische Identitätskonzept integrierte und transformierte einerseits jüdische Basisüberzeugungen, zugleich löste es sich von den klassischen Säulen des Judentums und füllte sie inhaltlich neu (Tora, Beschneidung, Sabbat, Tempel und Land).[65] Wenn dennoch behauptet wird, Paulus habe sich innerhalb des

---

62 Vgl. z. B. Josephus, CA 2,184: »Wir sind davon überzeugt, dass das Gesetz von Anfang an den Willen Gottes zum Ausdruck bringt, und es wäre eine Gottlosigkeit, es nicht zu befolgen. Was sollte man auch daran ändern?«

63 Vgl. John M. G. Barclay, Paul, London 2017, 25 f.: »However, central to all forms of Judaism was respect for the Jerusalem Temple ... On the whole, however, it seems that there was a general Jewish consensus regarding those things that distinguished Jews and thus preserved their tradition down to generations. Core was the commitment to worship the one God alone and to allow no physical representation of this God – thus declining to participate in the standard religious practices that permeated Greek and Roman society. Associated with this commitment was a set of laws that labelled some foods unclean and made Jews generally wary of meals provided by non-Jews. Other distinctive Jewish practices were the observance of the Sabbath and the practice of male circumcision, the latter marking Jewish identity in a permanently physical form, and discouraging Jewish girls from marrying non-Jews.«

64 Vgl. Lutz Döring, Art. Sabbat, RAC 29 (2018), 258–280, 275: »Paulus spricht in den sieben als authentisch geltenden Briefen nirgends explizit vom ›Sabbat‹ (1 Cor. 16,2 bedeutet σάββατον ›Woche‹).«

65 Vgl. Friederike Portenhauser, Personale Identität bei Paulus (s. Anm. 49), 481: »Christliche Identität ist nach Paulus etwas radikal Neues.«

Judentums verstanden, dann erfolgt *eine eigenmächtige und faktisch unbegrenzte Neudefinition von Judentum*, die von keiner Richtung des zeitgenössischen Judentums jemals vorgenommen wurde und auch nicht akzeptiert worden wäre. Ein hermeneutisch fragwürdiger Vorgang, denn die so Argumentierenden beanspruchen (eine vorwiegend christliche) Deutungshoheit über das, was Judentum sein soll und darf!

4 Das christliche Alte Testament

Keine Bewegung und keine Identität bildet sich vollständig neu, beide sind immer eingebunden in bestehende Identitäten, nehmen sie auf und formen sie um. Dies ist auch beim frühen Christentum der Fall, denn es entstand aus dem Judentum und hatte vornehmlich in der Septuaginta ihr heiliges Buch. Das Alte Testament gehört zu Recht zum historischen und theologischen Bestand des christlichen Bibel-Kanons, weil es von Anfang an selbst ein Teil dieses Kanons war.[66] Dies auf zwei Ebenen: 1) Im Neuen Testament finden sich ca. 320 direkte AT-Zitate mit Einleitungswendungen und weitaus mehr Anspielungen und Bezugnahmen auf alttestamentliche Texte, d. h. schon auf der Textebene ist das Alte Testament auch ein Teil des Neuen Testaments. 2) Bereits in der vorpaulinischen Tradition 1Kor 15,3 f. sind die atl. Schriften der theologische Deutungsraum des Christusgeschehens, denn Tod, Begräbnis und Auferstehung »am dritten Tag« als Inhalt des Evangeliums ereigneten sich nach dem Zeugnis »der Schriften« (κατὰ τὰς γραφάς). Die ntl. Autoren integrierten die Schriften des Alten Testaments und machten sie so zu einem Bestandteil der eigenen Schriftbildung und Identität. Nicht das Alte Testament als Ganzes, sondern nur einzelne Schriften, genauer: *einzelne Verse ausgewählter Autoren*, repräsentieren diesen Prozess. Exemplarisch kann man sich diesen Vorgang an Paulus verdeutlichen, bei dem sich 89 Zitate aus dem Alten Testament finden,[67] allerdings aus einer sehr begrenzten Anzahl von Schriften. Insbesondere stehen Jesaja, die Psalmen und Einzelverse aus dem Pentateuch im Vordergrund. Faktisch sind es zwei Zitate, mit denen Paulus das Alte

---

66 Zur aktuellen Diskussion um diese Frage vgl. Markus Witte/Jan C. Gertz (Hrsg.), Hermeneutik des Alten Testaments, Leipzig 2017.
67 Vgl. dazu Dietrich-Alex Koch, Die Schrift als Zeuge des Evangeliums (s. Anm. 22), 21–24.

Testament radikal reduziert und seine eigene Theologie begründet: Hab 2,4 und Gen 15,6. Theologisch ist für Paulus die Schrift Zeuge des Evangeliums, denn die Verheißungen Gottes (vgl. ἐπαγγελία in Gal 3 und Röm 4) erfahren im Evangelium von Jesus Christus ihre Bestätigung (vgl. 2Kor 1,20; Röm 15,8). Daraus folgt: Nicht das Alte Testament als solches, sondern allein das vom Christusgeschehen her interpretierte Alte Testament als Schrift ist Bestandteil der christlichen Kanonsbildung. Das Alte Testament als Ganzes kann gar nicht in gleicher Weise wie das Neue Testament Quelle des christlichen Glaubens sein, weil es nach seinen Eigenaussagen von Jesus Christus schweigt.

Die frühchristliche christologische Relecture des Alten Testaments als Schrift leistet zweierlei: 1) Sie stellt die atl. Referenztexte in einen neuen Sinnhorizont und legitimiert 2) zugleich die theologische Position der ntl. Autoren. Dabei bildet nicht das Eigengewicht der atl. Texte, sondern Gottes endzeitliches Heilshandeln in Jesus Christus die sachliche Mitte ihres Denkens. Zentrale Inhalte jüdischer Theologie (Tora, Erwählung, Land, Tempel, Sabbat) werden neu bedacht und der Text des Alten Testaments in einen produktiven intertextuellen Interpretationsprozess hineingenommen, der sie als Schrift ausweist. All diese Prozesse minderten nicht das Identitätsbewusstsein der frühen Gemeinden, sondern stärkten es: Im Christusgeschehen ist nun Gottes bereits im Alten Testament bezeugter Schöpfer- und Heilswillen zur Erfüllung gekommen.

5 Folgerungen

1) Die Entstehung der römischen Gemeinde Anfang der 40er Jahre sowie die antiochenische und dann die selbständige paulinische Mission mit ihrem Drang in den Westen des Reiches zeigen sehr deutlich, dass schon relativ früh mit einer doppelten Traditionstiefe im entstehenden Christentum gerechnet werden muss: Judentum und Hellenismus. Deshalb ist es unhistorisch, sich einseitig oder sogar ausschließlich auf das Verhältnis zum Judentum zu konzentrieren. Kritische Geschichtsschreibung ist nur auf breiter Quellenbasis und umfangreicher Quellenkenntnis und -auswertung möglich.

2) Methodisch reicht es nicht aus, auf die zweifellos vorhandenen traditionsgeschichtlichen Verbindungen und Motive zum Judentum zu verweisen und daraus auch eine durchgängig bestimmende inhaltliche

5 Folgerungen

Verbindung abzuleiten. Vielmehr ist entscheidend, wie diese Traditionswelt aufgenommen und in einem veränderten Kontext theologisch bearbeitet wird. Dabei zeigt sich in den meisten Fällen ein klar erkennbares theologisches *Eigenprofil* der neutestamentlichen Schriften, das über jüdische Denk- und Lebenswelten weit hinausgeht und sie teilweise schroff kontrastiert.

3) Mit Paulus gewinnt das entstehende Christentum in theologischer und organisatorischer Hinsicht erstmals Systemqualität und so ein eigenständiges Profil. Er entwirft einen höchst anspruchsvollen theologischen Kosmos, verbunden mit einer erfolgreichen Missionsarbeit und einer neuartigen Sozialgestalt in der antiken Welt: den frühchristlichen Gemeinden. Den vielen Mitgliedern der Gemeinden in Kleinasien und Griechenland (vor allem aus den Völkern) war natürlich klar, dass ihr neuer Glaube weder eine weitere Variante des Judentums noch eine zusätzliche Form paganer Religiosität war. Anders wären die Erfolge der neuen Bewegung überhaupt nicht zu erklären, denn gerade das Bewusstsein des Neuen und Eigenständigen wirkte als ein entscheidender Faktor für das Wachstum der Gemeinden! Wer sich eigene Versammlungsorte gibt, einen neuen Namen hat, neue Riten und neues Recht entwickelt, eigene Gemeinschaftsmahle hält, einen neuen heiligen Tag schafft und eigene Gottesdienste mit einem exklusiven Selbstverständnis feiert, der war nicht Teil einer anderen religiösen Gruppe und wurde auch nicht so wahrgenommen!

4) Die weiter anhaltende partielle Übernahme jüdisch geprägter Identitätskonzepte durch frühchristliche Autoren im 1. Jh. (z. B. Matthäus, Jakobus) und die anhaltenden Konflikte zwischen Juden, Judenchristen und Völkerchristen, Römern und Juden, Christen und Römern, sprechen nicht gegen die These einer frühen, mit Paulus deutlich einsetzenden Herausbildung des Christentums als eigenständige Bewegung. Die Entwicklungen liefen geographisch und zeitlich unterschiedlich ab und lassen in ihrer Dynamik natürlich Diversität zu. Zugleich nahmen aber das paulinisch geprägte Christentum und das sich davon abgrenzende Judentum im Verlauf eines schmerzhaften wechselseitigen Trennungsprozesses unumkehrbare Weichenstellungen vor. Die Partikulargeschichte kann lokal über eine gewisse Zeit anders verlaufen sein als die Universalgeschichte, dennoch bleibt sie ein Teil derselben.

5) Entscheidend für die These einer relativ frühen Eigenständigkeit des frühen Christentums sind die *Vielzahl und die Kombination* der

dargestellten historischen, soziologischen und denkerischen Entwicklungen. Das Ineinander religiös-charismatischer Erfahrungen, intellektuell attraktiver theologischer Konzepte und neuer Formen gemeinschaftlichen Lebens begründete offenbar den Erfolg der neuen Bewegung.[68]

6) Diese innere Dynamik wurde flankiert und zugleich beschleunigt durch die theologie-politischen Positionierungen des Judentums und der Römer gegenüber der neuen Bewegung. Sie galt theologisch und soziologisch (ab Paulus) nicht mehr als ein Subsystem des Judentums und wurde *sowohl* vom Judentum *als auch* von den Römern als eigenständige Größe wahrgenommen und bekämpft. Zudem begannen die Römer ab ca. 60 n. Chr. erkennbar, zwischen dem entstehenden Christentum und dem Judentum zu unterscheiden, und behandelten sie auch als getrennte Größen. Weder Personen noch Richtungen des originären Judentums und schon gar nicht die Römer sahen das entstehende Christentum in irgendeiner Form als Teil ihresgleichen an; dafür gibt es keinen einzigen Beleg!

7) Alle Beobachtungen und Argumente sprechen m. E. für die Annahme, dass das werdende Christentum schon relativ früh (ab Paulus) *in seiner Hauptausrichtung* eine eigenständige Bewegung war,[69] die gleichermaßen über eine charismatische und eine intellektuelle Anziehungskraft verfügte und eine neue soziale und theologische Identität ausbildete und anbot.

---

[68] Nach Benjamin Schließer, Innovation und Distinktion (s. Anm. 7), 430 f., lassen sich »eine Vielzahl sozialer, ethischer, ideeller und kommunikativer Aspekte der Innovation und Distinktion nachweisen. Hierzu zählen unter anderem die konkrete Sozialgestalt der Christusgruppen, Beitritts- und Partizipationsmöglichkeiten, Autoritätsstrukturen, Gruppenidentität und -ethos, Weltanschauung und religiös-theologische Grundüberzeugungen sowie die mediale Kommunikation – und damit zentrale Wesensmerkmale einer *emergent religion*. Dabei ist das Ineinander der verschiedenen Motive von entscheidender Bedeutung: Praxis und Diskurs umgreifen sich.«

[69] Vgl. den Judaisten Martin Goodman, Die Geschichte des Judentums (s. Anm. 31), 273, der die komplexe und teilweise an den jeweiligen Rändern andauernde Trennungsgeschichte herausstellt, zugleich aber zutreffend betont: »Für die meisten Christen hatte der Bruch mit dem Judentum jedoch zur Zeit des Paulus begonnen, mit der zunehmenden Ausbreitung einer Heidenkirche, die sich – in Absetzung von den Juden des alten Bundes – als das wahre Israel verstand.«

Udo Schnelle
**Der Sinn des Mythos
in Theologie
und Hermeneutik**

240 Seiten | Paperback
14 x 21 cm
ISBN 978-3-374-07392-4
EUR 38,00 [D]

In seinem neuen Buch stellt der international anerkannte Exeget Udo Schnelle das Mythos-Verständnis von den Anfängen bis zur Gegenwart dar. Er sieht im Mythos nicht eine überholte, sondern eine sachgemäße Form des Redens von Gott und dem Göttlichen. Von Gott kann man nur in Bildern, Metaphern und Symbolen, vor allem aber in der Form des Mythos als sinnstiftender Erzählung reden. Mythen sind Grundgeschichten, die das Leben ordnen und Orientierung stiften. Der wirkmächtige Mythos bewahrt ein Mehr an Erkenntnis und Emotionalität, das über seine zeitbedingten Interpretationen hinausgeht. Bultmanns Klassifizierung des Mythos als inadäquate Redeweise verfehlt dessen Wesen und Funktion; der Mythos ist als sinnbildende Erzählung sachgemäß und zugleich unverzichtbar; nicht nur in der Theologie, sondern auch in der Hermeneutik.

EVANGELISCHE VERLAGSANSTALT
Leipzig   www.eva-leipzig.de

Tel +49 (0) 341/ 7 11 41 -44   shop@eva-leipzig.de

Udo Schnelle
Einführung in die Evangelische Theologie

464 Seiten | Hardcover
14 x 21 cm
ISBN 978-3-374-06873-9
EUR 38,00 [D]

Dieses Buch des international anerkannten Exegeten Udo Schnelle führt in die Grundfragen, die Grundlagen und in die Fächer der Evangelischen Theologie ein: Warum Theologie an der Universität? Weshalb Theologie und nicht Religion? Welche Bedeutung hat die Bibel? Was verbindet die einzelnen Fächer der Theologie und gibt es ein gemeinsames Zentrum? Einen weiteren Schwerpunkt bildet die Frage nach dem Ort und der Leistungsfähigkeit von Theologie im Kontext neuzeitlichen Denkens. Es zeigt sich, dass Vernunft sowie Offenbarung, Glaube und Mythos keine Gegensätze darstellen, sondern unterschiedliche Bereiche der Wirklichkeit erfassen.

Theologisch steht im Mittelpunkt dieses fächerübergreifenden Lehrbuches die Vorstellung der Teilhabe am anhaltenden Schöpferwirken des einen Gottes: in der Geschichte Israels, in Jesus Christus und in der Kirche.

EVANGELISCHE VERLAGSANSTALT Leipzig www.eva-leipzig.de

Tel +49 (0) 341/ 7 11 41 -44   shop@eva-leipzig.de

Udo Schnelle
Das Evangelium nach Johannes

Theologischer Handkommentar zum Neuen Testament (ThHK) | 4

440 Seiten | Hardcover
16,5 x 23 cm
ISBN 978-3-374-04317-0
EUR 38,00 [D]

Das Johannesevangelium wird in diesem Kommentar als eine meisterhafte Erzählung der Jesus-Christus-Geschichte ausgelegt. Unter der Führung des Parakleten unternimmt Johannes um 100 n. Chr. eine sprachliche und gedankliche Neuformulierung der Christusbotschaft und schreibt die erste Einführung in das Christentum. Er entwirft eine neue literarische und theologische Welt, deren Anziehungskraft gerade in der Gegenwart sehr groß ist.

Die hier vorliegende 5. Auflage stellt eine durchgängige Neubearbeitung dar. Neben einem ausführlichen Einleitungsteil und der kontinuierlichen Textauslegung bietet der Kommentar jetzt mit insgesamt 16 Exkursen auch eine umfassende Einführung in die johanneische Theologie. Schärfer profiliert werden die theologische Grundausrichtung des Evangeliums und sein historischer Ort und Höhepunkt der johanneischen Theologie.

EVANGELISCHE VERLAGSANSTALT
Leipzig   www.eva-leipzig.de

Tel +49 (0) 341/ 7 11 41 -44   shop@eva-leipzig.de

Udo Schnelle
Die Johannesbriefe

Theologischer Handkommentar zum Neuen Testament (ThHK) | 17

224 Seiten | Hardcover
16,5 x 23 cm
ISBN 978-3-374-02756-9
EUR 38,00 [D]

In diesem Kommentar werden die drei Johannesbriefe erstmals konsequent als älteste Dokumente der johanneischen Traditionslinie ausgelegt und in eine Darstellung der Geschichte der johanneischen Schule eingezeichnet. In der Reihenfolge 2Joh – 3Joh – 1Joh repräsentieren sie das Anfangs- und Formierungsstadium der johanneischen Theologie. Sie geben Einblick in das Entstehen eines neuen Blickes auf das Christusgeschehen und die damit verbundenen Konflikte. Auch theologisch sind sie von großer Bedeutung, denn immerhin steht der wichtigste Satz des Neuen Testaments gleich zweimal im 1. Johannesbrief: Gott ist Liebe (1Joh 4,8.16).

EVANGELISCHE VERLAGSANSTALT
Leipzig   www.eva-leipzig.de

Tel +49 (0) 341/ 7 11 41 -44   shop@eva-leipzig.de